JN086520

コロナ禍における
日米のNPO

増大するニーズと
悪化する経営へのチャレンジ

柏木 宏 編著　　　　　　　　明石書店

はじめに

　「原因不明の肺炎」が中国の武漢で確認されたのは、2019年12月のこと
だ。翌年の1月14日、世界保健機関（WHO）は、「新型コロナウイルス」
を確認した。これ以降、世界は、「コロナ禍」との厳しい闘いを強いられて
いく。

　とはいえ、世界中の国が歩調を合わせて、感染防止に取り組んだわけでは
ない。感染状況が大きく異なったことが、その要因のひとつだろう。

　では、日本は、どうなのか。

　国内における新型コロナウイルスの感染が最初に確認されたのは、WHO
のウイルス確認から2日後。この事実に示されるように、世界的にみても早
い時期から問題に直面していた。だが、政府の対応は、迅速とはいえなかっ
た。

　1月末から2月にかけて、武漢から在留邦人を帰国させるためのチャータ
ー機が5回にわたり派遣された。また、船内感染が発覚したクルーズ船、ダ
イヤモンド・プリンセス号が横浜港に入港した際には、検疫下においた。し
かし、後手後手の対応に批判が高まったことも事実である。

　事態が大きく変化したのは、2月27日。安倍首相が全国すべての小中高
校と特別支援学校に対して、3月2日から臨時休校を要請したためだ。この
突然の発表は、日本社会全体に大きな影響を与えることになる。

　共働きやシングル親の家庭などを中心に、職場と家庭の両立が困難になる
状況が生まれたのだ。また、学校における授業や給食がなくなった児童は、
学業の遅れや健康面の不安、そして一部が児童虐待の危険性の高まりなどに
直面することになった。こうした事態は、NPOのサービス需要を増大させ
ていった。

　3月に入ると、国内感染者は累計で1000人を突破、新型インフルエンザ
等対策特別措置法（以下、特措法）が13日に成立した。特措法に基づき、安

倍首相は、4月7日、7都府県に緊急事態宣言を発出するとともに、「人の接触 最低7割極力8割削減」を要請。4月16日には、宣言の対象地域が全国に拡大された。

海外からの感染を防ぐため「水際対策」として、政府は、渡航規制を強化、外国人観光客の姿が消えた。国民に対して政府は、緊急事態宣言による通勤通学など、生活の多くの面で「自粛」を要請。経済活動は急速に縮小、雇用不安が発生していく。

NPOにとっては、人々の雇用や生活面での支援が求められる一方、従来の対面型の支援をはじめとした活動形態の見直しに迫られた。いわゆるリアルからバーチャル、あるいはオンラインへの移行である。さらに、3月から4月にかけて、イベントなどの事業の延期や中止などにより、経営が圧迫されていった。

5月25日、緊急事態宣言が全国すべてで解除された。宣言が解除されたとはいえ、一気にそれまでの生活に戻ったわけではない。いわゆる「新しい生活様式」が求められるとともに、政府のいう「感染防止対策と社会経済活動の両立」に向けた段階へと進んでいく。

しかし、5月から6月にかけて沈静化したかのようにみえていた感染状況は、7月に入ると再び悪化。「感染防止対策と社会経済活動の両立」の困難さが明確になるなかで、NPOは、自らの立ち位置をどうするか、問われてきたといえよう。

以上のように、新型コロナウイルスの感染拡大に対する政府の対応は、NPOの活動や運営に大きな影響を与えたことが理解できる。では、そうした影響を受けたNPOは、その社会的役割をどのようにはたしてきたのか。また、はたせないでいる課題はなにか。これらを明らかにしていくことが、本書の基本的な問題意識である。

このため、本書は、大きく3つの部分で構成されている。最初は、新型コロナウイルスの感染拡大にともなうNPO全体の動きを検討していく部分である。とはいえ、情報の収集と整理、分析の能力が限られているうえ、時間や文字数の制約もある。

これらの点を踏まえ、「臨時休校要請以前」、「緊急事態宣言の解除まで」、「その後」と大きく3つの時期にわけて、さまざまなNPOの活動や運営について検討していくことにした。第1章から3章までが、これにあたる。これにより、コロナ禍におけるNPOの多様な活動が理解され、NPOの社会的な

役割が再認識されるのではないかと思っている。

　第1章から3章までを総論と考えると、第4章と5章、6章、7章は、各論にあたる。本書全体からみると、第2の構成部分となる。第4章は、「調査研究」をキーワードにして、コロナ禍においてNPOがどのようにサービス活動を展開、活動に必要とする資金の獲得、そして課題の解決に向けた政策提言などを進めていったのかについてみていく。第5章は「生活困窮者」、第6章は「舞台芸術」を、それぞれのキーワードにして、NPOなどによる個別具体的な動きを事例として取り上げる。

　第7章では、コロナ禍におけるアメリカのNPOの活動や課題をみていく。海外の状況を知ることで、日本の現状や課題がより客観的に理解できるのではないかと考え、本書に含めることにした。実際、ヘイトクライムや休校にともなう子どもへの影響、経済の悪化による雇用不安など、日本と同じような問題が生じている。また、NPOの多くが経営難に陥ったことも同様だ。こうした課題に対して、アメリカのNPOがどう対応したのか、みていくことにする。

　本書の最後の構成部分である、終章では、7章までの内容も含め、コロナ禍においてNPOがどのような役割をはたし、また課題を抱えているのかについて整理、分析していく。そして、今後、NPOがどのような役割を担うべきなのか、そのためにNPOに関連する制度などがどのように形成される必要があるのか。こうした「ポストコロナ」における、NPOセクターのあり方についても考えていく。

　本書は、編著者である柏木宏が第1章から3章、7章と終章を執筆した。第4章の7）以外は柏木、7）については古山陽一が担当した。古山の記述の主な素材は、古山と柏木が5月に共同で実施した「新型コロナウイルス感染拡大のNPOへの影響に関する調査」だが、7）については古山単独で執筆した。

　なお、巻末資料は、柏木が作成した。この資料は、世界、アメリカ、そして日本におけるコロナ禍の状況や政府やNPOの対応をタイムラインで追っている。本文中で記述した内容以外の事象についても、かなり触れている。世界とアメリカについては、日本の政府の対応などとの関連性を理解してもらう意味も込めている。また、日米のNPOの動きについては、本文で記述できなかった事例などを紹介するためでもある。こうした意図も考慮して、参照していただければ幸いだ。

柏木は、執筆にあたり、インターネットの新聞や雑誌の記事、調査報告書、NPOのウェブサイトやSNSの情報を参考にした。また、柏木が所属する大学院の授業や関係しているNPOからえられた情報、さらには柏木が4月中旬に始めたフェイスブック・グループ「新型コロナウイルスとNPO」に寄稿された報告や資料なども参照した。なお、本書で取り上げた内容は、原則として、複数のデータで確認したうえで記述している。

　第5章は藤原望、第6章は井上美葉子が執筆している。藤原は「生活困窮者」、井上は「舞台芸術」に長年関わってきた。その知識や経験を踏まえたうえで、それぞれのテーマにそったNPOに依頼し、聞き取りを行い、その内容を参考にしながら、事例を通じて問題をリアルに描きだしている。藤原と井上並びに古山の3氏には、限られた時間のなかで執筆いただいた。このことに対して、編者として、この場を借りて、お礼を申し上げたい。

　本書を読んでいただくにあたり、以下の点をお伝えしておきたい。まず、著者と編者の関係である。前述のように、第4章の7）、第5章と第6章は、それぞれの節や章を担当した筆者がいる。それぞれの節や章を執筆するにあたり、各著者は、内容について編者と検討した。これは、主に一冊の本としての統一性や重複を避けるなどの必要からである。このため、内容については、それぞれの著者の責任で執筆している。なお、語彙については、編著者の柏木と明石書店の編集者の協議で決定し、統一をはかった。

　なお、語彙の一部になるが、団体名については、法人格がある場合は、原則として最初にでてきた際に、法人格に加えて、フルネームを記した。二度目以降、必要に応じて、名称の長さなどから、略称を用いた場合もある。

　なお、特定非営利活動法人についてはNPO法人、認定特定非営利活動法人については認定NPO法人、特定非営利活動促進法についてはNPO法という語彙を最初から用いている。また、「NPO」という表記は、NPO法人だけをさしているわけではない。広義の「NPO」、すなわちボランティア団体なども含めた、非営利組織全般について用いている。

　この他、記述に関して、以下の点を指摘しておきたい。まず、日付についてだが、2020年に生じた事象については、原則として月日だけを記載した。個人の役職については、記載内容に関連した時点のものであり、「前」や「元」をつけていない。9月16日に辞職した安倍晋三氏を「安倍首相」と記載しているのは、その一例である。なお、団体名は、原則として「」に入れていない。しかし、プロジェクト名などの一部に、名称かどうかわかりにく

いものがある。その場合、「」に入れて、表示した。

　脚注についても、一言述べておきたい。ウェブサイトからの引用に関しては、脚注として URL とアクセス日だけを示した。学術書ではないので、参照先を示すだけで十分と考えたことに加え、出典の文献名や筆者・発行者などは記載すると、脚注に大きなスペースが割かれることを避けるためでもある。また、内容が多岐にわたるので、注で説明すべき語彙も少なくないと思われる。しかし、これも脚注のスペースがが大きくなることを避けたいこともあり、限定した。ご理解いただければ幸いだ。

　最後に、ふたつのこと申し上げたい。

　ひとつは、出版に当たっての編集者の方への謝辞である。本書の出版にあたり、明石書店の編集部の神野斉部長とスタッフの矢端泰典氏には大変お世話になった。この場をお借りして、お礼を申し上げたい。

　もうひとつは、読者へのお願いである。本書は、新型コロナウイルスの感染拡大という未曾有の事態において、NPO がどのような社会的な役割をはたしていたのかについての記録とともに、今後、その役割が検討されていくうえで一助になればという思いで、執筆されたものである。手に取っていただいた読者の方々には、コロナ禍における NPO の活動記録としてだけでなく、内容の検討と議論、そして実践に少しでも生かしていただければ幸いである。

　2020 年 10 月 29 日

感染者が 10 万人を突破したことに懸念を感じつつ

執筆者を代表して

柏 木　　宏

目　次

第1章　感染確認直後から始まった支援や啓発の動き

柏　木　　宏

　武漢から日本人を乗せたチャーター機による帰国と千葉県の勝浦ホテル三日月での滞在、そしてクルーズ船のダイヤモンド・プリンセス号の横浜への入港。このふたつの出来事は、連日連夜にわたる、メディアの過剰なまでの報道を通じて、新型コロナウイルスの存在を日本の人々が認識するうえで、大きな役割をはたしたことは間違いないだろう。

　しかし、このプロセスに、NPO がプレーヤーとして登場することは、ほとんどみられなかった。

　そもそも、全国の小中高校と特別支援学校への臨時休校要請にともなう学校や家庭、そして職場に及んだ問題が発生するまで、コロナ禍に関連してNPO が積極的な役割を担ったと感じた人は、あまりいないのではないだろうか。だが、人々の意識とは別に、NPO は一定のプレゼンスを示していた。

　新型コロナウイルスの最初のホットスポットとなった武漢をはじめとした中国への支援は、1月から取り組まれていた。在留中国人による支援に加え、友好都市やビジネスのつながりに基づく活動も拡大。さらに、海外協力や災害支援の NPO も一定の存在感を示していた。

　一方、感染の発生源とされた中国からの出身者らへの差別や中国系の事業者などへのヘイトスピーチなどの問題も相次いだ。これらの問題を批判、抗議する動きも、NPO などによって形作られていた。さらに、感染症などの危機的な状況が生まれたとき、流布されがちなフェイクニュースや誤情報などに対応した NPO もあった。

　以下、これらについて、具体的な事例も含めながらみていこう。

1）友好都市やビジネス関係をベースにした支援

　国家間の関係は、それぞれの国の政府が担うと考える人が少なくないかもしれない。しかし、「自治体外交」や「民間外交」ということばが一般化してきたことに示されるように、外交は、もはや国の専権事項ではなくなってきた。

　自治体外交とは、自治体間の交流をいう。それぞれの自治体の長による提携書が結ばれている場合には、「姉妹都市」や「親善都市」などの呼び名が用いられることが多い。一般財団法人自治体国際化協会（クレア）によると[1]、2020年8月現在、全国の姉妹都市件数は1765。提携の相手国のトップは、アメリカの455件。中国は2番目の373件にのぼる。

　民間外交とは、政府関係者以外の「民間人」によって芸術、文化、スポーツなどの活動を通じて行われる親善外交のことだ。「民間人」といっても、個人ではなく企業やNPO、またはその連合体などが多い。

　政府間以外の外交が広がってきた背景には、次のような点があげられる。第一に、人々の外交に対する意識の高まり。次いで、国家間の問題が多様化して政府だけで解決ができなくなってきたこと。さらに、IT技術の発展などにより、政府以外のプレーヤーが外交に関われるようになってきたことなどである。

　近年、大規模災害が相次いで発生しているなかで、こうした自治体外交や民間外交をベースにした、支援活動が広がっている。例えば、一般財団法人国際開発センターが2013年に発表した「東日本大震災への海外からの支援実績のレビュー調査」[2]によると、海外からの支援実績において政府・国際機関からは559億3337万7466円だったのに対して、政府・国際機関以外からは1079億6570万3415円と、2倍弱に及んだ。

　新型コロナウイルスの感染は、災害である。武漢を中心に感染が広がっていくなかで、日本の政府や自治体、企業などは、どのような支援を提供したのだろうか。

---

[1]　http://www.clair.or.jp/j/exchange/shimai/countries/、2020年8月9日アクセス

[2]　https://www.idcj.jp/pdf/idcjr201201.pdf、2020年8月9日アクセス

チャーター機派遣とともに始まった政府・自治体の支援

　武漢に派遣されたチャーター機は、在留邦人の救出だけが目的だったわけではない。日本政府と東京都からの救援物資が積み込まれていたのだ。日本政府からは、マスク・手袋・防護メガネ・サージカルマスク・個人用防護服セット。東京都からは、個人用防護服セットが届けられたという。

　自治体レベルにおける支援の動きも広がっていった。先陣を切ったのは、九州の大分市だ。1979年に同市と武漢市との間で友好都市[3]が締結された後、両市は、教育や文化、経済などの面で様々な交流を行ってきた。こうした経緯を踏まえ、大分市は1月27日、武漢市にマスク3万枚を提供。大分市文化国際課によると、このマスクは、市が防災用に備蓄していたもので、マスクを入れた箱には「武漢加油（ぶかんがんばれ）」の文字が書かれていた。

　大分市と同様に、友好都市関係をベースにした支援は、茨城県の水戸市、広島県と広島市、新潟県の三条市などがある。水戸市は重慶市にマスク5万枚、広島県は友好都市関係にある四川省に対して8万枚のマスク、広島市も友好都市関係にある重慶市に対してマスク3万枚余りを送った。三条市は、重慶市巴南区に対して、マスク10万枚及び医療用防護セット（防護服、手袋、ゴーグル、マスク）100セットなどを寄贈した。

　都道府県レベルで最も積極的に動いたのは、兵庫県ではないだろうか。2月10日、マスク約100万枚を友好提携している広東省と海南省に送ったのである。両省は、阪神・淡路大震災時に義援金を送ったほか、広東省が2009年の新型インフルエンザ発生時、海南省が18年の台風19号被害がでた際に、義援金を県に寄せていた。兵庫県の両省への支援は、「返礼」の意味もあると考えられる。

日中間の経済関係の強さを反映した日本企業の支援

　日本と中国は今日、強い経済関係で結ばれている。例えば、日本にとって中国は最大の貿易相手国（2019年）であり、中国にとって日本はアメリカに次ぐ2番目の貿易相手国（2019年）だ。中国における新型コロナウイルスの感染拡大は、日本経済、そして日本企業にも大きな打撃になりかねない。事

3　「友好都市」とは、特定の都市と都市が親善や文化交流などを目的にして、特別な協定など結んで成立した都市間の関係のこと。「親善都市」または「姉妹都市」ともいう。国際的な統一基準はなく、日本国内でもこれを定めた国内法があるわけではない。なお、「都市」という語彙が用いられているが、都道府県などの広域自治体も対象に含まれる。

実、中国からのインバウンドが皆無になったことで、日本の観光業や航空産業などは、大きな打撃を受けた。

　こうした経済面の結びつきもあってだろう、日本企業からの中国への支援が相次いだ。表1-1は、支援企業の一部を示したリストだ。提供先の多くは、中国政府だが、義援金を赤十字に送ったり、病院向けに機器などを提供したケースも含まれている。

表1-1　日本企業による新型コロナウイルス関係の中国への寄付

企業名	提供品目など
ツムラ	義援金 500 万円
再生医療テクノロジー他	医療外科用マスク 3 万 5000 枚
電通グループ	義援金 1500 万円
住友商事	義援金 1000 万円
イトーヨーカ堂	マスク 100 万枚
花王	大人用おむつ 23 万枚とハンドソープ 6000 本
富士フイルム	医療診断機器や事務用プリンタなど約 1 億 900 万円相当
キヤノン	コンピューター断層撮影装置（CT）
トヨタ自動車	医療用品の購入費用として約 1 億 5600 万円の義援金
本田技研工業	約 1 億 5600 万円の義援金
日本航空	防護服 3000 着
日立製作所	コンピューター断層撮影装置（CT）など 500 万元相当
資生堂	アジアでの売り上げ半年分の 1% を特別基金として支援

（出典）各種の資料から筆者が作成
（注）表における金額は、出典に基づき、円または元で表示した。

　2月18日発信の「チャイナネット」によると[4]、表1-1にある日立製作所は、CT などの医療機器を寄付する前に、中国の関連当局と何度も話し合いを重ねたという。場当たり的ではない、現地のニーズを把握したうえでの支援といえよう。また、資生堂の基金は、2019 年の実績からみれば、約 1 億3000 万元（1 元 = 15.65 円：10 月 25 日時点）に達する。この特別基金は、巨額であるだけでなく、長期に渡る支援という意味でも注目されよう。

4　http://japanese.china.org.cn/business/txt/2020-02/18/content_75718407.htm、2020 年 7 月 30 日アクセス

2) 在留中国人団体による「武漢加油」の動き

　グローバル化の進展により、母国以外で生活する人々が増えてきた。「単一民族社会」といわれた日本も、例外ではない。法務省入国管理局の 2018 年 9 月の発表によると、同年 6 月末の在留外国人数は、263 万 7251 人と、前年末 2.9% 増で、史上最高となった。このうち最も多いのは、中国からの出身者で、74 万 1656 人、在留外国人全体の 28.1% を占めた。

　在留外国人の多くは、母国と何らかの関係をもっている。このため、母国の政治的、経済的、社会的状況にも関心が高い人が多い。例えば、海外に暮らす日本人とその団体の多くは、東日本大震災の際、東北を中心とした被災地の人々に義援金を送った。では、新型コロナウイルス感染の最初の震源地、武漢をかかえる中国から日本に来た人々とその団体は、どうだったのだろう。

在留中国人の医療団体と経済団体が連携

　同胞への支援に立ち上がった在留中国人団体のひとつに、仁心会がある。中国医療問題の解決と日中両国の医療交流の促進をめざし、2015 年に NPO 法人になった団体だ。仁心会の状況認識は、次のようなものだった。

　医療資源の不足により感染区域が急速に拡大、第一線で闘っている医療関係者、福祉関係者達は、防護服などの不足により、絶え間なく感染のリスクに晒されている。特に武漢周辺都市の医療施設においては、武漢市内の大型病院と比べ極端に医療物資が不足し、より危機的な状況となっている。

　そこで仁心会は、日本湖北総商会の有志と連携して、大量の医療用マスク、防護服などを調達、中国に送り届けようとした。連携先の日本湖北総商会は、日本と武漢市のある中国湖北省との間の架け橋として、在日華僑華人企業の湖北省投資視察・湖北省政府及び武漢市政府と日本の間の国際交流会の共催などの事業を実施している、一般社団法人だ。

　ふたつの団体は、2 月 3 日、N95 または同等規格のマスク 10 万枚以上、医療レベルのマスク 50 万枚以上、防護眼鏡 2 万個以上、防護服 15 万着以上、手袋 1000 万枚という調達目標を設定。また、1 口日本円で 1000 円、人民元で 100 元とする募金活動も開始した。支援先として 8 つの病院の名前が示されており、現地の状況をしっかり把握したうえでの取り組みといえよう。

同様の支援活動は、ビジネス団体を中心に展開されていった。在留中国人経営者会員 230 余社の他、日本企業約 80 社の賛助会員をもち、日本最大の中国系経済団体といわれる一般社団法人日本中華總商会は、そのひとつだ。同商会は、会員の間で募金活動を行い、2 月下旬、集まった支援金第一弾 100 万円を中国駐日本大使館を通じて中国赤十字会に提供した。

　また、東海・北陸 6 県在住の中国人や在留中国人で作る、一般社団法人名古屋華助中心は、1 月 26 日から「武漢加油募金」を開始。募金で集まった資金で医療用マスクなどを購入、2 月 5 日、愛知県の物流センターで中国への発送準備を開始した。

　大分市では、同市在住の中国人経営者が中心となり、2019 年 10 月に設立されたばかりの大分華商会が支援活動を計画、医療用マスク 7200 枚、手袋 4000 枚、ゴーグル 1300 個、と最も必要な医療物資を調達。2 月 5 日に大阪発の支援物資のチャーター便で武漢の首義学院医院に届けたという。

　この他、各地の日中友好協会も積極的な支援活動を進めた。宮崎県日中友好協会と NPO 法人宮崎市日中友好協会は、在福岡中国総領事館から現地のニーズを聞き、医療用手袋を購入。県内の社会福祉法人が備蓄品のなかから寄付した医療用マスクと併せて医療用ビニール手袋 2 万枚を「武漢加油」などと書かれた箱に入れ、送付した。

3）「緊急支援活動」を実施した NGO

　新型コロナウイルスの感染は、発生地といわれる中国の武漢で猛威をふるった。その後、イタリアやスペインなど、ヨーロッパに飛び火、やがて世界全域に拡大していく。しかし、NPO の関係者の間でも当初は、「中国問題」と認識されていた感が強い。コロナ禍に見舞われた中国、とりわけ武漢を助けよう、という意識と行動である。

　ここでプレーヤーとして登場したのは、NGO[5] だ。とはいえ、新型コロナウイルスの感染が拡大していくなかで、NGO が一斉に武漢をはじめとした中国への支援に向かったわけではない。なぜなら、それぞれの NGO は、活

5　NGO は、Non-Governmental Organization の略で、世界で起こっているさまざまな課題に、「民間」の立場から取り組む、非政府組織。ただし、国内で活動している民間の団体でも、NGO と呼ぶことがある。法人格は、NPO 法人以外も少なくない。

動する地域や内容が異なるためである。

　例えば、NGO の老舗的な存在のひとつ、NPO 法人日本国際ボランティアセンター（JVC）の主な活動地域は、アフガニスタン、カンボジア、パレスチナだ。活動内容は、衛生用品配布および感染予防・啓発キャンペーンなどとなっている。

NGO のコラボレーションによる支援活動

　内外を問わず、災害時に必ず登場する NGO のひとつに、NPO 法人ピースウィンズ・ジャパン（PWJ）がある。1996 年に、イラク北部のクルド人自治区を中心に人道支援と復興支援活動を行う団体として、広島でスタート。その後、東日本大震災など内外の震災の被災者への支援活動に加え、犬の殺処分ゼロを目指す運動[6] も始めている。

　PWJ は、1 月 23 日から中国における新型コロナウイルスの感染状況に関する情報収集を開始し、日本から中国に中国国籍のスタッフ 1 名を派遣した。その後、武漢に近い上海を拠点に、状況およびニーズに関する調査を実施し、現地パートナーを通じて医療用マスクや防護服などの支援物資配布を行った。

　「コラボ」ということばが一般化して久しいが、NPO の世界でも、この考えが広がっている。PWJ は 2019 年 12 月、NPO 法人アジアパシフィックアライアンス・ジャパン（A-PAD ジャパン）、公益社団法人 Civic Force とともに、空飛ぶ捜索医療団プロジェクト（通称、ARROWS）を開始した。既存の団体の機能を連携させ、被災地に包括的な支援を最適な形で提供することをめざしたものだ。

　ARROWS は、1 月 30 日、「緊急支援活動」を開始。翌日、中国に N95 マスク、医療用防護服、医療用使い捨て手袋など約 10 種類の物資を輸送した。中心になったのは、佐賀県に本部を置く、A-PAD ジャパンだ。佐賀空港から ARROWS のスタッフ 1 名が上海まで輸送、現地のパートナー団を通じて、上海の復旦大学附属病院の他、武漢市と上海市の病院などに物資の引き渡しを行った。

　これに先立ち、ARROWS は、1 月 27 日に佐賀空港から中国人スタッフ 1

6　この運動は、ピースワンコ事業と呼ばれている。2018 年に週刊新潮は、劣悪な環境で犬が飼育されているなどと批判。動物愛護法違反の容疑で PWJ の代表理事らが告発される事態に至ったが、不起訴処分になっている。

名を支援ニーズ調査のため上海に派遣。物資支援の第一弾として 30 日に現地パートナー団体と上海市長海病院に、N95 マスク 1680 枚、医療用ラテックスグローブ（医療用使い捨て手袋）1900 枚を届けていた。

　PWJ や ARROWS 以外に、武漢を中心とした中国における急速な新型コロナウイルスの感染拡大に対して、緊急支援を行った NGO に、NPO 法人グッドネイバーズ・ジャパン（GNJP）がある。国際組織であるグッドネイバーズ・インターナショナルの一員で、アジア・アフリカで医療などの支援、国内ではひとり親世帯を対象とした食料支援を実施している。

　GNJP は、2 月上旬、使い捨ての医療用ガウン 7 万 6000 着を調達し、現地協力団体の湖北省慈善総会を通して中国湖北省の各地域に提供したという。その後、日本国内で感染が広がり、全国の小中高校と特別支援学校の休校にともない給食が無くなったことなどにより影響を受けたひとり親家庭を中心に、3 月中旬から食品の臨時配付を開始した。

4）「桃を投じて李に報ゆ」の精神

　中華人民共和国駐日本国大使館は 2 月 13 日、同大使館のホームページに「中国の新型肺炎感染予防抑制対策に対し、日本各界から積極的な義援金、支援物資」と題する一文を掲載した。新型コロナウイルスの感染拡大後、日本の政府、企業や NPO、そして在留中国人などによる支援について、2 月 7 日時点における集計結果を報告するためのものだ。

表 1-2　新型コロナウイルス感染にともなう日本から中国への支援物資と義援金

	日本政府・自治体	日本企業・NPO など	中国系企業・在留中国人など
医療用マスクと防護マスク	113.2万枚	158.5万枚	362.1万枚
手袋	9.4万点	28.5万点	66.8万点
防護服およびバリアガウン	6.9万着	8.2万着	2.8万着
ゴーグルおよびフレーム	7.3万点	1700点	3985点
防護キャップ		1000個	
靴カバー		1000枚	
防護靴		30足	
大型 CT 検査設備		1台	

体温計	100本		1.6万本
消毒液・粉	1.15トン		1トン
消毒用品		2400点	
義援金		2888.9万元相当 （2850万人民元、 610万日本円）	171.3万元相当 （39.8万人民元、 2065.1万日本円）

（出典）中華人民共和国駐日本国大使館ホームページ、http://www.china-embassy.or.jp/jpn/
zt/2015lianghui/t1744198.htm、2020 年 7 月 30 日アクセス
（注）2020 年 2 月 7 日現在の集計結果

　表 1-2 をみると、中国系企業・在留中国人などによる支援の大きさが目立つ。2）で示したように、2018 年 6 月末の中国からの出身者は、74 万 1656人と、日本の総人口の 1% にも満たない。にもかかわらず、医療用マスクと防護マスクについていえば、日本政府・自治体と企業・NPO などを合わせたよりも多くの数を提供している。

民間主導の日本からの支援

　義援金については、日本の政府・自治体からはゼロなのに対して、日本企業・NPO などからは人民元によるものが大半であるのに対して、中国系企業・在留中国人などからは日本円によるものが大部分を占めている。なお、2 月 7 日以降に行われたと推察される日本企業からの大口寄付は、この集計には含まれていないことに注意する必要がある。

　また、日本政府・自治体と企業・NPO などを比べると、前者より後者の方が、支援品目が多様かつ豊富であることがわかる。2 月 7 日までの集計とはいえ、義援金についても、日本政府・自治体はゼロなのに対して、企業・NPO などからは 2888.9 万元（1 元 = 15 円換算で約 4333 万円）相当が送られている。民間主導の支援が行われたといってよいだろう。

　では、こうした日本からの支援に対して、中国の政府や人々はどう受け取ったのだろうか。2 月 6 日付の東方新報[7]は、中国共産党機関紙「環球時報（Global Times）」のニュースサイトに、「中国人は受けた恩を忘れない。今こそ日本に『謝謝（ありがとう）』と言おう」というタイトルの長文の記事が掲載されたことを伝えている。

7　1995 年に日本で創刊された中国語の新聞。中国国内や日本のニュースから、日中間の様々な話題、在留中国人の生活など幅広い情報を網羅した、中国語（繁体字）総合紙。

環球時報は、日本政府が武漢在住の邦人を帰国させるためのチャーター便にマスクや手袋などの支援物資を載せてきたことを紹介。また、武漢市と友好都市の関係にある大分市がマスク3万枚などを送り、その箱に「加油武漢」と中国語で書いたことや、イトーヨーカ堂がマスク100万枚を無償で送ったことに触れ、「日本の官民の支援に、中国では感動の輪が広がっている」とたたえたという。

　さらに、中国語版ツイッター「微博（Weibo）」には「雪中送炭」という成句が頻繁にみられるようになっていると伝えている。新型コロナウイルスの感染拡大という「雪の降る寒い時」に、「炭」という人々が必要としているものを送って助ける、という意味だ。

「返礼」を受けた日本の団体

　中国への支援が具体的な「返礼」として届いた例もある。京都府福知山市の社会福祉法人空心福祉会は2月、中国江蘇省蘇州市の行政機関からの要請に応じて、マスク2400枚と防護服・簡易防護服2300枚を送付。これに対して、7月になって、蘇州市から「温かい支援のお返しに」と不織布マスク8000枚とビニール手袋1万5000枚が届いた。これらの返礼品は、一般社団法人福知山民間社会福祉施設連絡協議会を通じ、市内の12法人などに分配されることになった。

　「返礼」の動きは、在留中国人の団体にも及んだ。2）で紹介した仁心会は3月29日、会員らに対して、論語の「投我以桃　報之以李」（「桃を投じて李に報ゆ」）という語句を引用。桃が贈られてくれば、「返礼」としてスモモを贈り、それに報いる。今こそ日本医療機関への医療物資を支援しよう、という呼びかけだ。実際、仁心会は、医療物資を厚生労働省の指定医療機関や倉庫に送付したという。

　このように、NPOをはじめとして日本の官民による中国の新型コロナウイルス感染拡大にともなう医療面などでの支援は、中国における感染の沈静化と日本の感染拡大という状況のなかで、先に支援を受けた中国から日本への「返礼」の動きを生んだ。コロナ禍という共通の危機への支え合いの意識と行動が、日中友好に寄与したといえよう。

5）ヘイトクライムの続発と人権団体の対応

国際連合人権高等弁務官事務所（OHCHR）は 3 月 6 日、新型コロナウイルスの感染拡大に関連して、ミシェル・バチェレ代表の発言を伝えた。「人間の尊厳と権利をその努力の最前線かつ中心に据えるべき」と述べたというタイトルがつけられたこの一文は、「新型コロナウイルスの影響を受けた諸国の当局者に、ゼノフォビアやスティグマ的な事象へ取り組むために必要とされるあらゆる措置を講じるよう強く求める」[8]ということばで締めくくられている。

国際連合機関における人権問題に関する活動を統率する部署の代表が自らこう述べた背景には、新型コロナウイルス確認以降、中国をはじめとしたアジアの出身者への差別や偏見をともなう行為が欧米を中心に拡大していったことにあるといえよう。海外だけではない。「武漢加油」から「投我以桃報之以李」に示される、コロナ禍に対応した日中間の相互協力が友好的な意識を醸成した一方、国内において中国人や中国系ビジネスへのヘイトクライム[9]が続発していったのである。

中国からの観光客や在日中国人ビジネスへの憎悪

最初に大きな注目を集めたのは、日本有数の温泉地、神奈川県箱根の駄菓子店「ハウスベイダー」が中国人の入店を禁止すると記した張り紙を、1 月中旬に掲示したことだろう。この問題は、朝日新聞が取り上げ、その後、中国メディアの環球網が報道、日中のネットユーザーの間で議論を巻き起こした。数日後、同店は、張り紙を撤去するとともに、店のブログに謝罪文を掲載した。

また、北海道札幌のラーメン店「麺や　ハレル家」は、「中國人入店謝絶」の張り紙を掲示。同店の 2 月 1 日付のブログで「従業員の健康と安全を

8　https://www.ohchr.org/EN/NewsEvents/Pages/DisplayNews.aspx?NewsID=25668&LangID=E、2020 年 8 月 1 日アクセス

9　「ヘイトクライム」は、特定の人種などへの差別や偏見に基づく「犯罪」と定義されることが多い。ここでは、「犯罪」に該当するかどうかは問わず、差別や偏見に基づく言動全般を「ヘイトクライム」として扱う。

守る為の予防策の一つ」としたうえ
で、「差別ではなく区別」[10] と主張し
た。その後、この張り紙は、撤去さ
れた。

こうした飲食店における「中国人
お断り」は、多くのメディアが取
り上げていたが、飲食業全体に大
きく広がったものではない。また、
「差別」との批判の声も出たものの、
ネットユーザーを中心としたもの
で、人権問題に取り組む政府機関や
NPO などが問題視する事態に発展
した形跡は確認できない。

写真1-1 1月30日、上海市長海病院に
N95マスクなどの医療物資を届けた
ARROWSのスタッフ（左）。写真提供：
空飛ぶ捜索医療団 "ARROWS"

新型コロナウイルスと中国人に関してインターネット上に現れたヘイトク
ライムのひとつに、「#中国人は日本に来るな」がある。1月31日付のニュ
ーヨークタイムス紙は、世界各国におけるコロナ禍にともなうヘイトクライ
ムを伝えるなかで、これを取り上げた。日本でツイッターの検索の目印とな
るハッシュタグで「#中国人は日本に来るな」がトレンド入りしたことを報
じたのである。

その後、新型コロナウイルスの感染が拡大していくにつれ、ヘイトクライ
ムはさらに深刻化していく。2月17日、香川県の小学校に中国人を差別す
る内容のはがきが届いたことは、そのひとつだ。学校のある自治体は、偏見
に基づくものだなどとして警察に相談。警察は、はがきが届いた小学校の周
辺で児童の見守りなどを強化する事態になった。

3月4日には、横浜中華街の少なくとも6店舗に「中国人はゴミだ！細菌
だ！」などと誹謗中傷する手紙が送られた。横浜市の林文子市長は、手紙は
ヘイトスピーチに当たると判断。記者会見で「許せない。重大な人権侵害
だ」と非難した。また、人権団体からも、一般社団法人在日コリアン・マ
ノリティ人権研究センター（KMJ）やNPO法人コリアNGOセンターが発表
した声明のなかで、コロナ禍にともなうヘイトクライムのひとつとして取り

---

[10]　https://blog.goo.ne.jp/menya-hareruya/e/491995400e416ca6495d2184b783df4c、2020年8月1
　　　日アクセス

上げられている。

　新型コロナウイルスの発生源が中国の武漢とみなされたことで、反中国の活動を進めてきた団体などは、「好機」と捉えたのかもしれない。沖縄の那覇市役所前で主に毎週水曜日に街頭宣伝（街宣）を行っている、シーサー平和運動センターは、そのひとつだ。「今入国しているチャイニーズは歩く生物兵器かもしれない」などと中国人に対する差別と排除を扇動。沖縄タイムスは、実際に暴力を誘発しかねない、と識者による懸念を伝えている[11]。

拡大するヘイトクライムと批判の動き

　ヘイトクライムの対象となったのは、中国と中国人だけではない。3月9日には、日本人と韓国・朝鮮人を主とする在日外国人市民のふれあいを目的として神奈川県の川崎市によって設置された「ふれあい館」のごみ集積場に模造刀と木刀が並べられるという事件が発生。これは、在日コリアンがターゲットにされたとみられる。

　また、3月9日からさいたま市が幼稚園、保育園などの職員向けに市の備蓄用マスクの配布を始めたものの、朝鮮幼稚園はその対象外とされた。これに抗議の声が高まり、配布が決定された。その後、新型コロナウイルスの感染が拡大した3月、埼玉朝鮮初中級学校・幼稚部（さいたま市大宮区）には、「嫌なら国へ帰れ」「もらったら、ただじゃおかないぞ」といった電話やメールが相次いだ。

　前述のコリアNGOセンターやKMJが発表した声明は、これら在日コリアンへのヘイトクライムへの抗議や非難の意思を込めて発せられたものだ。こうしたヘイトクライムを許さないという動きは、差別・排外主義に反対する連絡会の主催による、「コロナに乗じたヘイトをやめろ！4.19緊急アクション」など、街頭で問題を訴える活動にも及んでいる。

6）コロナ禍の「インフォデミック」への取り組み

　世界保健機関（WHO）のデジタル・ビジネス・ソリューション・マネージャーのアンドリュー・パティソン氏は2月13日、カリフォルニア州のシ

11　https://www.okinawatimes.co.jp/articles/-/571478、2020年8月1日アクセス

リコンバレーで、グーグルやアップルなどの IT 企業の関係者と会談した。これに先立ち、パティソン氏は、アマゾンの本社があるシアトルで、同社の関係者と話し合いの場をもった。

　IT 企業と WHO。一見、奇妙な組み合わせにみえる。パティソン氏が取り上げたのは、新型コロナウイルスの感染拡大にともなう「インフォデミック」の深刻さを共有し、IT 企業に対策に向けた協力を求めたのである。

　「インフォデミック」とは、インフォーメーションとパンデミックを組み合わせた造語だ。日本語にすると、情報の感染爆発ということができる。では、どのような情報が爆発的に感染し、それがどのような問題を引き起こし、それに対してどのような対応が求められたのだろうか。

　WHO が懸念したのは、新型コロナウイルスに関連した、いわゆるフェイクニュースや誤情報、流言飛語などである。情報通信技術の発達している今日、誤った情報の拡大は、治療や予防、国際的な協力の妨げになることを恐れたためだ。

　シリコンバレーで会談が行われたのは、WHO が「国際的な緊急事態」を宣言した 1 月 30 日から 2 週間後のことである。この間、フェイクニュースや誤情報などが、フェイスブックやツイッター、ユーチューブなどを通じて、新型コロナウイルスそのものよりも速いペースで世界中に拡散していた。

WHO が求めた「ファクトチェック」

　IT 企業との会談で、パティソン氏は、「科学に基づかない」情報の拡散防止に協力を求めた。これに対して、フェイスブックやツイッターは、新型コロナについて検索すると WHO などの公的機関が発信する情報が上位にくるように設定したり、投稿に対する第三者機関の「ファクトチェック」を強化しているという。

　「ファクトチェック」ということばは、あまり一般的ではない。日本で「ファクトチェック」の普及活動を行っている NPO 法人ファクトチェック・イニシアチブ（FIJ）は、社会に広がっている情報・ニュースや言説が事実に基づいているかどうかを調べ、そのプロセスを記事化して、正確な情報を人々と共有する営み、と説明している。要するに、ニュースをはじめとした様々な情報の真偽を検証することだ。

　では、日本で、「ファクトチェック」が必要になるようなフェイクニュー

スなどが広範囲に拡散されたのだろうか。FIJ は 2 月 3 日、「新型コロナウイルス特設サイト」を開設。8 月 1 日までに、国内で検証対象となった 95 件の内容と、チェックされた結果 106 件を掲載した。両者の件数が異なるのは、検証対象の一部について、複数の団体がチェックし、それぞれの団体の結果を示しているためである。

写真 1-2　新型コロナウイルスに関連して「悲報」「速報」などとされた「誤情報」がウェブで拡散

　「新型コロナウイルス特設サイト」の掲載情報は 4 種類に分類されている。ウイルスの特徴、予防、治療法に関するものが 22 件、感染者の状況が 20 件、当局の対応、その他政治的な言説が 30 件、その他様々な言説、うわさが 23 件となっている。

　なお、総務省は 6 月 22 日、5 月にネットユーザーに対してアンケート調査した結果を発表した。報告書によると、「新型コロナウイルス感染症について、間違った情報や誤解を招く情報を見たことがある」と答えた人は 72% に及んでいた。

　総務省の調査では、人々がそのような誤った情報をみかけた媒体は、ツイッターやブログ・まとめサイトが多いという。これに、FIJ が取り上げた検証が必要な情報の量と幅の広さを考えると、コロナ禍において、日本でも「インフォデミック」の様相が生まれたといえよう。

「ファクトチェック」活動を進めた NPO

　「新型コロナウイルス特設サイト」に掲載されている情報は、すでに「ファクトチェック」が終わったものであり、FIJ が検証対象としている情報のすべてではない。また、FIJ が検証の必要性のある情報のすべてを把握できているとは考えられない。こうした点から、日本の「インフォデミック」状況は、FIJ が把握しているよりも深刻な可能性があるが、「ファクトチェック」の妥当性について判断が難しい面もあると考えられる。

　ファクトチェックの具体例をあげてみよう。1 月 29 日頃、「BUZZAP」[12] を

12　IT、モバイル、音楽、アート、アニメ・漫画などを中心に、世界中のニュースや役立つ

発信源として「東京オリンピックが中止される」という情報が拡散された。これに対して、共同通信の取材に（2020年東京五輪・パラリンピック組織委員会は）「中止は検討していない」と完全否定した。また、ハフポストの取材によれば、「（元の記事が参照した）DPA通信[13]は東京オリンピックが中止される可能性については一切報じていない」という。

　これを読むと、違和感をもつ人がいるかもしれない。2020年東京五輪・パラリンピックは、「中止」にならなかったものの、「延期」された。したがって、「中止」の検討は全くなかったのか、という疑問をもつのではないかということだ。このような疑問がでることを想定しているのだろう。FIJは、「検証の内容は記事掲載時点のものです。また、100%正しいとも限りません」と注釈を入れている。

　なお、FIJは、この情報に関して、自ら検証したわけではない。共同通信とハフポストが取材をして、記事にした内容を紹介するという形をとっている。このふたつの記事は、共同通信が組織委員会へ問い合わせ、ハフポストがBUZZAPの記事の内容確認などを中心にした、比較的簡単なチェックに基づいて執筆されたようだ。

　一方、詳細な検討が行われた情報もある。国内メディアパートナーとなっているNPO法人食の安全と安心を科学する会（SFSS）やインファクトなどによるチェックは、かなり詳細なものが多い。ここで具体例を紹介するスペースはないが、専門性を生かした情報検証作業の跡がうかがえる。なお、インファクトは、調査報道と「ファクトチェック」を軸に新しいジャーナリズムを創ることを掲げたメディアで、認定NPO法人ニュースのタネが運営している。

おわりに

　中国の武漢で発生したといわれ、1月中旬以降、爆発的に感染が拡大していった新型コロナウイルス。感染は、日本にも及んできた。しかし、発生後、2カ月ほどの間は、武漢へのチャーター便の派遣による邦人の帰国支援

　　情報を伝えるニュースサイト。
13　世界80カ国に拠点をもつドイツ最大の通信社。

やクルーズ船のダイヤモンド・プリンセス号の横浜への入港、そして死者を含む被害がでても、「武漢問題」あるいは「中国問題」として扱われていた感が強い。

　もちろん、例外はある。1月23日にFRIDAYデジタルが発信した記事のなかで、NPO法人医療ガバナンス研究所の上昌広理事長が「新型肺炎は、日本でもSARSクラスの猛威をふるう可能性」を指摘していた。しかし、感染拡大への危機感を訴える声は、NPOを含め、ほとんど聞かれなかった。

　一方、「武漢問題」「中国問題」に対応しようとした政府やNPOの姿をみることができる。遠い国の出来事として傍観しているのではなく、「武漢加油」のスローガンのもと、困難に陥った人々を助けようという動きが官民を問わず広がり、国家間の友好関係の促進にも寄与したといえよう。

　こうした人々の「善意」を台無しにするような動きもでてきた。中国人や在留中国人、中国系ビジネスなどへのヘイトクライムの発生が、それである。特定の属性をもつ人々への憎悪や偏見に基づく言動は、許されない。こういう認識に立ち、ヘイトクライムを批判する動きがNPOを通じて社会に広がっていったことは、人権意識の成熟度を示したともいえ、意義ある行動といえよう。

　イギリスのEU離脱の是非を問う国民投票とアメリカの大統領選挙。2016年の世界のトップニュースを飾った、このふたつの出来事は、SNSを通じたフェイクニュースの拡散という現象と関連させて考えると、時代を先取りしたといえる。フェイクニュースや誤情報に対応するNPOもでてきた。コロナ禍の日本においても、インターネット上での誤った情報の拡散という新たな問題に対して、NPOが一定の役割を演じたことは、NPOの先駆性を示した。

　全国の一斉臨時休校が実施される1週間前の2月24日、国の専門家会議は、「今後1〜2週間が瀬戸際」という見解を表明した。とはいえ、新型コロナウイルスの感染による社会経済への影響は、かなり限定的だった。そのため、感染にともなう生活面での問題は表面化せず、NPOとしても対応を取るという考えがでなかったのかもしれない。

　とはいえ、武漢への支援、国内の中国に関連したヘイトクライム、フェイクニュースや誤情報など、別の次元での問題が生じていたことも事実である。そこでは、NPOが重要なプレーヤーのひとりであったことを、記録しておくべきだろう。

第2章　NPOに甚大な影響を与えた臨時休校措置と非常事態宣言

柏　木　　宏

　政府と比べてNPOの優位性を示すとき、必ずでてくることばのひとつに「先駆性」がある。政府は、一定のニーズが明確になり、その対策を法律として制定してからでなければ動けない。一方、NPOは、自らの判断で、迅速に対応を進めていくことができる。

　新型コロナウイルスの感染の初期段階においても、NPOの先駆性は発揮されたといえる。第1章でみたように、武漢をはじめとした中国への支援や、国内で生じたヘイトクライムやフェイクニュースへの対応など、政府に先んじたNPOの活動を随所にみることができるからだ。

　しかし、国内での感染拡大にともない、3月から始まった全国の学校の臨時休校措置から4月の緊急事態宣言へと続く、政府による一連のコロナ対策は、NPOが置かれた状況を大きく変化させた。NPOが自ら課題に取り組むというよりも、休校にともなう児童生徒への学力支援や非常事態宣言による解雇・雇止めを受けた労働者への取り組みなど、政府の政策によって急増したニーズに対処することが求められたのである。

　ここで大きな問題が生じた。対面形式の相談にみられる支援活動やセミナーやイベントなどの実施が困難になったことだ。いわゆる「三密」の回避やソーシャル・ディスタンスを確保するための措置である。その結果、多くのNPOは活動が制約され、経営も悪化していった。

　一方、対面型の活動のオンライン化を進めるNPOもでてきた。また、問題を把握するための調査に基づく政策提言、活動や運営への財政的な支援を求める政府への要望も行われた。クラウドファンディングを中心にした基金

の立ち上げも含め、NPO 自身による活動資金の確保、または NPO の外部からの財政支援の動きもかつてない規模で広がったといえよう。

　換言すれば、コロナ禍において、NPO は、支援者としての役割を問われただけではない。支援される立場として、だれに、なにを、どのように求めていくのか、問われたのである。以下、支援者の役割に関して教育現場への影響を中心にして、これらの動きを整理、検討していく。なお、NPO への財政支援や NPO による政策提言については、別途、第 4 章で取り上げることにする。

1) タイムラインでみる感染拡大と政府の対策

　全国の学校の臨時休校と非常事態宣言という新型コロナウイルスに関する政府のふたつの大きな対策は、NPO の活動や事業に、どのような影響を与えていったのだろうか。このうち前者の臨時休校との関係について、検討していくことが、本章の主な目的である。

　政府の対策は、策定時における内外の環境を踏まえ、決定されていく。新型コロナウイルスへの対策も、例外ではない。したがって、政府の対策を検討するには、感染がどのように、そしてどの程度広がっていったのかについて考えていくことが必要になる。

　とはいえ、新型コロナウイルスの感染は、国内で始まったものではない。このため、最初の発生地といわれる中国の武漢から日本にどのように広がったのか、そして政府の対策がどのように取られたのかについて、タイムラインで追っていくことにする。

「旅行者への注意喚起」から相談窓口開設へ

　世界保健機関（WHO）のウェブサイトに掲載されている "Timeline of WHO's response to COVID-19"（時系列による新型コロナウイルスへの WHO の対応 :2020 年 6 月 30 日更新）[14] によると、WHO が中国の武漢の「ウイルス性肺炎」の情報を把握したのは、2019 年の 12 月 31 日。武漢市保健局のウェブサイトのメディア向け文書を通じてであった。翌日、WHO は、中国当局に

14　https://www.who.int/news-room/detail/29-06-2020-covidtimeline、2020 年 8 月 3 日アクセス

対して、当該の肺炎に関する情報提供を要請。その後、徐々にウイルスの実態が明らかにされていくことになる。

　厚生労働省（以下、厚労省）が新型コロナウイルスについて報道関係者に最初に伝えたのは、1 月 6 日。「中華人民共和国湖北省武漢市において、昨年 12 月以降、原因となる病原体が特定されていない肺炎の発生が複数報告されています」としたうえで、厚労省として「旅行者への注意喚起」を行った[15]。

　WHO が「ウイルス性肺炎」を新型コロナウイルスと確認した 1 月 15 日、国立感染症研究所は、武漢に滞在歴のある男性から新型コロナウイルス陽性の結果をえた。国内での最初の感染者確認である。厚労省は 16 日、この感染の発表に当たり、ヒトヒト感染の可能性が否定できない事例が報告されているものの、「持続的なヒトからヒトへの感染の明らかな証拠」はないとしていた[16]。

　その後、1 月 29 日に武漢から在留邦人が帰国するためのチャーター機の第 1 便が羽田空港に到着。また、船内感染が生じたクルーズ船、ダイヤモンド・プリンセス号が 2 月 3 日に横浜港に入港した。メディアの報道も過熱し、人々の関心が急速に高まった。しかし、国内感染者については 2 月 13 日に30 例目が確認されるにとどまるなど、比較的落ち着いた動きをみせていた。

　こうした状況を反映してか、厚労省は、1 月 28 日に新型コロナウイルスの電話相談窓口を開設。2 月 6 日に、これをフリーダイヤル化するなどしたものの、目立った動きは示さなかった。しかし、2 月中旬以降、感染者が急増。21 日には、国内感染者は 105 名（患者 91 名、無症状病原体保有者 14 名）となり、政府の対応は急務になった。

対策本部の設置から臨時休校への流れ

　政府は 1 月 30 日、閣議決定に基づき、新型コロナウイルス感染症対策本部を設置した。同対策本部は、3 月 26 日から新型インフルエンザ等対策特別措置法の規定により政府対策本部に指定された。当初、対策に大きな役割をはたしたのは、医学的な見地から助言などを行うための新型コロナウイルス感染症対策専門家会議（以下、専門家会議）である。

15　https://www.mhlw.go.jp/stf/newpage_08767.html、2020 年 8 月 3 日アクセス

16　https://www.mhlw.go.jp/stf/newpage_08906.html、2020 年 8 月 3 日アクセス

専門家会議は2月24日、「この1～2週間の動向が国内で急速に感染が拡大するかどうかの瀬戸際」だという認識を示した。そして、対策本部は、感染の流行を早期に終息させるためクラスター対策が重要だとしたうえで、国内で患者数が大幅に増えた時に備え、重症者対策を中心とした医療提供体制などの必要な体制を整えていくとした。2月25日に発表された「新型コロナウイルス感染症対策の基本方針」（以下、基本方針）が、これである。

　安倍首相は2月26日、今後2週間、全国的なスポーツや文化イベントの中止や延期、規模縮小を要請。27日には、全国すべての小学校、中学校、高校、特別支援学校の臨時休校を3月2日から春休みまで行うよう求めた。

　2月25日の基本方針と異なる、首相の突然の要請に、学校や児童をもつ家庭などから、困惑の声が上がった。なお、厚労省は27日、保育園と学童保育（放課後児童クラブ）は「原則開所」を求めると自治体に伝えた。

　政府は、いわゆる水際対策も進めてきた。水際対策には、感染が広がっている国や地域からの入国拒否の他、入国時のPCR検査などの検疫の強化、すでに発給された査証の効力停止、査証免除措置の停止などがある。2月1日の中国湖北省からの外国人の入国拒否以降、さまざまな措置がとられ、海外からの旅行客が事実上消滅、各地の観光地に甚大な影響を与えていった。

　一方、地方政府や民間団体は、独自に動き始めた。2月28日の北海道知事による新型コロナウイルス緊急事態宣言は、その端緒といえる。3月に入ると、プロ野球の開幕延期、サッカーJリーグの公式戦再開延期、選抜高校野球の中止、そして新年度を前に大学生の就職内定取り消しなど、影響は広範囲に及んでいった。

医療体制の逼迫と緊急事態宣言の発出

　3月24日、東京五輪・パラリンピックの延期が決まった。その直後から、堰を切ったように、政府や自治体からの「自粛」要請が相次いだ。3月25日の東京都知事による不要不急の外出自粛の要請や、外務省による不要不急の渡航自粛の要請は、その一例にすぎない。

　しかし、感染はさらに拡大。安倍首相は4月7日、7都府県対象に緊急事態宣言を発出。各地で独自の緊急事態宣言がだされるなか、4月16日、緊急事態宣言が全都道府県に拡大されることになった。

　図2-1でわかるように、緊急事態宣言発出後の4月10日をピークに感染者数は徐々に減少していく。一方、4月に入ると、医療体制が危機的な状況に陥

っているという声が医療関係者から相次いだ。4 月 29 日には、全国知事会が緊急事態宣言延長を国へ提言。安倍首相も、宣言の全面的排除は厳しいと述べざるをえなかった。

図 2-1　全国の 1 日ごとの感染者数の変化（2020 年 8 月 28 日時点）

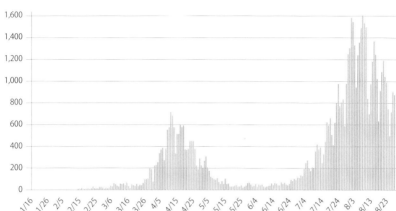

（出典）https://www.mhlw.go.jp/stf/covid-19/kokunainohasseijoukyou.html

　安倍首相は 5 月 4 日、緊急事態宣言を 5 月 31 日まで延長することを発表。その後、地方を中心に感染者が大幅に減少したことを受け、5 月 14 日に緊急事態宣言が 39 県で解除されることになった。5 月 21 日には、大阪、京都、兵庫でも解除。そして、政府は、東京など首都圏の 1 都 3 県と北海道でも解除を決めた。延長された期限より 1 週間ほど早い 5 月 25 日のことであった。

2）臨時休校による子どもへの深刻な影響と NPO の「先駆性」

　新型コロナウイルスの感染が中国からヨーロッパ、アメリカそして日本に急速に広がっていくなかで、国際連合教育科学文化機関（ユネスコ）の教育局次長と国際 NGO のプラン・インターナショナルの CEO は 3 月 31 日、ショッキングな内容の報告 [17] を行った。世界 185 カ国で学校が閉鎖され、大学

---

[17]　https://en.unesco.org/news/covid-19-school-closures-around-world-will-hit-girls-hardest、2020 年

生を含めて 15 億 4000 万人もの生徒や学生が影響を受けたと推計したのである。このうち 7 億 4300 万人は、女子の児童や学生。男女間の教育格差に加え、性的搾取や若年妊娠、結婚の強制などの問題が深刻化する可能性を示した。

この報告書が発表される 1 カ月前の 2 月 27 日、前述のように、安倍首相は突然、全国すべての小中高と特別支援学校を 3 月 2 日から春休みまで臨時休校するよう要請した。ユネスコの懸念と同じではないが、この要請は、児童・生徒に大きな影響を与えていくことになる。では、NPO は、この事態に、どのように立ち向かったのだろうか。

メディアと NPO の調査結果の相違

NPO が動き出す前に、一部のメディアは、この臨時休校について児童・生徒や保護者の考えを聞くアンケート調査を行っている。例えば、河北新報は 2 月 28 日、会員制交流サイト（SNS）の無料通信アプリ LINE を使って緊急アンケートを実施。同日夕方までに 43 件の回答が寄せられ、「賛成」が 55%、「反対」が 34% だったという [18]。

京都新聞は、双方向型報道「読者に応える」の LINE の友だち登録をしている読者に緊急アンケートを 2 月 28 日までに実施。回答者 2416 人（うち保護者は 1172 人）のうち、賛成が 62%、反対が 38% だった。ただし、保護者だけの回答をみると、反対は 43% に及んだ。また、賛否にかかわらず、共働きやひとり親家庭への支援の不十分さの指摘が多かったという [19]。

これらのデータをみると、臨時休校措置は、おおむね受け入れられたようにみえる。しかし、NPO 法人フローレンスが実施した「一斉休校に関する緊急全国アンケート」結果によると、反応は異なる。この調査は、3 月 6 日から 4 日間、インターネットを通じて行ったものだ。休校・休園対象となった児童・生徒の保護者から 8339 件の有効回答をえたという [20]。

休校措置についての問いに、「とても困っている」が 19.8%、「困っている」も 48.3% に達した。一方、「あまり困っていない」は 25.4%、「困ってい

---

8 月 4 日アクセス

[18] https://www.kahoku.co.jp/tohokunews/202002/20200228_13035.html、2020 年 8 月 4 日アクセス

[19] https://www.kyoto-np.co.jp/articles/-/174363、2020 年 8 月 4 日アクセス

[20] https://florence.or.jp/news/2020/03/post38598/、2020 年 8 月 4 日アクセス

ない」は 6.6% に止まった。また、未就学児と小学校の児童がいる家庭では「とても困っている」と「困っている」の合計が 7 割を超えた。ひとり親世帯では「とても困っている」と「困っている」が 73.4%、世帯年収 300 万円未満の家庭では 75.2% と、生活困窮度との相関関係をうかがわせる。

アンケートは、すでに利用しているサービスや家庭での対応を選択式（複数回答可）で尋ねた。その結果、「本や学習教材」や「オンライン学習コンテンツ」の提供が、それぞれ 33.6% と 23.1% に達した。一方、「子どもだけで長時間留守番をさせている」という回答も、32.7% あった。この割合は、小学校 4 〜 6 年生以上の家庭やひとり親の層で 5 割弱に及んだ。

このような結果を踏まえて、フローレンスは、以下のような対策が必要だと指摘した。

・校庭開放など、子どもたちが体を動かすことができる居場所の提供
・学習の遅れをサポートするオンライン・オフラインの対応
・経済的に困難な家庭やひとり親家庭に経済的・外的支援と子どもの見守り支援の提供

河北新報と京都新聞の調査は、臨時休校の前に実施された。一方、フローレンスの調査は、臨時休校開始直後の児童・生徒と保護者の反応である。時期が異なる以上、結果に違いがでてくるのは当然だろう。両者の差の大きさに不思議な思いをする人が少なくないかもしれないが、京都新聞の指摘にある「共働きやひとり親家庭への支援の不十分さ」が、現実化した結果とも考えられる。

休校措置で生じた問題への NPO の取り組み

フローレンスが指摘した対策は、NPO などによって実施されていく。最初の校庭開放については、文部科学省と厚生労働省が 3 月 2 日、各地の教育委員会教育長らに対して、「新型コロナウイルス感染症防止のための小学校等の臨時休業に関連した 放課後児童クラブ等の活用による子どもの居場所の確保について（依頼）」[21] という通知を行った。

---

[21] https://www.mext.go.jp/content/20200303-mxt_kouhou01-000004520_01.pdf、2020 年 8 月 4 日アクセス

両省による通知の結果、東京都港区や三鷹市、神奈川県海老名市などの小中学校で校庭の開放による子どもの運動機会が確保されるなど一定の成果をみせた。しかし、7都道府県に緊急事態宣言が発出された4月7日、厚労省は都道府県などに「緊急事態宣言後の保育所等の対応について」という通知[22]を送付。このなかで、放課後児童クラブは原則開所としながらも、クラブの子どもや職

写真2-1　全国一斉臨時休校の開始日から始まったカタリバオンラインの様子。写真提供：認定NPO法人カタリバ

員が罹患した場合や地域で感染が拡大している場合は、市区町村などにおいて臨時休校を検討するとした。このため、全国的にみると緊急事態宣言後の6月から7月まで、居場所の確保は、限定的だったと推察される。

　学習の遅れを支援する動きは、臨時休校直後から各地で始まった。端緒となった活動のひとつに、認定NPO法人カタリバによる「カタリバオンライン」をあげることができる。臨時休校発表からわずか4日後の3月2日にスタートした、子どもに学びと居場所を提供するインターネットを通じた無料（8月から有料化）のプログラムだ。毎日、新しいプログラムがホームページ上にアップされ、希望者は自由に参加できる。NPOの「先駆性」を示す事例といってよいだろう。

　インターネットを利用できる環境がない家庭への支援も必要という考えから、パソコンやWi-Fi端末の無償貸出しを実施。対象は、小学生から高校生の子どもをもち、居住する市区町村から就学援助や支援を受けている家庭だ。その数、100世帯。プログラムの登録者は、5月11日時点で1700人を超え、毎日100人以上の子どもが入れ替わり参加。約7割が小学生で、残りが中高生や未就学児という。

　フローレンスが訴えた対策の最後にある経済的支援や見守りについても、NPOなどの取り組みがみられる。東京都足立区で子育て支援を行うNPO法人Chance for Allを中心に、企業も含め約30団体が区内の事務所やカフェ計

3 カ所を「子どもの居場所」として開放、うち 2 カ所で宅配弁当を無償提供する活動を実施したのは、その一例だ。

　事業の開始は、3 月 3 日、臨時休校の翌日である。ここでも、NPO の迅速な対応ぶりに驚かざるをえない。この事業の対象は、東京 23 区で最も生活保護受給世帯数が多い足立区内の小学 1 ～ 3 年の児童をもつ、ひとり親、共働きの家庭だ。所得制限を設けていないとしても、利用者の多くは経済的に厳しい状態に置かれているとみられる。NPO のスタッフらが見守るなか、子どもの遊び場や学習の場として利用できるように、この事業は設計されている。

3) 各地の子ども食堂への臨時休校の余波

　学校の第一義的な役割は、「学」とあるように、「学ぶ場」の提供である。この場は、子どもの社会性などの育成もかねて「居場所」としても機能する。それゆえ、2) で述べたように、臨時休校にともない学力の低下や「居場所」を失った児童・生徒への支援が必要になる。カタリバや Chance for All などの NPO の取り組みは、そのニーズに即座に応えた事例といえよう。

　学校の存在意義は、これらふたつだけではない。文部科学省の「平成 30 年度学校基本調査」[23] によれば、2018 年の小学校の在籍者数が 642 万 7867 人、中学校では 325 万 1670 人、高等学校が 323 万 5661 人、特別支援学校は 14 万 3379 人だった。これらを合わせると、1305 万 8577 人にのぼる。

　学校は、「食の場」でもある。公立小学校のほぼ100%、公立中学校でも 8 割以上が、完全給食を提供している。牛乳だけの給食に対して、主食、おかず、牛乳のすべてを提供する方法が、完全給食である。ここから、児童・生徒にとって、給食のもつ役割の大きさがわかる。休校により、この給食がなくなった。この状況に対して、NPO はどう対応したのだろうか。

子ども食堂への期待と現実

　学校給食を特に必要としているのは、生活保護世帯や困窮世帯の児童・生徒である。生活保護世帯には、保護費の教育扶助として給食費が支給され

23　https://warp.ndl.go.jp/info:ndljp/pid/11293659/www.mext.go.jp/component/b_menu/other/__ics-Files/afieldfile/2018/12/25/1407449_1.pdf、2020 年 8 月 6 日アクセス

る。困窮世帯の場合、市区町村が就学援助の対象にしていれば、補助される。このように、学校給食は、児童・生徒にとって、食の格差是正の手段にもなっているのである。

とはいえ、学校給食が提供されるのは、一部の例外を除くと、授業がある日の昼食だけだ。経済格差が広がるなかで、子どもを中心に、親や地域の住民が安価または無料で食事ができる活動が2010年代に入り、全国に広がった。いわゆる「子ども食堂」だ。

NPO法人全国こども食堂支援センター・むすびえは、2019年6月に「こども食堂・最新箇所数調査結果」[24] を発表した。それによると、全国の子ども食堂の数は、少なくとも3718カ所。これは、6小学校区に1カ所の割合にあたる。年間の参加のべ人数は、推計160万人に達する。

「臨時休校で給食がなくても、子ども食堂があるので大丈夫」と思われるかもしれない。だが、全国の子ども食堂の連絡会、こども食堂ネットワークによると、新型コロナウイルスの感染拡大により、感染を恐れる自治体からの自粛要請などもあり、2月26日の時点で、開催継続と中止決定がほぼ半々くらいの状況だったという[25]。

地域に支えられながら活動を継続

では、開催継続の道を選んだ子ども食堂は、どのようにして活動を続けていったのだろうか。1910年に建設された、国の重要文化財の芝居小屋「八千代座」で知られる、熊本県山鹿市。この地方都市に2016年10月に設立され、毎月第1、第3土曜にオープンしてきた、山鹿こども食堂の事例からみていこう。

新型コロナウイルスの感染が徐々に広がり始めた2月末、山鹿こども食堂は、フェイスブックで3月の開催中止を表明した。しかし、学校休校により保護者の負担が増えたことを考慮して、パンやゆで卵、お菓子を配布することを決定。ひとり当たりパン2個で、100人分限定。子どもの分は無料、大人は経費として200円受け取ることにした。

---

24 https://musubie.org/wp/wp-content/uploads/2019/06/190626%E7%AC%AC%E4%B8%80%E9%83%A8%EF%BC%9A%E3%83%9B%E3%82%9A%E3%82%A4%E3%83%B3%E3%83%88-1.pdf、2020年8月6日アクセス

25 https://news.yahoo.co.jp/articles/a2f9663dcf2eeade3d0927f8f4afcccde5f9603b、2020年8月6日アクセス

　3月は、第1土曜の7日に加えて、第3土曜の21日にもパンなどの配布を実施した。しかし、4月は無理と判断、中止を告知した。だが、4月8日に山鹿市が学校再開したことを受け、食堂の再開を決め、フェイスブックで18日午前11時から午後1時まで開催する案内をだした。

　ところが、学校は再び休校になり、自粛要請を受けたため、4月18日からしばらく持ち帰りのみとすることに急遽変更。ただし、この日の時間は、夕食に合わせ午後5時より6時まで。シチュー、唐揚げ入り弁当で、大人も子どもも関係なく1個100円、弁当の個数に見合ったラーメンをつけ、お菓子を家族に一箱渡すことになった。

　5月に入ると、毎週、活動が行われた。2日に食堂、9日は米、ほうれん草、ケーキなどの配布、16日は食堂、23日も食堂、30日も食堂という具合だ。6月も、毎週、食堂や食品などの配布を実施。7月は、豪雨で被害を受けた市民がでたものの、従来通り、第1、第3土曜の食堂が開催されることになった。しかし、7月後半からの感染拡大を受け、8月1日の食堂は中止、その後は状況をみながら判断することになるなど、難しい運営を強いられている。

　このような状況にもかかわらず、なぜ食堂を続けているのか、またいけるのか。続ける最大の理由は、ニーズの高まりだろう。2019年4月には70人ほどだった利用者は、5月16日に149人と、倍増した。一方、継続できている背景には、地域の支援がある。食材に加え、配布する食品、そして現金まで、市内のビジネスや市の職員、そして市民から多くの支援が寄せられている。

写真2-2　コロナ禍で中止に追い込まれた山鹿こども食堂（左）だが、地域の支援を受け再開され、提供されるお弁当（右）。写真提供：NPO法人山鹿こども食堂

困難突破に向けたアドボカシー活動

　緊急事態宣言解除後も食堂を再開できない子ども食堂も少なくない。宮城県のせんだいこども食堂は、そのひとつだ。2 月までは食堂を開催してきたが、3 月から、ひとり親世帯を対象にした、食品や食材の宅配事業に変更。5 月からは、東京にある難民支援などを行う NPO 法人ジェン（JEN）とパートナーシップ協定を締結し、JEN の協力を受けながら、ひとり親世帯 50 世帯を対象に食料品の宅配と、子ども食堂を利用した子どもとの文通事業を行っている。

　県内の子ども食堂は、約 90 カ所にのぼるが、新型コロナウイルスの感染拡大後、大半が中止に追い込まれた。このため、せんだいこども食堂などは 5 月 21 日、宮城県と県議会に活動継続への支援の要望書を提出。これに先立ち、13 日には、30 人ほどの県議会議員との意見交換会が開かれ、実情を訴えた。

　「民間の力だけでは限界がある」という声に対して、宮城県は 6 月 23 日、新型コロナウイルス感染症対策費を増額する補正予算案を発表。子ども食堂関連として、再開支援に 1 団体当たり最大 20 万円、各戸に食事を届ける際の配送費として同 30 万円を支給することになった。コロナ禍という危機下における、NPO のアドボカシー活動であり、その成果が示された一例といえよう。

4）「ステイホーム」が生み出した問題

　安倍首相が突如言い出した、全国全ての小学校、中学校、高校、特別支援学校の臨時休校。当初、その期間は 3 月 2 日から春休みまでとされていた。換言すれば、4 月には感染が収まり、新学期は、通常通り行うことができる、という想定である。だが、4 月 7 日に 7 都府県に出された緊急事態宣言が 16 日に全国に拡大されたことに示されるように、感染は収束に向かわなかった。

　では、休校の状況は、どうなったのか。新型コロナウイルス感染症対策に関し、幼稚園、小学校、中学校、高校及び特別支援学校など新学期開始の状

　況について、文部科学省が4月6日時点で調査した結果[26]をみると、教育活動を予定通り開始すると回答した学校の割合は、全体の約6割にのぼった。しかし、その翌日に緊急事態宣言がだされた7都府県の公立学校に限定すると、小中学校が10%、高校はわずか1%にすぎない。特別支援学校は18%だった。

　このことは、大都市圏を中心に、臨時休校が長期化し、ステイホームが常態化していったことを意味する。その結果、児童・生徒やその保護者に、生活上あるいは精神面などにおいて、何らかの問題が生じたのではないか。その問題にNPOは、どう立ち向かっていったのか。以下、これらの疑問について、考えていく。

休校によるストレス、子どもより保護者が深刻

　子どもに安全で豊かな放課後を届けることをめざす、NPO法人放課後NPOアフタースクールは、4月27日から30日まで、休校中の小学生の子どもをもつ保護者向けのインターネットによるアンケート調査を実施した。その結果[27]には、興味深いデータが含まれている。

　アンケートへの回答数は438件。ストレス状況をみると、子どもの場合、「抱えている」が16%、「少し抱えている」が48%で、あわせて64%にのぼった。一方、保護者は、それぞれ39%と43%、82%で、子どもに比べ、より深刻といえる。

　保護者のストレスの背景として考えられる課題のトップは、「仕事と子どもの世話の両立」で、次に「子どもの勉強の心配」がくると、放課後NPOアフタースクールは分析。「子どもの勉強の心配」の理由のひとつに、オンライン授業への不満があるとみられる。

　アンケート調査によるとオンライン授業の実施率は、14%にすぎない。しかも、大半は動画配信で、双方向性の授業は、2%に止まる。2）で紹介した、カタリバのようなNPOの活動が重要になるゆえんでもある。

　保護者のストレスのトップに「仕事と子どもの世話の両立」がでてきたことに違和感をもつ人もいるかもしれない。臨時休校に当たり、厚労省は、政府の保育所と放課後児童クラブ（学童保育）について、原則として引き続き

26　https://www.mext.go.jp/content/20200407-mxt_kouhou01-000006421_1.pdf、2020年8月6日アクセス

27　https://npoafterschool.org/archives/blog/2020/05/28475/、2020年8月6日アクセス

開所との方針を示していたからだ。共働き世帯などに配慮したための措置である。

　しかし、学童保育は、教室よりも「密」になりがちといわれる。このため、保護者の間に忌避意識が広がったのかもしれない。2）で紹介したフローレンスの調査では、子どもだけで長時間留守番させている家庭が 32.7% に達した。一方、学童保育などの一時預かり施設の利用者は 16.1% に止まる。

臨時休校で子どもに生じる可能性がある 3 つの問題

　ストレスを抱えた親とともに、ステイホームを強いられる子ども。そこに深刻な問題が生じる可能性はないのか。こうした懸念に対して、一部の子どもが直面することが想定される危機的な状況を指摘した NPO があった。子どもの学習支援や権利保障の推進などを行っている NPO 法人、3keys（スリーキーズ）である。

　3keys は、家族や友達・からだ・勉強など、人にはいえない「困ったかも」を手助けする 10 代のためのウェブサイト、Mex（ミークス）を運営している。2019 年度の年間利用者は、100 万人を突破した。このサイトからえられたデータなどをベースに、3keys は、臨時休校のなかで子どもに生じる可能性がある問題を 3 点に整理、4 月 16 日にホームページで公表した。

　第一に、みえづらい虐待から、みえやすい虐待への変化。親子とも在宅生活中心でストレスが増加、経済的ダメージが重なると、虐待が増えていく可能性があるという。二番目は、望まない妊娠や、デート DV [28]、性被害、犯罪被害などのリスク。虐待から逃れるため、家出をした結果、こうした問題に直面することが懸念されるという。最後に、コロナ禍以前からパンクしていた、子ども向けのさまざまな支援機関が、さらに機能不全になっていく恐れだ。

　これらの問題を懸念していたのは、3keys だけではない。女性やその子どもを支援するためのシェルター運営などを行っている団体のネットワーク、NPO 法人全国シェルターネットは 3 月 30 日、政府に「新型コロナウイルス対策状況下における DV・児童虐待防止に関する要望書」を提出。DV や児

28　DV は、ドメスティック・バイオレンスの略。明確な定義はないが、「配偶者や恋人など親密な関係にある、又はあった者から振るわれる暴力」（内閣府男女共同参画局）という意味が一般的。児童虐待は、子どもに対する行為で、DV と区別されることが多い。

童虐待が悪化、件数の増加が懸念されるとしたうえで、相談体制の整備など
を求めた。

　要望書の指摘は、間もなく現実のものとなって現れてきた。4 月に各地の
配偶者暴力相談支援センター[29]に寄せられた DV の被害相談は 1 万 3272 件
と、前年同月比で約 1.3 倍になったのである。また、一般社団法人社会的包
摂支援センターが 4 月 20 日に設けた相談窓口「DV 相談＋」にも、5 月 19
日までの 1 カ月間に約 4400 件の相談があったという。

　望まない妊娠についても、増加傾向が伝えられている。NPO 法人ピッコ
ラーレが運営する妊娠相談窓口「にんしん SOS 東京」に 3 〜 5 月の間に、
10 代の相談者は前年同時期の 1.8 倍の 213 人に達した。相談の大半は、「妊
娠したかもしれない」といった不安だが、性行為をした人のうち、避妊方法
を取っていた人は、前年同時期の 51% から 32% に激減したという[30]。

5）コロナ禍による活動継続の困難さと深刻化する NPO の経営

　臨時休校のなかで子どもに生じる可能性がある問題のひとつとして、
3keys は、子ども向けのさまざまな支援機関の機能不全化の恐れをあげてい
た。前述のように、子ども食堂や DV・児童虐待・望まない妊娠などの問題
に取り組む団体からは、コロナ禍における相談件数の増加が伝えられてい
る。

　では、こうした支援団体は、増大するニーズにより機能不全に陥ったのだ
ろうか。陥ったのであれば、要支援者の問題は悪化せざるをえない。機能不
全が回避されたのであれば、何らかの理由があるはずだ。これらの点につい
て、考えていこう。

機能不全を導く支援機関の活動形態

　3keys が運営する Mex（ミークス）に掲載されている公的窓口に寄せられ
た「声」に、次のようなもの（一部抜粋）があったという。

29　「配偶者からの暴力の防止及び被害者の保護に関する法律」（2001 年制定）によって都道
　府県に設置が義務付けられた DV 被害者のための相談や支援の機能の名称。実際の支援
　活動は、都道府県の婦人相談所などで行われている。
30　https://mainichi.jp/articles/20200704/k00/00m/040/228000c、2020 年 8 月 6 日アクセス

「24時間ってかいてあるのに、電話が繋い[ママ]…。どうして…夜中はダメなの…?　助けてくれるんじゃないの……」

　「この前電話したけど、ちょっと待ってといわれ、切られて1日待ったけど電話はかかってこなかったので、二度とかける気はない」

　このような「声」をみると、相談窓口が機能不全に至っているとまではいえないかもしれないが、かなり厳しい状況にあることが推察される。コロナ禍の「医療崩壊」でいえば、病院内部で患者への治療がかろうじてできていても、新たな患者の受け入れができない状態、といえるのかもしれない。

　支援機関をはじめとしたNPOの機能不全は、相談件数のようなニーズの増大だけでなく、活動形態ゆえの問題から生じていった面も強いと考えられる。NPOの活動の多くは、直接人と接することを通じて行われる。支援につながる相談業務や教育活動としてのセミナーやワークショップ、啓発やファンドレイジングのためのイベントなどは、その一例だ。

　これらの活動の多くは、3月中旬前後から延期または中止されるようになっていく。ソーシャル・ディスタンスの確保、「三密」の回避などの政府や自治体の要請とともに、利用者に加え、スタッフやボランティアの安全への配慮からである。その結果、講師謝金やセミナー参加費、寄付、物品販売などとして入ってくる予定の収入が落ち込んでいったのである。

　換言すれば、人との直接的な接触を避ける活動であれば、コロナ禍の影響を受けないですむということになる。リアルの学習支援をバーチャル、すなわちオンラインに切り替えた、カタリバの事例が頭に浮かぶ。しかし、逆は必ずしも真ならず、である。バーチャルと呼ぶことが妥当かどうか別として、電話という対面ではない形で行う支援活動の多くが、継続に支障がでているのだ。

「三密」を回避できず中止に至った電話相談

　1953年にイギリスのロンドンで開始された、自殺予防のための電話相談活動「いのちの電話」。日本では、1971年にボランティア相談員による活動が東京で始まった。以来40年、約6100名の相談員に支えられ、全国に50のセンターが活動している。2018年の相談件数は、63万6288件。ひとりの相談員が、1年に100件もの相談に応じていることになる。

　各地の「いのちの電話」への相談件数は、全国一斉の臨時休校に関連した
ものに限定されるわけではないが、3 月から急増したという。新型コロナウ
イルスの感染拡大により、経営者は先行き不安、労働者は解雇や雇止め、家
庭内のストレスの高まりなどの状況が生まれてきたためだろう。

　千葉県千葉市にある社会福祉法人千葉いのちの電話が受け付けた、3 月の
相談件数は 1500 以上にのぼる。対応に当たったのは、毎回、3 人から 4 人
のボランティア相談員だ。通常の半分ほどの人数だという。なお、いのちの
電話という名称だが、電話以外にメールや対面での相談も応じている。

　相談員が少ないのは、なぜか。約 180 人の相談員のうち、8 割が 60 〜 80
代の高齢者である。高齢者は、感染したら重症化しやすいといわれる。この
ため、公共交通機関を利用する場合、感染リスクが生じるため、出勤できな
い高齢の相談員が多数いるためである。

　こうした状況により、24 時間の相談体制を中止。4 月 15 日から当面、平
日の 9 時〜 17 時に限定することになった。なお、一般社団法人日本いのち
の電話連盟は、毎月 10 日の午前 8 時〜翌午前 8 時まで、無料電話を受け付
けていた。しかし、各地で新型コロナウイルス関連の相談が増えている現状
を踏まえ、6 月 20 日からフリーダイヤルを開設、8 月末まで続ける予定だ。

　岐阜県の NPO 法人いのちの電話協会も、同様な問題に直面した。毎日午
後 7 時〜 10 時まで、第 1、第 3 金曜日だけは午後 7 時から 24 時間、電話で
の相談に応じてきた。2019 年の実績をみると、その数 4335 件にのぼった。
4 月 11 日から中止に追い込まれたものの、6 月 1 日から再開。時間帯も従来
通りだ。なお、電話相談が中止の期間も、メールによる相談には応じてい
た。

　なぜ、電話相談を中止することになったのか。千葉と同様、相談員の安全
確保が理由である。ただし、千葉のように公共輸送機関の利用時における感
染リスクではないようだ。相談を行うための部屋が 6 畳より狭い一室で、そ
こに電話が 2 台設置され、相談員が交代で複数人業務に当たることからくる
不安である。電話相談とはいえ、相談員のソーシャル・ディスタンスが保た
れていない、ということになる。

相談業務のボランティア養成への影響

　いのちの電話と同様に、電話相談を中心に活動している団体のひとつに、
チャイルドラインがある。電話相談に対応する実施団体と NPO 法人チャイ

ルドライン支援センターの協働事業だ。実際に、電話相談に応じるのは、40都道府県にある70の実施団体が募集、訓練した「受け手」と呼ばれるボランティアである。その数、約2000人。18歳未満の子どもから年間20万件近い相談に対応している。

チャイルドラインへの電話は、全国共通のフリーダイヤルの運営・管理を行う支援センターから、電話をかけてきた子どもの居住地に近い実施団体を中心に送られて、対応されることになる。いのちの電話のように、各地のセンターが独自の電話番号で相談にのるのとは異なる。このため、一部の実施団体が活動を中止しても、その地域の電話相談が止まることはない。

NPO法人チャイルドラインぎふが新型コロナウイルスの影響で、相談業務を中止したときも、岐阜県内の子どもが相談の機会を失ったわけではない。中止の理由は、ひとつの部屋に相談員数人が入って電話対応を行うことや、公共輸送機関を使って通う相談員への感染リスクを避けるためだ。4月16日から5月15日まで、電話相談が中止された。

相談業務は続けたものの、「受け手」であるボランティアの養成講座が延期や中止にいたった実施団体は少なくない。例えば、東京の社会福祉法人世田谷ボランティア協会の1事業、せたがやチャイルドラインは、5月に予定していた養成講座の延期を決定。また、NPO法人チャイルドラインみやぎは、チャイルドライン電話受け手ボランティア養成講座と子どもサポーターズ養成講座というふたつの講座を中止する旨、4月23日に発表した。

おわりに

朝、子どもが学校に行く。

このなんでもないような日常が、全国一斉の臨時休校によって一変した。

「学びの場」だけではなく、「居場所」そして「食の場」。学校は、子どもにとって、いくつもの意味をもつ存在だったのである。これらが突然失われた時、だれが、どのように補っていくのか。その一端を担うことになったNPOは、それぞれの「場」で、役割をはたそうとした。

リアルからバーチャルへの変換。コロナ禍で広がったこの動きは、臨時休校への対応としても生かされていった。しかし、「学びの場」や「居場所」をオンラインで対応するには、コンピュータやWi-Fiなどの設備に加え、こ

れらを使いこなす技術も必要だ。「先駆性」に長けた NPO は、こうした課題を少しずつ解決しようと努力していった。とはいえ、全ての子どもに十分な機会が提供できたわけではない。

「食の場」は、バーチャルに変えることはできない。次章でも紹介するが、「食の場」のひとつ、子ども食堂は、制度化された学校給食とは異なる。資金も食材も、準備から片付けまでの作業に要する労力の多くは、地域の個人や団体からの寄付やボランティア活動によって支えられている。ソーシャル・ディスタンスの確保の必要性は、こうした支援を受けるうえで障壁にならなかったはずはない。しかし、人々のボランタリーな力の強さが、それを乗り越えようとしていった。

「学びの場」、「居場所」そして「食の場」。これらを子どもに確保しようとする NPO などの努力にもかかわらず、十分には行き届かない。子どもだけでなく、保護者もストレスを抱えていった。NPO は、ここでも役割を期待された。しかし、相談ニーズが急増するなかで、対応するスタッフやボランティアが不足、支援機関の機能不全も現実化していった。この状況を打破するには、第 4 章で述べる、資金支援や問題の解決を政治の場に求める政策提言活動へと NPO を向かわせることになる。

第3章　ポスト緊急事態宣言における NPO の役割と課題

柏　木　　宏

　緊急事態宣言が発出された 2020 年 4 月に猛威をふるっていた新型コロナウイルスも、5 月に入ると、新規感染者が急速に減少。同月末までに、全国すべての都道府県で緊急事態宣言が解除され、安倍首相は、「日本モデル」の成果を強調した。宣言の解除は、「ポストコロナ」に向けた社会経済活動の再開の第一歩として位置づけられるはずだった。

　しかし、夏には感染力が弱まるのではとみられていた新型コロナウイルスは、6 月下旬から再び感染拡大を引き起こし、「第二波の到来」が指摘される状態に陥った。このため、感染が収束したことを示唆する「ポストコロナ」ということばは、状況を適切に反映しているとはいいがたい。代わって用いられるようになったのは、感染を一定程度受け入れつつ社会経済活動を進めていく「ウィズコロナ」である。

　感染拡大に対処する一方で、政府は、「ポストコロナ」を想定した社会経済活動の再開と活性化に向けた政策を準備していた。とはいえ、時代は、まだ「ポストコロナ」に至っていない。「ウィズコロナ」の時代にもかかわらず、「ポストコロナ」の政策を進めようとすると、矛盾が生じ、問題が噴出しかねない。Go To トラベルは、その象徴といえる。

　こうした状況下で、NPO は、どのようにして、自らの社会的役割をはたそうとしているのだろうか。本章の主要な関心事は、これである。とはいえ、緊急事態宣言が発出される以前から生じていた社会的、経済的な問題の多くは、「ウィズコロナ」時代に未解決のまま残ったことも事実だ。解雇や雇止めを含めた雇用不安、医療従事者や感染者への差別や偏見などが、これ

にあたる。以下、これら問題と NPO の対応についても、検討していく。

1）コロナ禍による経済危機と社会経済活動再開に向けた対策

　全国すべての都道府県で緊急事態宣言が解除されたのは、5 月 25 日。これ以降、新型コロナウイルス感染拡大で「自粛」を強いられていた社会経済活動は、再開に向けて徐々に動き出していく。この動きを示す前に、宣言の解除に向けたプロセスと、その後の感染状況について整理しておこう。

　日本国内における新型コロナウイルスの感染は、首都圏を中心に 3 月下旬から急速に拡大、4 月 7 日の 7 都府県に対する緊急事態宣言の発出をもたらした。NHK の集計 [31] によれば、この日に発表された感染者数は全国で 368 人。4 月 11 日には 720 人と、「第一波」のピークを迎えた。

　宣言が全国に拡大されたのは、4 月 16 日である。感染者は、567 人と、11 日より 150 人余り減少していた。4 月下旬から 5 月にかけて、感染者は減り続けたものの、政府は、宣言の 5 月末までの延長を決定。5 月 14 日に 39 県、21 日に関西、そして 25 日に首都圏と北海道で解除されるまで、7 週間近い緊急事態宣言下の日々が続くことになった。

　宣言が解除された 5 月 25 日の新規感染者数は、21 人。安倍首相は、同日の記者会見で、「日本モデル」の成果を力説した。しかし、それから 1 カ月後の 6 月 26 日、感染者は 105 人と、再び三ケタ台に突入。以降、ほぼ一貫して 1 日ごとの感染者数は増え続け、7 月 29 日には 1246 人と、1000 人の大台を超える事態に陥った。

感染拡大で大幅に縮小した経済

　国際通貨基金（IMF）は、2019 年 10 月に発表した「世界経済見通し」のなかで、2020 年の世界経済の成長率は、前年と比べ 3.4% 増と、19 年に比べてやや改善する見込みだと述べた。しかし、翌年 4 月には一転して、2020 年の世界経済はマイナス 3% と大幅な縮小を予想。これは 2008 年から 2009 年にかけての世界金融危機の時よりもはるかに深刻だ、と指摘した。

　では、日本はどうか。内閣府が 5 月 18 日に発表したところによると、

31　https://www3.nhk.or.jp/news/special/coronavirus/data-all/、2020 年 8 月 7 日アクセス

2020 年 1 ～ 3 月期の国内総生産（GDP）は、前期比年率 3.4% 縮小。2019 年 10 ～ 12 月期は年率 7.3% 減だったため、リセッション入りしたことになる。なお、2 四半期連続の落ち込みは 2015 年以来で初めてのことだ。また、内閣府が 8 月 7 日に発表した「景気動向指数（令和 2〔2020〕年 6 月分速報）」によると、景気動向指数（CI 一致指数）は、悪化。8 月 17 日に内閣府が発表した 1 次速報値によると、年率換算でマイナス 27.8% という、GDP 統計をさかのぼれる 1955 年以降で最大の落ち込みとなった。

　新型コロナウイルスの感染が拡大し、社会経済に甚大な影響が及ぼうとするなかで、政府も、手をこまねいていたわけではない。2 月、3 月、4 月と立て続けに決定された、3 弾にわたる緊急経済対策は、その具体化である。以下、それぞれの概要をみてみよう。

3 弾にわたる緊急経済対策の概要

　第 1 弾の緊急経済対策は、2 月 13 日に決定された。2020 年度の予備費 103 億円を含め、総額 153 億円の予算を計上し、①帰国者等への支援、②国内感染対策の強化、③水際対策の強化、④影響を受ける産業等への緊急対応、⑤国際連携の強化等という 5 分野における対策をとるとした。一見してわかるように、感染対策が中心で、経済対策とみなせるものは、中小企業や小規模事業体の資金繰り支援を盛り込んだ、④だけだ。

　第 2 弾は、3 月 10 日に発表された。財政と金融両面からの対策で、予算規模は 2 兆円。財政措置として、①感染拡大防止策と医療提供体制の整備を念頭に置きつつ、②学校の臨時休業にともなって生じる課題への対応、③事業活動の縮小や雇用への対応、④事態の変化に即応した緊急措置などを実施するとした。金融措置には、セーフティネット貸付・保証などが含まれる。なお、2 兆円のうち、財政措置は 4300 億円程度で、金融措置の比重が圧倒的に高い。

　前章でも述べたように、全国一斉の臨時休校にともない様々な問題が生じた。そのひとつとして、休校により保護者が休職せざるをえなくなり、所得が減少したことがある。このため、保護者が休職した際、政府は、有給休暇を取得させた企業に対する助成金を提供することで、保護者の所得を保障させようとした。

　第 3 弾は、4 月 7 日に閣議決定され、同月 30 日に成立した。財政支出 39 兆円、事業規模 108 兆円、GDP の 20% にのぼる緊急事態対応の大型経済対

策である。政府与党は、国民の命と生活を守り抜き、経済再生へ向かうための措置と主張。①感染拡大防止策と医療提供体制の整備や治療薬の開発、②雇用の維持と事業の継続、③官民を挙げた経済活動の回復、④強靱な経済構造の構築という4本の柱で成り立っている。

「②雇用の維持と事業の継続」には、事業継続に支障がでた中・小規模事業者への支援、および生活に困っている世帯や個人への支援などが盛り込まれた。前者には、NPO法人も対象となる持続化給付金、後者にはひとり10万円の特別定額給付金が含まれる。なお、特別定額給付金は当初、所得減による生活困窮家庭への30万円の給付を予定していたが、批判を受け、ひとり一律10万円に変更された。

「③官民を挙げた経済活動の回復」の目玉とされたのが、Go Toキャンペーンである。観光・運輸業、飲食業、イベント・エンターテインメント事業などに対する、「新型コロナウイルス感染症の拡大が収束した後」の支援策として打ち出されたものだ。また、地域経済の活性化に向けて、感染拡大の収束後に、地方公共団体による地域の実情に応じた事業を支援する「新型コロナウイルス感染症対応地方創生臨時交付金（仮称）」が創設されることになった。

2）地域経済の活性化に寄与するNPO

NPOというと、高齢者福祉や子どもの健全育成、環境の保護などの社会的な課題に取り組んでいる団体、と考えている人が多いだろう。しかし、NPO法成立当初から、まちづくりの推進が活動分野のひとつとして認められていた。2002年の法改正では、科学技術の振興や経済活動の活性化などが追加。さらに、2011年に観光の振興などが加わり、経済的な役割が強まってきた。

内閣府によると、2020年3月31日までに認証を受けたNPO法人は、5万1261。このうち4割近い2万2407法人は、まちづくりの振興を活動目的のひとつとして定款に掲げている。経済活動の活性化を含めている法人は、8909。これらに比べると、定款に観光の振興を含めている団体は少ないが、それでも3044にのぼっている。なお、まちづくりはもとより、経済活動や観光の活動範囲の多くは、市町村を中心にした、比較的狭い地域と推察される。

新型コロナウイルスの感染拡大により、こうした地域経済への貢献を目的にしたNPOの多くは、政府や自治体から「自粛」が求められ、活動の延期

や中止に追い込まれていった。しかし、地域経済の悪化を食い止めようと努力した NPO も存在した。また、リアルな活動をバーチャルなものに変えながら継続を目指した団体も少なくない。さらに、緊急事態宣言解除後には、社会経済活動の再開の一助を担おうとしている。

家事負担の軽減と飲食店の利用促進をめざした「社会実験」

　臨時休校で給食がなくなると、子どもの食事は、家庭で用意しなければならない。共働きの家庭やシングル親の家庭では、毎日のことだけに、大変だ。一方、新型コロナウイルスの感染拡大で、営業時間の制限や店内での飲食の「自粛」を求められた飲食店の多くは、店内営業からテイクアウトに切り替えた。しかし、売上を確保するのは、容易ではない。

　このふたつの問題を同時に解決しようとする「社会実験」が行われた。神戸市で小三の男児を育てている自営業の女性の発案を NPO 法人阪神淡路大震災 1.17 希望の灯り（HANDS）が支援、「がんばろう KOBE　こどものおうちごはん応援プロジェクト」としてスタートさせたのである。プロジェクトの仕組みは、次のような流れになっている。

　まず、賛同者からクラウドファンディングで集めた資金をプロジェクトの実行委員会がプール。実行委員会は、市内の小学生の児童とその保護者に 1 食 300 円が割り引かれるクーポンを発行する。児童と保護者は、このクーポンを持参して、プロジェクトに協力する飲食店でテイクアウトの弁当などを購入。販売した飲食店は、実行委員会にクーポンを送付、払い戻しを受ける。

　テイクアウトメニューの定価は 400 〜 1000 円程度なので、300 円が割り引かれるクーポンを使えば、かなり割安になる。第 1 弾として、5 月中旬の 1 週間に、ふたつの小学校で 850 人にクーポンを配布。12 の協力店で、231 枚が使用されたという。

　神戸市は、コロナ禍の早期収束や影響を受けた市民を支援する事業の立ち上げをサポートする制度を設けていた。「STOP COVID-19 × #Technology」である。実行委員会は、これに応募。採択が決まり、50 万円の資金を受けることができた。

　新型コロナウイルス感染拡大後に、飲食店をはじめとした地元のビジネスを支援する活動は、他の地域の NPO も実施している。千葉県八街市の NPO 法人やちほこりを中心とした「To home 実行委員会」による「八街 de テイクアウトする？」は、そのひとつだ。神戸のようにクーポンを発行するので

はなく、テイクアウトの料理を複数の飲食店が提供するドライブスルー方式の販売イベントである。

　緊急事態宣言が解除された前日の5月24日の午前11時から開催された初回のイベントには、焼きたてのパンや海鮮系の丼物、牛肉ステーキ弁当など13メニューが300〜1800円で販売された。会場となった臨時休業中の温泉施設の駐車場には、オープン前から40台ほどの車列ができ、全て完売。2回目の31日には、メニューが15品目に増えた。

「エール」効果で温泉街に活気を！

　1961年に「娘と私」で始まった、NHKの連続テレビ小説、通称「朝ドラ」。時代が変わるなかで、「朝ドラ」に限らず、人気番組の撮影が行われたロケ地に多くの観光客が訪れるようになり、経済効果や地域振興のためにドラマを誘致しようとする自治体もでてきた。2012年には、朝ドラ舞台地ネットワーク連絡会議[32]が発足した。

　「朝ドラ」第102作として3月30日から放映（コロナ禍の影響で6月29日から休止、9月14日から再開）されている「エール」は、作曲家の小関祐而と、歌手としても活躍したその妻・小関金子をモデルにしたドラマである。小関の出身地の福島市と金子の出身地の豊橋市は、市長や商工会議所が連携して、「朝ドラ」の実現に向けた誘致活動を展開していた。それだけ大きな経済効果を期待していたのだろう。

　2019年1月から4月にかけて、福島市のNPO法人土湯温泉観光協会は、古関裕而の生誕110年を記念して、5件の旅館が参加する「プレ企画　古関裕而　生誕地記念プラン」と銘打った宿泊プランを開始。「エール」開始直後には、竹久夢二が詠んだ詩に古関が曲をつけた「福島夜曲」に土湯温泉の景勝地が含まれていることに着目し、「湯の街アンサンブル」というプラン名で販売した。

　しかし、新型コロナウイルスの感染拡大により、4月18、19の両日開催を予定していた「土湯こけし祭り」は、8月に延期することを3月末に決定。その後、8月開催も困難と判断して、中止を発表するに至った。なお、土湯

32　「朝ドラ」舞台地としての魅力、地域の元気を全国へ発信し、地域の再生、地域の活性化を図るとともに、過去・現在・未来の舞台地が連携してPRを行うことを目的に、大阪府岸和田市、鳥取県境港市、東京都調布市、島根県松江市、島根県安来市により設立された。

温泉は、鳴子・遠刈田と並ぶ「伝統こけし三大発祥の地」のひとつである。

　こうしたなかで、土湯温泉観光協会は、温泉街の活気を取り戻すため、「つちゆ黎明プロジェクト」を展開することにした。〇（ゼロ）〜四の五段階で事業再開を進めるものだ。まず、利用客を迎える準備のため、第〇弾として清掃活動を実施。

写真3-1　「つちゆ黎明プロジェクト」の開始前の5月18日に実施した、温泉街の清掃活動「アフターコロナに向けた温泉街ピカピカ大作戦」。写真提供：NPO法人土湯温泉観光協会

第一弾では、県内のエッセンシャルワーカーを対象に 13 施設で 6 月 8 日から 21 日まで日帰り入浴を無料で提供した。

　7 月 20 日から第二弾に移行。県内の観光客誘致に力を入れ、旅館や飲食店が「エール」にちなんだ宿泊プランや商品開発を行う。9 月から 11 月にかけての第三弾では、県外の観光客を呼び込むため、磐梯朝日国立公園で楽しめる活動を通して土湯温泉の魅力をアピール。第四弾では、延期された東京五輪・パラリンピックを見据え、インバウンド誘致に取り組むというものだ。

　小関金子の出身地、豊橋市でも、一般社団法人豊橋観光コンベンション協会が 3 月に、「『エール』のまち！豊橋」を PR するホームページを作成。「エール」の食卓に登場する、この地にゆかりのある食べ物のちくわ、キャベツ、菜飯、八丁味噌などを用いた「エールモーニング」を地元のレストランで提供したり、JR 東海や名古屋鉄道による名古屋・豊橋往復割引切符の発売など企画。しかし、感染拡大の影響で、発売開始は 6 月まで待たなければならなかった。

3）危機脱出に向けたイベントなどのオンライン化

　新型コロナウイルスの感染拡大防止のためには、「三密」の回避やソーシャル・ディスタンスの確保が求められる。しかし、イベントのように人を集めることが必要とされる活動を行う NPO にとっては、活動の停止を迫られ

ることと同義のように感じてしまうだろう。土湯温泉のこけし祭りの中止
は、この懸念が現実化したものといえよう。

　こうした状況のなかで、第2章で紹介した臨時休校にともなう児童・生徒
への学習支援を行うNPOがオンラインに切り替えたように、イベントなど
の活動の実施方法を変えていった事例も少なくない。例えば、山梨県の清里
の森で、8〜9月に音楽や芸能を発信する「涼風祭」を行うNPO法人清里
観光振興会は、リモートライブ配信も行うことを決定した。「三密」を避け
るため会場の定員が半分になることに対応した、措置でもある。

　内閣府のNPO法人ポータルサイトで「観光協会」で検索すると、1404団
体がヒットした。この数字は、土湯温泉がある福島市や清里の森が位置する
山梨県北杜市以外にも、地域の観光振興を担うNPOが少なくないことを示
唆している。リモートライブ配信というリアルとバーチャルを組み合わせた
清里の事例は、ウィズコロナ時代の観光モデルになっていく可能性があると
いえよう。

中止が相次ぐなか、「バーチャル」の夏祭り開催

　猛暑の夏に地方を活気づけるイベントといえば、真っ先に夏祭りが頭に浮
かんでくるだろう。東北では毎年、「青森ねぶた」、「秋田灯篭」、「仙台七夕」
の3大祭りをはじめ、各地で夏祭りが盛大に開催される。日本銀行の「東北
の主要祭りの動向」[33]によれば、これらを含む16の祭りの入込客数は、1600
万人を超える。

　しかし、2020年は、状況が変わった。新型コロナウイルスの感染拡大で、
これらの祭りはすべて、中止になったのである。感染拡大の影響は、東北だ
けではない。日本三大祭りのひとつ、京都の「祇園祭」の山鉾巡行は中止、
高知の「よさこい祭り」と徳島の「阿波踊り」も開催が見送られた。夏の夜
空を彩る、花火大会も各地で中止が発表された。

　「リアルが無理なら、バーチャルでできないのか」と考えた人々がいた。
そして、青森県内で人材育成などに取り組むNPO法人loveaomoriのメンバ
ーや青森県主催の人材育成事業、あおもり立志挑戦塾の卒業生などを中心
に、青森県内外から集まった人々により、「#オンライン青森夏まつり実行
委員会」が組織された。

33　https://www3.boj.or.jp/sendai/_userdata/siryou/2017/matsuri17.pdf、2020年8月8日アクセス

　8 月 1 日と 2 日に行われたイベントは、「お祭りメインステージ」と 6 つの「青森まるごと体感ブース」によって構成され、各プログラムは時間割に沿って進められた。お祭りメインステージの特徴は、開催場所が異なる祭りがすべて楽しめることだ。青森ねぶた祭をはじめ、青森の四大祭りの囃子の演奏をつなぐ祭囃子リレーなど、オンラインイベントならではといえる。

　なお、お祭りメインステージは、双方向で楽しめる各ステージ限定 1000 組の Zoom 視聴（メインイベントのみ有料）と YouTube Live 配信（無料）の 2 つの参加方法が選択できた。青森まるごと体感ブースは、「コロナ退散！妖怪アマビエねぷた絵付体験」や「八戸三社大祭バーチャルお囃子体験」などのプログラムからなり、1 コマ 45 分の体験型ブースが約 40 コマ出展された。

4）解雇・雇止めなどから働く人々を守る労働相談

　2.4% から 2.8% へ。

　なんの数字かおわかりだろうか。

　2020 年 1 月と 6 月における、日本の完全失業率である。

　一方、アメリカでは、1 月に 3.6% だった完全失業率が 4 月には 14.7% と、1930 年代の大恐慌時代の再来を思わせる状態に至った。その後、若干減少したものの、6 月になっても 11.1% と、二桁の高い水準にある。

　新型コロナウイルスの感染拡大で非常事態宣言の発出に至り、解雇や雇止めに関する報道を耳にする。しかし、日米の失業率の大きな差を聞くと、日本の雇用情勢はそれほど悪いものではない、と感じられるかもしれない。だが、日本では、正規の従業員の雇用は維持される反面、非正規の労働者が雇用の調整弁として安易に切り捨てられるといわれている。

　総務省統計局が 7 月 31 日に発表した「労働力調査」をみても、そのことがわかる。全国の 6 月の役員を除く雇用者は、正規の職員・従業員で 30 万人増になった一方、パートや契約社員などの非正規では 104 万人もの減少となった。日本におけるコロナ禍の雇用不安は、非正規労働者に集中して現れたということになる。これらの労働者に、NPO は、どう向き合ったのだろうか。

労働組合や NPO によるコロナ禍の労働相談

　労働者の権利を擁護する団体といえば、真っ先に労働組合をあげる人が多

いだろう。日本では、個別の企業ごとに結成される企業別労働組合が中心で、企業別組合が集まり産業別労働組合が作られる。産業別組合が集まって、ナショナルセンターと呼ばれる、全国をカバーする中央組織が設立されている。

厚生労働省によれば、2019 年 6 月末現在の日本の労働組合数は、約 2 万4000、組合員数は、ほぼ 1000 万人にのぼる。最大のナショナルセンターである日本労働組合総連合会（連合）傘下の産業別組合の組合員は、約 686 万人と、組織労働者全体のほぼ 3 分の 2 を占めている。

連合をはじめとしたナショナルセンターは、組合員以外の労働者にも開かれた、労働相談を実施している。メールや電話によることが多く、電話代や相談料はかからない。

雇用不安が深刻な時期やパワーハラスメントなど特定の問題に関心が高まったときには、日時を指定した「ホットライン」を開設することもある。同様の取り組みは、労働問題を扱う NPO も実施している。新型コロナウイルスの感染拡大を受けて、非正規労働者を中心に雇用不安が進むなかで、どのように相談活動が行われたのかみてみよう。

3 月 4、5 の両日、連合は、「新型コロナウイルスに関する緊急集中労働相談」を実施。この電話相談には、191 件の相談が寄せられた。寄せられた相談内容は、雇用関係（休業補償関係）が 4 割弱と最も多く、次いで安全衛生関係が 2 割となっていた[34]。

表 3-1　連合「なんでも労働相談ホットライン」集計結果

	1月	2月	3月	4月	5月	6月	合計
2018年	872	1852	1286	987	1364	1605	7966
2019年	908	1895	1115	1143	1117	1639	7817
2020年	954	1453	1656	1966	1496	2811	10336

（出典）連合「労働相談集計報告」から筆者が作成

なお、連合は、ホットラインとは別に、「なんでも労働相談ホットライン」という常設の電話相談を行っている。表 3-1 に示したように、ここに寄せられた電話相談は、2020 年 1 ～ 6 月で計 1 万 336 件。この件数は、2018 年と19 年に比べて、2000 件以上多い。特に、3 月以降の相談件数が大幅に伸び

34　https://www.jtuc-rengo.or.jp/soudan/soudan_report/data/20200304-20200305.pdf?4300、2020 年8 月 8 日アクセス

ており、「コロナ禍」の影響を感じさせる。

NPO をはじめとした実行委員会による開催

　労働相談を活動のひとつにしている NPO は、それほど多くない。内閣府の NPO 法人ポータルサイトで「労働相談」を定款に盛り込んでいる団体を検索すると、ヒットするのは 21 団体にすぎない。このうち 8 団体は、東京に本部を置く組織で、九州と北海道には 1 団体ずつ、四国はゼロという数字が示すように、地方の活動

写真 3-2　コロナ禍で雇用不安が高まった 3 月 6 日に行われた「労働・雇用ホットライン」。写真提供：NPO 法人ひょうご働く人の相談室

が弱い。このため、連携した取り組みや全国規模の活動が必要になる。

　「新型コロナウイルスに関する緊急集中労働相談」を連合が実施した翌 3 月 6 日、「新型コロナウイルス雇用労働ホットライン」が兵庫県で開催された。労働団体のパート・ユニオンネットとひょうごユニオン、NPO 法人ひょうご労働安全衛生センターと NPO 法人ひょうご働く人の相談室の 4 団体で実行委員会を作り、大阪労働者弁護団の後援をえて行われたものだ。

　この日のホットラインが終了した後も、相談が寄せられた。3 月 15 日までの集計によると、約 100 件。相談内容を分類すると、最も多いのは、コロナショックによる休業や労働時間削減などのリストラに関するもので 66 件。次いで、感染の不安と安全衛生に関するものが、58 件にのぼった。なお、単一の相談者から複数の相談を受けることもあるので、相談内容の数は、相談件数を上回っている。

　小池百合子都知事が緊急記者会見で、「ノー 3 密」を要請したのは、3 月 25 日のことだ。その 20 日近く前に行われた前述のホットラインでは、新型コロナウイルスの感染防止策が十分認識されていなかったため、感染の不安と安全衛生に関する相談が多かったと推察される。しかし、その後、「コロナリストラ」の本格化と、潜在化していた「コロナ労災」の危険性が指摘されつつあるなかで、兵庫県の 4 団体と実行委員会は 6 月 5 日と 6 日、2 度目

のホットラインを開催した。

　コロナ禍の労働問題に取り組んだ中心的な団体のひとつに、日本労働弁護団がある。北海道から鹿児島まで、全国各地に支部をもち、1700人の会員弁護士が労働者や労働組合の権利擁護の活動に参加している。3月11日、新型コロナウイルスに関する労働問題についての緊急声明を発表。4月初旬には、全国33都道府県で「全国一斉ホットライン」を開催、417件の相談に応じた。7月10日には、同弁護団の呼びかけで、約20のコミュニティ・ユニオン[35]が参加して、2回目のホットラインが実施された。

5）「スペシャル・ニーズ」への対応の重要性

　災害時には、「スペシャル・ニーズ」をもった人々への配慮が必要だ、といわれるようになってきた。

　「スペシャル・ニーズ」とは、多くの人々にとっては問題でないことでも、特定の人々にとって重要な意味をもつ事柄をいう。例えば、大規模災害で開設された避難所のトイレが和式だけであれば、車いすを利用している人々はひとりでは使えない。避難所での説明や案内が日本語だけで行われると、外国人の多くは、その内容を理解することが難しい。

　新型コロナウイルスの感染拡大も、コロナ禍といわれるように、災害の一種である。とはいえ、その対応は、ステイホームであり、避難所への退避が求められるわけではない。住み慣れた自宅で、家族と共に生活しているのであれば、「スペシャル・ニーズ」への特段の配慮は必要ないのではないか、と思われる人もいるだろう。

　しかし、新型コロナウイルスの感染状況や防止策などについて、行政やメディアから提供される情報の大半は、日本語の文字や音声に基づいている。このため、外国人の多くは、「情報弱者」にならざるをえない。また、感染防止のためのマスク装着や非接触を基本とする対人関係の確保は、コミュニケーションの障害になる、という人々もいる。

　こうしたコロナ禍における「スペシャル・ニーズ」と「スペシャル・ニー

35　労働者の国籍や正規・非正規かなどを問わず、またひとりでも加盟できる、地域ベースの労働組合。

ズをもつ人々」に対して、NPO は、どのように向き合ってきたのか。支援の提供者としてだけではなく、「スペシャル・ニーズ」への理解と課題解決に向けた教育や啓発、そして政策提言などへの取り組みという、ふたつの側面から検討していく。

ことばや制度により排除される外国人

　緊急事態宣言の解除、そして社会経済活動の再開。

　このことばを聞くと、長かった「自粛」が終わり、学校や職場に復帰できることになったと思いがちだ。しかし、現実は、大きく異なる。先に紹介した連合の「なんでも労働相談ホットライン」の相談件数が 6 月に急増したことに示されるように、緊急事態宣言解除後の方が雇用や生活面での不安が、外国人を含む人々の間に広がり始めたのである。

　日本在住の外国人のための相談会が大阪市内で開催されたのは、緊急事態宣言の解除から 1 週間足らず後の 5 月 30 日と 31 日。NPO 法人コリア NGO センターと外国にルーツをもつ子どもに勉強を教える Minami こども教室が主催したものだ。二日間の来場者は 300 人余り。その 4 割はフィリピン人で、韓国、中国、ルーマニア、ブラジル出身の人も目立ったという。

　この相談会は、「#とくべつていがくきゅうふきん」という#付きで広報されたことに示されるように、ひとり 10 万円の特別定額給付金の申請書の作成を支援することを主眼にしたものだ。給付金の申請書が届き始めた時期が影響した可能性があるとはいえ、コロナ禍における対面式の相談会としては、参加者数の多さに驚かされる。それだけニーズがあるからだろう。

　なぜか？　行政の書類作成に慣れている人にとって、特別定額給付金の申請書類の作成は、ごく簡単に違いない。しかし、「日本語」が「外国語」である人にとっては、難解な用語が並び、記載した後でも、間違いがないか不安になる可能性もある。

　なお、コリア NGO センターは、新型コロナウイルス

写真 3-3　在日外国人の相談に乗る「#とくべつていがくきゅうふきん」相談会。写真提供：NPO 法人コリア NGO センター

の感染拡大後、日本在住の外国人のための相談活動や西日本最大の繁華街「ミナミ」（大阪市の難波・道頓堀を中心にした地域）に近い外国人家庭が多い地域で夕食やコメなどの食材の配布活動を続けてきた。また、政府の対策の一環として社会福祉協議会を通じて外国籍の人々も受給できる、生活福祉資金の貸し付けや住居維持給付金などの申請支援も行ってきた。

特別定額給付金は、だれもが申請できるとは限らない。日本政府による在留許可が無い状態で滞在している、いわゆるオーバーステイ状態の元技能実習生、仮放免・非正規滞在者、難民申請者など、住民基本台帳に記録されていないために、支給対象外にされた人々もいる。これらの人々にひとり3万円の現金による支援を行うために5月8日に開始されたのが、NPO法人移住者と連帯する全国ネットワーク（移住連）の移民・難民緊急支援基金だ。

8月までに2000万円を目標にした募金活動は、5月25日に186人への支援を決定。このうち168人は、仮放免者や難民申請者、非正規滞在者など、給付金の対象外の人々だった。その後、8月10日までに、2958万7022円が集まり、合計で1237人に3万円ずつ提供した。なお、移住連は7月22日、移民・難民を含むすべての人の生存権の保障を柱にした支援措置を政府に求めるなど、アドボカシー活動も積極的に展開している。

マスク着用で情報から疎外される聴覚障害者

内閣総理大臣の安倍晋三は、「アベノマスク」。

立憲民主党代表の枝野幸男は、透明マスク（マウスシールド）。

都知事の小池百合子は、日替わりのレースマスク。都知事の近所の人の手作りで、別名、「百合子マスク」。

新型コロナウイルスの感染拡大以降、この3人の政治家は、それぞれ独自のマスク姿で登場するようになった。

「飛沫を飛ばすと感染拡大につながる」として、着用が半強制的になってきた、マスク。「人それぞれ好きなものを選べばいい」と思うだろう。しかし、このマスクが難聴や中途失聴の当事者の一部を「情報弱者」化させていることに気付いている人は少ないようだ。

これらの政治家をテレビの画面でみるとき、彼らの背後に、手話通訳者がいることに気づくだろう。難聴や中途失聴の当事者は、手話を通じて政治家の発言を理解している、と思っている人が多いのではないだろうか。だが、難聴や中途失聴の当事者をはじめとした聴覚障害者のうち、手話を使える人

は、それほど多くない。

　聴覚障害者の多くは、人の表情や口元の動きをみて多くの情報をとることで、コミュニケーションを図っているのである。したがって、相手の表情が隠れ、口元がみえないマスクの着用は、一部の聴覚障害者が意思疎通を取るうえで、大きなバリアになってしまう。

　このため、一般社団法人全日本難聴者・中途失聴者団体連合会（全難聴）は、3 月と 4 月の二度にわたり、新型コロナウイルスに関する要望（声明）を発表した。一度目は、相談窓口の連絡先に FAX 番号やメールアドレスを記載することや、マスク着用時の筆談対応の徹底などを要請。二度目は、国・自治体の記者会見のライブ動画や、その後のアーカイブ動画に字幕を付けることを求めた。

　記者会見などの席で、安倍首相と小池都知事は、マスクを外してから発言を始めている。表情や口元がみえるようにするための配慮なのだろうか。枝野代表は、透明マスクなので、外す必要はない。聴覚障害者の団体の要望が伝わった可能性がある。

　とはいえ、NPO 法人東京都中途失聴・難聴者協会が 6 月 3 日、都知事に対して、難聴者のウェブ会議への要約筆記[36]者派遣を要請したように、障壁がなくなったわけではない。また、買い物をはじめとした聴覚障害者の日常生活での問題も残っている。例えば、全難聴は、コンビニエンスストア各社に対して、レジにおける「耳マーク」[37]の表示を要望した。レジ袋が必要かどうか、支払いをどうするなど、レジ担当者に筆談を求めやすくするためだ。

(6)　医療従事者や感染者への差別と偏見

　政府は 8 月 7 日、新型コロナウイルス感染症対策分科会（以下、分科会）を開催した。5 回目となる会議の終了後、尾身茂会長は、「経済と公衆衛生が両立する範囲で、十分に制御可能なレベルに感染を抑制し、死亡者・重症

36　話の内容をその場で要約して筆記することで、聴覚障害者に対する情報保障を確保する方法のひとつ。大別して、手で書く方法とパソコンを使用してキーボードで入力する方法がある。

37　聞こえが不自由なことを表すと同時に、聞こえない人・聞こえにくい人への配慮を表すマーク。

者数を最小化する」ことが目標だと語った。

　また、尾身会長は、感染者らへの「差別・偏見が社会問題になっている」と指摘。そして、「現時点で早急に取り組むべき対策：政府への提案」の 5 つの柱に、「人権への配慮、社会課題への対応等」と「制度的仕組みや効率的な財源の活用の検討」を追加、あわせて 7 つの柱に移行する考えを示した。

　分科会は 7 月 31 日、「今後想定される感染状況の考え方（暫定合意）」を提示していた。しかし、「現時点で早急に取り組むべき対策：政府への提案」には、「人権への配慮、社会課題への対応等」などは含まれていなかった。

　なぜ、「人権への配慮、社会課題への対応等」が加わったのか、政府の資料に記載はみられない。また、尾身会長をはじめ、分科会の委員からも明確な説明がない。だが、8 月 7 日の会議資料 1[38] の「新規感染者数の動向」のなかに、気になるデータが示されている。「感染経路が特定できない症例の割合（7/25 ～ 7/31）全国 :52%、東京都 :59%」という数字だ。

　日本政府の感染防止対策の中心に、いわゆるクラスター対策がある。PCR検査で陽性となった人の濃厚接触者に検査を集中し、感染拡大を防ごうとする手法だ。しかし、4 月下旬以降 3 ～ 4 割で推移していた感染経路不明者の割合が高まると、クラスター対策に限界が生じる。

　「今後想定される感染状況の考え方（暫定合意）」が提示される 2 日前、全国で唯一、感染確認がゼロだった岩手県で、初の新型コロナウイルスの感染者がでた。地元の河北新報によると [39]、感染した男性が勤める会社には、誹謗中傷の電話やメールが 100 件以上殺到したという。

　バッシングを恐れ、検査の回避や陽性判明後に協力をためらう動きが広がると、感染経路が追えず、感染拡大の恐れが強まる。分科会が「人権への配慮、社会課題への対応等」を加えたのは、こうした事態が広がることを懸念したためと推察される。では、「人権への配慮」や「社会課題への対応」を求める NPO は、どのように考え、行動してきたのだろうか。

「ヒーロー」から差別や偏見の対象へ

　「医療従事者に感謝しよう！」

　新型コロナウイルスの感染拡大とともに、中国、ヨーロッパ、アメリカ、

38　https://www.cas.go.jp/jp/seisaku/ful/corona5.pdf、2020 年 8 月 10 日アクセス

39　https://www.kahoku.co.jp/special/spe1211/20200801_01.html、2020 年 8 月 10 日アクセス

そして日本でも、こういう声が沸き上がり、数多くの動きが生まれていった。不足していたマスクや医療用の防護服の寄贈だけではない。病院に向けて拍手をしたり、ライトアップする取り組みは、海外から日本にも波及。緊急事態宣言解除の直後には、航空自衛隊のブルーインパルスが東京都心上空で編隊飛行を行い、医療従事者に感謝の意を伝えた。

　「コロナと闘う医療従事者」を称え、支援する動きが広がる以前から、感染に関連した差別や偏見に基づく行為が目立つようになっていた。3 月に名古屋市で開催された一般社団法人日本集中治療医学会の学術集会に関して、同学会が新型コロナウイルスによる肺炎発症者や陽性者の対応をした医療者の参加自粛を求めていたことは、その一例だ。

　そもそも医療機関は、感染に対処することを目的にしているものの、ウイルスが持ち込まれ、感染が広がるリスクも存在する。いわゆる院内感染だ。和歌山県の済生会有田病院で 2 月に確認された医療従事者と患者によるクラスター感染は、このリスクが現実化した事態といえる。

　病院で医療従事者や患者が感染する事例は、その後、各地で生じていく。兵庫県小野市の北播磨総合医療センターは、3 月 10 日から 16 日にかけて 4 人の医療従事者の感染が判明。感染の経緯や感染者の症状や経過について、地域住民にも報告を行ってきた。

　にもかかわらず、風評被害が発生した。同センターは 3 月 23 日、「新型コロナウイルス感染症の影響による誹謗中傷・風評被害について」という声明を発表。職員は、「バイ菌扱い」、「引越し業者からキャンセル」、「タクシー乗車拒否」などの問題に直面。さらに、「接触していないのに家族が勤務先から有無をいわさず出勤停止をいわれる」という事例もあったという [40]。

　こうした医療関係者への誹謗中傷などは、新型コロナウイルスの感染者が発生した病院に限定されるものではなく、多くの病院が経験することになったとみられる。公益社団法人全国自治体病院協議会が実施した新型コロナウイルス感染症の影響についての調査結果 [41] は、それを示唆している。3 月と 4 月の 2 回にわたり、会員である 867 病院を対象に実施したものだ。「職員やその家族に対する誹謗中傷」があったと回答した病院は、3 月には 11%

[40]　https://news.yahoo.co.jp/articles/443174e397f90197f3ea5169dcd542f228beedd2、2020 年 8 月 10 日アクセス

[41]　https://www.jmha.or.jp/jmha/statistics、［第 2 回］新型コロナウイルス感染症対策に係る調査結果、2020 年 8 月 28 日アクセス

だったが、4月には21.3%と倍増した。

　政府も、事態を黙視していたわけではない。森まさこ法務大臣は4月3日、誤解や偏見に基づく差別的取扱いや言動が報告されているとしたうえで、許されない行為であり、人権相談窓口に問題の周知を行ったと述べた。5月1日には、加藤勝信厚生労働大臣が、医療従事者への差別や偏見を看過できないとしたうえで、啓発活動の強化を表明。安倍首相も5月4日、感染者や医療従事者への差別や偏見の継続に危機感を示し、「あってはならない」と訴えた。

感染者への差別、偏見の拡大を抑えようとする運動

　新型コロナウイルスの感染拡大にともなう、差別や偏見に基づく言動は、医療従事者だけに向けられたものではない。3月以降の「自粛」の広がりのなかで、「自粛」要請に応えず営業を続ける事業者にも、非難の矢が向けられていく。さらに、緊急事態宣言が発出されると、各地で「自粛警察」が登場、事業者や市民を監視、問題視される事態も生じた。

　こうした状況のなかで、日本赤十字社は3月26日付で、「新型コロナウイルスの3つの顔を知ろう！〜負のスパイラルを断ち切るために〜」[42]というガイドを作成。このウイルスの怖さを、「病気が不安を呼び、不安が差別を生み、差別が更なる病気の拡散につながること」だとして、この負のスパイラルを断ち切るために、ガイドの活用を訴えた。

　赤十字は4月21日、「ウイルスの次にやってくるもの」というタイトルの動画をYouTube上に公開した。3分ほどのアニメーション映像で伝えられている内容は、3月のガイドと同様、病気への不安と差別意識の醸成、そして病気の拡散という負のスパイラルを打ち破る必要性を指摘している。8月12日までに225万回ダウンロードされており、啓発ビデオとしては異例の視聴回数だ。

　草の根レベルからの取り組みもみられる。4月中旬に愛媛県で始まった「シトラスリボンプロジェクト」[43]は、そのひとつだ。コロナ禍にともなう差別や偏見の広がりを懸念した人々による取り組みである。

42　http://www.jrc.or.jp/activity/saigai/news/pdf/211841aef10ec4c3614a0f659d2f1e2037c5268c.pdf、2020年8月10日アクセス

43　プロジェクトを実施しているのは、愛媛県松山市の市民団体「ちょびっと19+」。新型コロナウイルスによる病気を意味するCovid-19をもじった表現だが、少しでもプラス（+）を生み出せせればという期待が込められているという。

　愛媛特産の柑橘をイメージしたシトラス色のリボンや専用ロゴを身につけて、「ただいま」「おかえり」の気持ちを表す活動を広めるものだ。リボンやロゴは、3 つの輪で形作られている。これは、地域と家庭と職場（もしくは学校）を意味しているという。「ただいま」「おかえり」といいあえる地域なら、感染拡大を防ぐことにつながるだろう。そうした考えから、コロナ禍の「その後」もみすえ、暮らしやすい社会をめざそうとしている運動といえる。

　運動開始直後に地元の NHK や愛媛新聞、10 日後にはフジテレビの「Mr. サンデー」で紹介された。そして、地元の学校や企業が相次いで賛同や協力を表明。5 月以降、大阪や京都、そして東京の企業にも支援の輪が拡大。運動開始 3 カ月で、リボンの配布や商品化への問い合わせが約 200 件寄せられるなど、啓発の輪は県内から、四国、そして全国へ広がっている。

　賛同した学校の多くは、生徒に作り方を指導しながら、コロナ禍にともなう差別や偏見の問題を学ぶなど、啓発の機会として活用している。企業の協力は、印刷会社によるポスター寄贈、酒造メーカーによる酒瓶にリボンを添えた製品の販売、シトラスリボンのロゴ付きのマスクの販売など多様だ。

　この運動や赤十字の啓発活動は、新型コロナウイルスに感染した人や感染している可能性がある人への差別や偏見を問題にしている。一方、「自粛警察」は、コロナ禍で政府や自治体から要請された「自粛」に応じない事業者や個人を非難、威圧する行為だ。さまざまな権利を侵害している可能性があり、一部の識者からは戦前の隣組と同様な発想に基づいていると批判がでている。しかし、緊急事態宣言が解除される前後まで、NPO などの団体としての意思表明や行動は、ほとんどみられない。この点については、終章で検討したい。

おわりに

　新型コロナウイルスの感染拡大により、3 月から 4 月にかけて世界経済は急激に悪化。日本経済も、この大きな波に飲み込まれていった。多くの産業や地域経済に破滅的ともいえる打撃を与えていった。経済の問題は、政府と企業の役割とだけいっていればよい状態ではない。

　観光業などの産業、あるいは地域のレストランや商店をいかに支えることができるか。とりわけ緊急事態宣言の解除後、NPO にも、このことが問わ

れるようになっていった。

神戸の「がんばろう KOBE　こどものおうちごはん応援プロジェクト」や千葉県の「八街 de テイクアウトする?」などの活動は、決して大きな経済効果をあげられる規模のものではない。だが、多くの人々や団体の協力を受けながら、小さな活動を積み上げていく手法とその意義は、NPO ならではともいえよう。

瀕死の状態に陥ったといっても過言ではない、観光業。温泉街の活気を取り戻すため、〇(ゼロ)〜四の五段階で事業再開を進める、福島県の「つちゆ黎明プロジェクト」。リアルな祭りが中止になり、「バーチャルでできないのか」という模索から生まれた「#オンライン青森夏まつり」。これらは、NPO の独創性が生かされた活動といえよう。

緊急事態宣言が続くなかで広がった問題は、解除後、消え去ったわけではない。雇用不安にさいなまれ、日々の生活を送ることになった人々は、むしろ増加している可能性が高い。

こうした人々に相談事業という形で支援の手を差し伸べたのが、労働組合や労働関係の NPO である。相談で雇用が守れるとは限らない。とはいえ、支援をえられるという事実は、仕事、そして生活の糧を失った、あるいは失うかもしれない状況の人々にとって、大きな支えになっただろう。

「新しい生活様式」が推奨され、マスク着用が求められると、聴覚障害者のコミュニケーションに支障をきたす。政府の支援策を受けるための申請における「日本語」が理解できない。こうした人々を包摂していくために、「スペシャル・ニーズ」を理解し、対応していくことが必要だ。それを担っていったのも NPO である。

緊急事態宣言解除後、NPO に求められたのは、「弱者」支援だけではない。「弱者」という視点が含まれつつも、地域のビジネス支援につなげる、社会経済活動の再開への支援。これまであまり着目されていなかった領域へも関わりを鮮明にしたという意味で、NPO 活動に転換をもたらしたということもできるだろう。

第4章　調査研究が導く新たな活動や資金調達、政策提言

柏木　宏 [1]~[6] ／古山陽一 [7]

　新型コロナウイルスの感染拡大により、NPO のサービス活動の多くは、「三密」を避ける必要性もあり、延期や中止に追い込まれ、経営状態を悪化させていった。とはいえ、ニーズは、存在、むしろ増大した。NPO は、この状況に、どのように立ち向かったのだろうか。

　ここでカギとなったのは、調査研究活動である。NPO の活動は、サービスとアドボカシーに大別される。サービス活動とは、高齢者の買い物や病院に同行したり、子ども食堂で夕食を提供することなどをイメージするとよいだろう。また、ニート（NEET）の人たちの働く意欲を引き出し、職業訓練を実施、就労につなげることも、同様にサービス活動だ。

　一方、アドボカシーは、語彙自体があまり知られていない。英語の動詞のアドボケイトの名詞形で、擁護、代弁、提唱など、いろいろな意味合いで用いられる。NPO のアドボカシー活動といえば、最狭義には政策提言、最広義には教育や啓発の意味合いをもつ。

　調査研究は、サービスとアドボカシーの中間に位置するといえる。クライアントのニーズを理解することは、サービス活動の改善や開発につながる。また、ニーズの適切な把握とそれに基づく効果的な活動の提示は、活動に必要な資金の獲得、すなわちファンドレイジングを有利に作用させる。さらに、調査研究で把握された問題の背景や実態は、教育啓発や政策提言に生かされる。

　とはいえ、NPO の調査研究活動のすべてが、サービス活動の改善や開発、資金調達、そして教育啓発や政策提言を前提にしているわけではない。実態

の把握と提示そのものを目的にすることもある。この点も踏まえ、各種の調査研究からコロナ禍のNPOへの影響をみたうえで、NPOの調査研究と事業の開発、資金調達、政策提言などが、どのように進められていったのか検討していこう。

　なお、本章は、1）から6）とその後の「まとめ」は柏木宏、7）とその後の「まとめ」は古山陽一が執筆した。

1）コロナ禍のNPOへの影響を把握する調査活動

　NPO法が成立する前後、各地にNPOの活動をサポートするための組織が作られたり、施設が開設されるようになった。NPOを顧客とするNPO、すなわちNPOの中間支援組織の一種で、NPO支援センターと呼ばれている。

　NPO法人日本NPOセンターは、NPO支援センターを支援組織と支援施設に分類している。支援組織は、活動の拠点となる場をもっているとは限らないが、NPOに対するなんらかの支援活動を行っている団体である。支援施設は、「施設」という語彙からも明らかなように、常設の活動場所をもち、そこで支援活動を提供している。

　こうした支援施設や支援組織の大半は、ウェブサイトを通じて、それぞれの活動地域内におけるNPOのイベントや講座などを紹介するコーナーを設けている。このコーナーには、NPOが募集するボランティアやスタッフの情報を掲載したり、NPOが申請できる政府や自治体、助成財団、企業などの補助金や助成金の情報も含めているのが、一般的だ。

　新型コロナウイルスの感染が広がり始めた3月の中旬以降、これらの支援センターのウェブサイトに掲載されていたイベントや講座の案内には、次々と「延期」や「中止」の文字がつけ加えられていくようになった。求人情報も同様である。この動きをみていると、コロナ禍がNPOに与えた影響の大きさの一端を感じることができる。

　とはいえ、それは、あくまで感覚にすぎない。現実がどのような状況なのか把握するには、調べてみる必要がある。こうした認識からだろう。各地の支援センターは、活動対象地域のNPOの現状や課題について、調査を進め、その結果を公表していくことになる。

　コロナ禍がNPOの活動や運営に与えた影響については、これまでの第1

章から第3章においても検討してきた。そのなかには、調査研究と関連したものもある。また、第7章や終章の一部でも、NPOの調査研究について触れることになる。この章では、他の章の記述と重複しないように配慮する。そして、この1）では、本章の2）以降で検討する内容を理解するうえで必要ないしは参考になる点を中心に、各地の支援センターが行った調査をベースにして、NPOに対するコロナ禍の影響の全体像を描いていきたい。

非常事態宣言発出の前後で変化したNPOが求める支援策

　NPO支援センターのなかには、全国のNPOを対象に活動しているところもある。NPO法人日本NPOセンターやNPO法人NPOサポートセンターなどが、これだ。両者の活動には重複もみられるが、前者は啓発や政策提言、後者は経営指導に強みがあるようにみえる。

　日本NPOセンターは4月8日、新型コロナウイルスの感染拡大へのNPOの対応や支援に関して、全国のNPO法人向けに実施した緊急アンケート調査の結果[44]を発表した。アンケートの有効回答数は、1003件だった。

　「活動内容への影響」については、「現在影響がでている」が79.8%、「今後影響がでると思う」が14.1%で、「当面影響はでないと思う」の4.2%を大きく上回った。これに対して、「法人経営への影響」については、「現在影響がでている」が43.6%と最も多かったものの、活動内容への影響に比べると数値は低く、「今後影響がでると思う」が32.5%、「当面影響はでないと思う」が13.9%あった。

　このことは、「活動への影響」が「法人経営への影響」に及ぶまでに一定の時差があることを示唆している。調査の報告書は、このふたつの選択肢の意味上の相違について説明していない。おそらく、予定していたイベントが延期になったことは「活動への影響」、延期や中止が相次ぎ経営に大きな支障が出てくるなどの状態を「法人経営への影響」のように解釈するものと思われる。いずれにせよ、NPOは、活動と運営の両面で、大きな影響を受けたことに間違いない。

　アンケートは、こうした影響に対して、「必要な支援策」についても尋ねている。資金、物資、食材、情報、雇用維持、オンラインツールの活用方

44　https://www.npo-covid19.jp/?fbclid=IwAR3CsvvcSRt93H_ek5i-QtIA78e2yK67O7S5_7TPRNFG XtQUrFK0JjWJl3s#h.3rwrrjfbxaae、2020年8月14日アクセス

法、わからない、その他から選択することを求めたものだ。最も多く選択されたのは「資金の支援」で356件、次いで「物資の提供」の128件、「情報の提供」の97件などが続いた。なお、「わからない」も195件あった。

　社会経済活動に対する新型コロナウイルスの影響は、緊急事態宣言の発出以降の方が大きくなっていった。日本NPOセンターの調査は、宣言が全国に発出される以前に実施されたものだ。では、発出以降、NPOの状況認識に変化はでたのだろうか。

　日本NPOセンターは、6月30日から8月14日にかけて2回目の調査を実施、8月25日に結果[45]を発表した。それによると、569組織のうち、事業に影響がでている法人は88%にのぼった。活動の休止または解散を検討している組織も5%存在するなど、影響の大きさをうかがわせる。また、約3分の1の組織が、持続化給付金などの支援策が「対象外」と回答しており、政府の支援策に限界が感じられる。

　全国レベルにおけるコロナ禍のNPOへの影響についての実態調査は、本章の7）で紹介する古山と柏木による調査を除くと、これら4月と8月に日本NPOセンターが発表したもの以外見当たらない。一方、3月から4月中旬にかけて、都道府県単位で活動する支援センターにより、コロナ禍におけるNPOの活動や運営への影響、求められる支援策などについての調査が相次いだ。しかし、宣言が全国に拡大される以前に実施されたこともあり、影響を判断できる結果を示しているようには思えない。

　そうしたなかで、北海道の調査は、緊急事態宣言の前後の比較を行う上で、有意義なデータを提供している。この調査は、4月20日から5月15日にかけて、道内の市民活動団体、NPO・一般社団・財団法人などを対象に実施されたものだ。NPO法人北海道NPOサポートセンターなどの道内の支援センターの協力により、107件の回答が集まった。

　調査の報告書[46]によると、92%は「団体の活動に影響がでている」と回答。「これから影響がでると思う」とした回答が8%だった。全国調査と道内に限定した調査という、対象の相違を踏まえる必要はある。とはいえ、「影響がない」と考えている団体が皆無なことから考えると、4月初めの日本NPO

45　https://www.npo-covid19.jp/?fbclid=IwAR3CsvvcSRt93H_ek5i-QtIA78e2yK67O7S5_7TPRNFG
　　XtQUrFK0JjWJl3s#h.1wrc3dz3iaa7、2020年9月3日アクセス
46　https://drive.google.com/file/d/1Tj4lK7_stqhPRhRGcEQLAp7Pm4Ib2iMo/view、2020年8月
　　14日アクセス

センターの調査時点に比べて、コロナ禍にともなう NPO の状況判断が悪化したといえよう。

　また、「必要な支援策」についても、日本 NPO センターと異なる結果をみることができる。日本 NPO センターによる 4 月の調査では、「資金の支援」がトップだったが、北海道の調査では、複数選択可で、「各種支援制度に関する情報提供」が 52.9% と「資金の提供」の 45.2%、「物資の提供」の 17.3% を上回った。これは、政府や自治体から NPO 向けの資金を含めた支援制度が発表されたものの、詳細が不明で、対応に苦慮していたためと推察される。

支援対象者ごとに異なる課題が存在

　日本 NPO センターをはじめとした NPO 支援センターにより実施された、コロナ禍が NPO に与えた影響に関する調査は、NPO 全体の活動や運営が困難に陥ったことを示している。しかし、具体的に、どのような困難や課題がでてきたのかについては、資金や物資など、大雑把で、具体性に欠ける。これは、多様な活動分野に加え、規模や財源も異なる NPO への調査のため、個別具体的な課題が提示されにくいことが影響しているのではないかとみられる。

　換言すれば、具体的な課題を知るには、特定の活動分野ごとの調査が必要になる。例えば、NPO 法人全国こども食堂支援センター・むすびえとこども食堂ネットワークは 4 月中旬、35 都道府県の 231 団体を対象にアンケート調査[47]を実施した。その結果、食堂を開催できた割合が 3 月の 20.7% から 4 月には 10% に減少したことが判明。一方、弁当や食材の配布、食材の宅配などに切り替えたという、活動形態の変化が 41.1% から 46.3% に増加したことが示された。

　また、アンケート調査の質問項目のひとつ、「こども食堂での困りごと」については、「会場が使用できないこと」（57 件）が最も多く、次いで「食材などの不足」（48 件）だった。「資金の不足」については、「感染への恐怖」（28 件）に次ぐ 4 番目（23 件）に止まった。さらに、「人を集めることへの批判」が 13 件あるなど、子ども食堂という活動形態にともなう課題も浮かび

47　https://musubie.org/wp/wp-content/uploads/2020/04/musubie_Q_sheet_0423.pdf、2020 年 8 月 14 日アクセス

上がっている。

　高齢者への介護や障害者への就労支援に関しては、国などの施策がかなり整備されてきている。このため、これらの人々に向けた活動を行うNPOは、まちづくりや環境保護などに比べ、制度を活用して運営できるため、、経営的にも成り立ちやすいといわれている。しかし、コロナ禍で、この状況も変わりつつある。その現状も、NPOの調査などで明らかになってきた。

　NPO法人千葉県障害者就労支援振興センター（以下、振興センター）は、5月中旬、千葉県内にある448の障害者就労継続支援事業所を対象にアンケート調査を行った。回答した事業所は228、回収率は50.9%だった。なお、振興センターは、障害者就労継続支援事業[48]を行う組織ではない。障害者就労継続支援事業に取り組む団体を支援するための中間支援組織である。

　就労継続支援事業という名称から明らかなように、参加する障害者はなんらかの事業に携わっている。食品の他、手芸品などの非食品の製造に加え、清掃や農作業など、製造以外の事業もある。振興センターの調査によると、回答のあった228事業所のうち、これらの事業の4月の売上高が前年同月比で減少幅が20%未満のところは24事業所（18%）に止まった反面、60%以上になったところは141事業所（62%）に及んだ。

　こうした状況は、将来への不安をかきたてていく。今後の懸念について、事業所からは、複数回答可で、法人および事業所の事業規模縮小の長期化（144件・63%）、利用者の通所率低下の長期化（132件・58%）、経済の低迷・所得の低下・消費の減退（128件・56%）などが高い割合でだされていた。

　高齢者介護の現場への調査のひとつに、NPO法人ぎふ福祉サービス利用者センターびーすけっとによる、認知症グループホームの新型コロナウイルス感染症の影響についての緊急調査[49]がある。6月に県内286の認知症グループホームを対象に調査を行い、200のホームから回答をえた。その結果、防護服やゴーグルなどの物資の不足や緊急事態宣言中に保健所から支援や指導があったホームが6%にすぎなかったなどの状況が明らかになった。

48　通常の事業所に雇用されることが困難な障害者に就労機会を提供するとともに、生産活動などの機会の提供を通じて、障害者の知識や能力の向上に向けた訓練を行う事業。事業者と障害者が雇用契約を結ぶ「A型」と、雇用契約を結ばない「B型」の2種類がある。
49　http://be-suke.lolipop.jp/pdf/gh_korona_question_2020.pdf、2020年8月14日アクセス

2) 調査を通じて汲み取ったニーズから新たな活動の展開

「やりたいことをやる、それがNPOだ」

こういう考えがある。

法律や条令で行動が規定される行政と異なり、NPOは、違法でない限り、独自の判断で活動を進めていくことができる。活動に向けた「思い」は大切だ。とはいえ、「思い込み」で活動に取り組んでいってよいのか、という疑問はでてくる。

かつてNPOの活動の多くは、組織の中心的な人々の「こうあるべき」「こうしたい」という「思い込み」によって作られてきた。だが、これでは、活動の利用者のニーズと一致しているかどうか、始めるまでわからない。このため、利用者、すなわちクライアントのニーズを中心に据え、必要な情報を収集、整理、分析しながら活動が企画されていくようになりつつある。

ここでいう必要な情報の収集、整理、分析というプロセスには、調査研究も含まれている。換言すれば、NPOマネジメントでは、調査研究が活動の立案におけるカギのひとつということだ。以下、コロナ禍における、いくつかの具体例をみながら、考えていこう。

把握したニーズを踏まえ、現金給付活動を拡大

新型コロナウイルスの感染拡大にともなう政府の対策は、ひとり一律10万円の特別定額給付金や事業者向けに最大200万円を支払う持続化給付金のように、現金を給付するものが少なくない。これに対して、NPOは、生活困難者を支援する場合でも、現金給付はまれだ。

もちろん、例外もある。例えば、公益財団法人日本財団は、東日本大震災の発生直後、死者・行方不明者の家族に対して、ひとり当たり5万円の弔慰金・見舞金を贈ることなどを盛り込んだ緊急支援を実施した。また、奨学金を提供する団体もある。内閣府のNPO法人ポータルサイトで「奨学金」を定款に含めている団体を検索すると、54にのぼる。とはいえ、NPO法人全体の0.1％強にすぎず、多いとはいえない。

NPOが現金給付を行わない最大の理由は、財源がないことだろう。その意味では、「行わない」のではなく、「行えない」のかもしれない。もうひとつの理由は、現金のもつ問題である。食べ物がない人に食料、住むところがな

い人にシェルターを提供する。こうした活動は、食費や家賃の支援と同じ意味をもつ。けれども、他の用途に用いることは困難だ。現金であれば、「何か食べて」といって渡しても、「薬物」などの購入に使われる恐れもある。

公益財団法人あすのばは4月7日から、同法人の子ども・若者委員に登録している高校生から大学院生、社会人に対して、生活環境の変化などに関する聞き取り調査[50]を実施。4月21日までの調査結果から、奨学金やアルバイトで生計を立てている若者の多くに、生活そのものの不透明感が増し、生活が脅かされている実態が明らかになったと判断、緊急支援を行うことを決定した。

子どもの貧困問題に取り組むあすのばは、設立当初から、調査研究に基づく政策提言などとともに、貧困家庭の子どもに対する給付活動を実施してきた。生活保護世帯の子どもが学校に入学または卒業するにあたり、祝い金を贈る「あすのば入学・新生活応援給付金」である。2019年度には、5000人余りが応募、1982人に 総額7837万円を給付した。しかし、約3000人の子どもの手には届かなかったことになる。

コロナ禍におけるあすのばの緊急支援の第1弾は、この3000人に支援の手を差し伸べることだった。この第1弾は、5月に実施され、ひとり一律3万円を1300人に支給。第2弾は、給付金をひとり4万円に増額。6月末を申請期限として行い、1200人の定員に対して、5倍にあたる5866人から応募が寄せられた[51]。これらの給付金の原資は、クラウドファンディングを中心にした、寄付金だ。

調査のファインディングが生んだ、新たな活動

2弾に及ぶ、あすのばの緊急支援で給付された金額は、年間予算の約6割にあたる、8700万円。公益財団法人として寄付控除[52]の資格をもつとはいえ、設立からわずか5年の草の根的な団体としてみれば、その資金調達能力は、驚くべきものといえる。もちろん、資金力だけでNPOの価値を判断するのは適切ではない。

---

50 https://www.usnova.org/notice/3744、2020年8月14日アクセス
51 https://usnova.secure.force.com/goencrm__projectinfo?pcd=covid-usnv、2020年8月14日アクセス
52 個人や法人が国や地方公共団体、民間団体などに寄付をした場合、寄付金を所得税や法人税から控除できる制度。この制度が適用される民間団体には、社会福祉法人の他、認定NPO法人、公益社団法人、公益財団法人などがある。

　高校生をはじめとした若者の人とのつながりづくりや居場所の提供などの活動を行っている、NPO 法人 D×P（ディーピー）は 6 月 1 日から、若者に月額 1 万円の現金給付を行う活動を開始した。きっかけは、新型コロナウイルスの影響についてのアンケート調査[53]だった。D×P が実施している、10 代の進路・就職に関する LINE を使ったオンライン相談の登録者を対象にしたもので、アンケートを送った 543 人中、97 人が回答した。

　回答者のうち、10 代でアルバイトをしている人の割合は、30 名。このうち、家計の補助や自身の生活費に充てるという人は、7 名いた。また、食べるものに困っているという回答も 7 名おり、長引けば命に関わる状況に陥る若者が少なくないことがわかった。

　このためスタートさせたのが、月額 1 万円の現金給付活動[54]である。給付を受けるには、まず D×P の LINE アカウントに「友だち登録」を行う。「友だち」の対象は、生活に困っているものの、支援が受けられていない 13 〜25 歳までの若者。LINE で支援に関する相談を受けながら、相談員に支援が必要と判断されれば、受給できる。給付は、最大 3 カ月まで。この間だけでなく、その後も LINE で進路や就職を含む生活相談を無料で受けることができる。

　全部で 5 期に分けて募集が行われ、給付を受けることができるのは、あわせて 40 人。ひとり 1 万円を 3 カ月、40 人に給付するとなると、120 万円必要になる。D×P の年間予算は 5000 万円ほどなので、ファンドレイジングも行っているとはいえ、団体の財政に一定の負担がかかるだろう。反面、若者支援という本来の目的もあわせて進められるので、効果が高くなる可能性がある。

　アンケートの結果、42 名が在宅ワークに興味があるものの、自宅にパソコンや Wi-Fi 環境がないことがわかった。このため、D×P は、パソコンを企業から譲り受けることを検討。7 月末に IT ハードの保守修理などを手がける、株式会社ゲットイットから再生 PC10 台の寄贈を受けた[55]。これらを活用して、若者の PC のスキルアップを進めていく考えだ。

　子どもの学習支援や居場所づくりを進める NPO 法人、Learning for All（LFA）は 4 月中旬、この団体の活動を利用している子どもとその親を対象

53　https://prtimes.jp/main/html/rd/p/000000004.000053323.html、2020 年 8 月 14 日アクセス
54　https://www.dreampossibility.com/17972、2020 年 8 月 14 日アクセス
55　https://www.dreampossibility.com/18189、2020 年 8 月 14 日アクセス

に調査[56]を実施。それ以前から学習支援などについてはオンラインへの切り替えなどを行っていたが、調査の結果、当時、日本中で不足していたマスクや消毒薬、トイレットペーパーなどだけでなく、食料品が足りない家庭が少なくないことが明らかになった。このため、食事や物資の支援活動を始めることになった。

3) 必要な情報を掲示したポータルサイトの開設

　NPOと聞くと、寄付を受けながら、ボランティアによって活動が行われている団体、というイメージをもつ人が少なくないかもしれない。しかし、内閣府の「平成29年度特定非営利活動法人実態調査報告書」[57]によると、NPO法人のうち寄付金が「ゼロ」の団体は53.5%と半数を超えている。ボランティアがひとりもいない法人も、21.1%にのぼる。

　寄付もなく、ボランティアもいない。では、NPOは、どうやって活動をしているのだろうか。補助金や助成金、事業収益などにより、有給職員を雇い、活動を進めているのである。

　「平成29年度特定非営利活動法人実態調査報告書」によれば、NPO法人全体でみると、歳入に占める補助金と助成金の割合は1割、事業収益は8割弱。一方、寄付や会費は、1割にすぎない。財政規模自体は、中央値で989万円、平均値で3237万7000円と比較的小規模だ。とはいえ、大半のNPO法人は、企業と同じように、事業体であることが理解できるだろう。

　事業体であるNPO法人には、家賃や光熱費、人件費などの固定費が発生する。補助金や助成金の確保、事業の進捗状況などと無関係に、固定費の支払いが必要になる。この事業体としての宿命は、コロナ禍においてNPO法人に大きな脅威となって現れてくる。

　座して死を待ったNPOもあっただろう。しかし、多くのNPOは、自ら、あるいは他のNPOと連携して、資金源を探し、可能性があれば、申請を行い、組織を維持、活動を継続、発展させようと努力していった。そのために

56　https://drive.google.com/file/d/1LVtX9S6ppAPNvipLzlXN7GCrUst8CECM/view、2020年8月14日アクセス

57　https://www.npo-homepage.go.jp/uploads/h29_houjin_houkoku.pdf、2020年8月14日アクセス

は、必要な情報をえなければならない。これをどう進めていったのか。以下、その姿をみていこう。

コロナ禍への NPO 支援ポータルサイトの構築

　新型コロナウイルスの感染拡大が NPO の活動や運営に影響を与えるようになってくると、当然のことながら、NPO は、その影響にどう対応するか判断を迫られることになる。そのためには、正確な情報が必要だ。しかし、それを、どこで、どのようにして入手したらよいのだろうか。NPO の間には、こうした疑問や不安が広がっていった。

　感染が拡大し始めた 3 月。多くの NPO 法人は、年度内に終了しなければならない事業を抱えていた。これに、事業報告書などの作成や新年度に入ってから、NPO 法で開催が求められている社員総会の準備も加わった。なお、NPO 法では、「正会員」を「社員」と表現している。したがって、「社員総会」は、会員の総会と同義と考えてよい。そうしたなかで、3 月 2 日から全国一斉の臨時休校が開始され、10 日には「新型コロナウイルス感染症に関する緊急対応策 - 第 2 弾 -」が発表された。この緊急対応策には、NPO にも大きな影響を与えていた休校にともなう諸問題への対応も盛り込まれていた。

　こうした状況下で、多くの NPO は、社員総会の開催や事業報告の作成、そして緊急対応策の内容の把握などに関するタイムリーな情報をえる必要に迫られた。ここで登場したのが、新型コロナウイルスの感染拡大と NPO に関連するさまざまな情報を網羅した、ポータルサイトである。総務省は、「新型コロナウイルス感染症対策関連」[58] と名づけた、政府の取り組みを網羅したサイトを作成しているが、その NPO 版というべきものだ。

　内閣府が 3 月 5 日に公開した「新型コロナウイルス感染拡大に係る NPO 法 Q&A」[59] は、その最初のものだろう。都道府県をはじめとした地方自治体も、同様なサイトを立ち上げるところがでてきた。民間のサイトとしては、日本 NPO センターの「NPO（市民活動団体）のための新型コロナウイルス対応お役立ちサイト」や東京ボランティア市民活動センターの「新型コロナウ

58　https://www.soumu.go.jp/menu_seisaku/gyoumukanri_sonota/covid-19/index.html、2020 年 8 月 14 日アクセス

59　https://www.npo-homepage.go.jp/news/coronavirus/coronavirus-qa、2020 年 8 月 14 日アクセス

イルス NPO から寄せられる相談と Q&A」[60] などが知られている。

特定分野の情報を提供するサイトも

　これらのサイトは、新型コロナウイルス感染拡大に関連して NPO が必要とする情報全般を紹介している。ただし、個別具体的に紹介するのではなく、詳細を知るためのリンク先を掲示していることが多い。一方、特定の分野に限定した情報を提供している NPO もある。

　NPO 法人 NPO 会計税務専門家ネットワークは、コロナ禍専用のサイトを作ったわけではない。しかし、3 月 10 日には法人税の申告期限を延長する場合の取り扱い、4 月 10 日には監事の監査の留意点について、ホームページで説明。さらに、5 月 8 日には持続化給付金の内容と申請方法を解説した資料をアップした。このように、会計や税務の専門家の立場から、NPO がその時々に必要とする情報を発信している。

　持続化給付金は、4 月 30 日に成立した「緊急対応策—第 3 弾—」に盛り込まれた措置だ。ひとり 10 万円の給付を行う特別定額給付金とともに、第 3 弾の目玉のひとつで、「事業収入」が減少した NPO も申請対象になるとされた[61]。新型コロナウイルスの感染拡大により、ひと月の売上が前年同期比で 50% 以上減少したことなどの条件を満たした事業者が申請できる。

　売上高の減少の程度にもよるが、法人は最大 200 万円、個人でも 100 万円まで支援が受けられるため、NPO 法人の間でも関心が高い。政府は、持続化給付金申請手続きの支援を行うために、申請サポート会場を全国各地に設置。希望者は、予約の上、利用できる。

　同様の支援活動を NPO が関係しながら、実施した事例もある。NPO 法人うつくしま NPO ネットワークは、福島県郡山市から郡山市市民活動サポートセンターの運営を受託している。同ネットワークは 5 月 20 日、申請サポート会場と同様に申請手続き支援を開始する旨、発表した。

60　https://www.tvac.or.jp/special/covid-qa/、2020 年 8 月 14 日アクセス
61　当初、「事業収入」に会費や寄付金・助成金・補助金などが含まれるのか否かが明確でなく、NPO 関係者から政府への問い合わせが相次いだ。

4）迅速な対応が際立った、助成財団

　コロナ禍の影響を受けた NPO を支援する公的な仕組みは、持続化給付金だけではない。売上が前年より単月で 50%、あるいは 3 カ月合計で 30% 減少した事業者に支給される家賃支援給付金も、申請が可能だ。返済が必要だが、3000 万円を限度として、当初 3 年間実質無利子で資金の借り入れが可能になる、新型コロナウイルス感染症特別貸付融資もある。さらに、休業にともなう職員への休業手当などの支払いの懸念に対しては、雇用調整助成金を利用することもできる。

　とはいえ、これらの公的な制度は、申請して、審査を受け、支給されるまで、かなりの時間を要することが多い。手持ち資金が少なく、キャッシュフローが厳しくなった NPO には、待つだけの時間的余裕がないだろう。また、申請に当たり準備する書類や申請書の作成も、複雑かつ難解なため、小さな規模の NPO の場合、使い勝手がよいとはいいがたい。

　では、どうしたらいいのか。前述のように、NPO 法人全体をみると、歳入で最も大きな割合を占めているのは、事業収入である。しかし、そもそも、コロナ禍で事業の実施が難しくなったために生じた、経営難だ。事業収入の増加に活路を見出すことは、容易ではない。

小口の緊急支援から始まった助成金

　そこで、注目されるのは、寄付である。寄付は、個人からのものと思われるかもしれない。しかし、企業をはじめとした法人からの寄付も、NPO にとっては重要な歳入の一部である。また、「助成金」と呼ばれることから、行政の補助金や助成金と混同されがちだが、助成財団からの寄付も存在する。

　東京ボランティア・市民活動センターは 4 月中旬、ボランティア・市民活動に助成を行っている財団などの民間助成団体および融資金融機関に対する調査[62] を実施した。新型コロナウイルスの感染拡大の影響により助成募集に変更が生じるかどうかという問いに対して、「いまのところ検討していない」が 65.2% を占めた。

62　https://www.tvac.or.jp/download/309c0b6c17.pdf、2020 年 8 月 14 日アクセス

この調査の対象は、135 団体。しかし、有効回答数は、46 に止まった。このため、65.2% という数字が、どこまで助成財団全体の実態を正確に把握しているのか、判断することは難しい。とはいえ、速やかな支援が必要な NPO にとっては、募集から申請、採択の決定、そして助成金の振り込みまで数カ月かかる助成財団などに大きな期待をもつことはできない、と感じるだろう。

　しかし、助成財団などが、コロナ禍の NPO の危機的な状況に全く機能していないわけではない。例えば、社会福祉法人中央共同募金会は、地域で子どもや保護者に対する支援活動を行った非営利団体に、助成金を提供した。対象となったのは、全国で臨時休校が始まった 3 月 2 日から 4 月末までに実施された活動だ。申請団体の法人格は、問われない。助成金は、上限 10 万円。助成総額は、1000 万円が予定されていた。3 月中に 2 回、受付が行われた。その後、4 月 20 日を締め切りとする、3 回目の募集が行われた。これら 3 回の募集に対して、予想を超える 806 団体が応募。このため、助成が増額され、あわせて 547 団体に総額 4445 万円が提供された[63]。

　公益財団法人ひょうごコミュニティ財団は、兵庫県内の非営利団体による 3 月から新学期開始までの実施事業に対して、1 団体の上限を 10 万円（総額 200 万円）とする助成金を提供。また、宗教団体の真如苑も、非営利団体による 3 月から新学期開始までの実施事業に対して、1 団体 10 万円を上限に、総額 1000 万円の助成を行った。

ターゲットを絞り込み、コラボで資金援助

　上述した中央募金会など 3 つの団体による緊急支援は、法人格の有無を問わない。このことは、ボランティアを中心にした小規模な任意団体などにも支援の道を開いていたことになる。また、コロナ禍の影響がどこまで広がるのか不明な時点であったことを考慮すれば、先駆的な対応といえる。

　とはいえ、1 団体が申請できる資金の上限が 10 万円という金額は、あまりに少なすぎる。臨時休校の影響が広がるなかで、NPO へのより大きな資金援助の必要性がだれの目にもはっきりしてきた。4 月以降の助成財団の動きは、こうした状況を受け止めたものになっていく。

63　https://www.akaihane.or.jp/kikin/ringi_202003/、2020 年 8 月 16 日アクセス

　日本財団が新しい地図[64]と立ち上げた Love Pocket Fund（愛のポケット基金：以下、LPF）は、そのひとつといえよう。この基金は、コロナ禍に関する問題だけに対応することを目的にしているわけではない。しかし、4 月 27 日の設立にあたり、「新型コロナウイルスプロジェクト」として、医療の最前線で活躍している医師、看護師、ボランティアやその子どもたちの支援などに活用することを表明。6 月 22 日には、上限 200 万円までの助成活動に 17 件、20 万円までが 50 件、あわせて 67 団体への助成が発表された。

　これに先立ち、LPF は 5 月 14 日、最初の支援先に全国こども食堂支援センターむすびえを選定。支援額は、4125 万円にのぼった。むすびえは、4 月中旬に実施したアンケート調査に基づき、4 月 27 日に子ども食堂が行うフードパントリー[65]や宅食などの活動への資金を支援するための助成制度、「むすびえ基金」を創設、基金への寄付要請を行っていた。LPF からの支援は、これに組み込まれることになった。

　むすびえは、LPF からの支援が決まる数日前、むすびえ基金の第 1 弾の採択結果を発表[66]していた。上限 10 万円の「今日をしのぐ」コースの応募から 50 団体、50 万円までの「明日をひらく」コースからも 10 団体に支援するものだ。その後、LPF などの資金援助を受け、6 月 15 日に発表された第 2 弾[67]では、20 万円に増額された「今日をしのぐ」コースの応募から 50 団体、上限が 200 万円になった「明日をひらく」コースからも 17 団体を選定。さらに、新設された「ひとり親家庭支援活動助成」（上限 50 万円）から選ばれた 20 団体にも支援が実現した。

　このように聞くと、むすびえ基金を介さず、LPF が直接、子ども食堂に支援してもよいのではないか、と思われるかもしれない。しかし、子ども食堂の状況や運営方法などに精通していないと、適切な資金提供先の選定などは困難だ。このため、子ども食堂により適した支援を行うために、むすびえという中間支援組織を経由させたと考えられる。

　なお、8 月 11 日までに、LPF に寄せられた寄付は、総額 3 億 2318 万円。

---

[64] 元 SMAP の稲垣吾郎、草彅剛、香取慎吾の 3 人が 2017 年 9 月に立ち上げた、公式ファンサイト。

[65] 寄付された食品・食材を保管する機能を担う活動または活動団体をフードバンクと呼ぶのに対して、フードパントリーは、食品・食材を必要とする人々に直接手渡す場所を意味することが多い。通常、手渡される食品・食材は、一定量、袋や箱に入れられている。

[66] https://musubie.org/news/2163/、2020 年 8 月 16 日アクセス

[67] https://musubie.org/news/2258/、2020 年 8 月 16 日アクセス

むすびえ以外に、里親家庭への衛生用品やタブレットの支援として公益財団法人全国里親会に 1974 万円、看護職員派遣支援として公益社団法人東京都看護協会に 488 万円が助成金として提供された[68]。

　LPF は、日本財団と新しい地図のコラボである。コロナ禍における NPO への財政支援をみると、複数の団体がコラボして、実施した例が少なくない。公益財団法人三菱財団と中央共同募金会による「外国にルーツがある人々への支援活動を応援する助成事業」[69] は、そのひとつだ。7 月 14 日に発表された助成事業で、1 団体あたりの助成上限額は 300 万円、助成総額 1 億円という、規模の大きな資金援助になっている。

5）急激な広がりをみせたクラウドファンディング

　中央共同募金会や日本財団の他にも、公益財団法人稲盛財団や公益財団法人セゾン財団が芸術文化系の NPO などを対象に資金提供を行うなど、助成財団による支援が行われた。とはいえ、日本には、それほど多くの助成財団があるわけではない。また、助成金の多くは、大学や研究機関への研究助成が中心で、NPO などへの支援は限定的だ。

　このため、注目されてきたのがクラウドファンディング（CF）による資金調達である。CF は、Crowd（群衆）と Funding（資金）を組み合わせた造語で、特にインターネットを通じて事業や活動などのための資金を集める行為をさす場合が多い。日本では、2011 年の東日本大震災を契機に発展した。矢野経済研究所によると、2014 年には 222 億円だった日本の CF の市場規模は、18 年には 2044 億円（見込み）へと急成長している[70]。

　CF を希望する個人や団体は、資金集めの対象となる事業や活動の概要をクラウドファンディングサイト（CFS）に掲載して実施することが多い。CFS を通じた資金集めだけを CF とみなす人もいる。だが、CFS を用いないで、進めることもできる。実施者のホームページや SNS を使って、寄付を呼びかけることもできるからだ。また、両者を併用して資金集めをすることもある。

68　https://www.nippon-foundation.or.jp/what/projects/2020corona/donation、2020 年 8 月 16 日アクセス

69　https://www.akaihane.or.jp/news/13310/、2020 年 8 月 16 日アクセス

70　https://statdb.jp/facts/29820、2020 年 8 月 16 日アクセス

企業とコラボして多額の資金調達に成功

　コロナ禍にあって大きな注目を集めた CF がいくつかある。ひとつは、公益財団法人パブリックリソース財団（PRF）がヤフー株式会社と「ふるさとチョイス」を運営する株式会社トラストが中心となってスタートさせた「コロナ給付金寄付プロジェクト」だ。特別定額給付金の給付をきっかけに、コロナ禍の影響を受けた①医療、②福祉・教育・子ども、③文化・芸術・スポーツ、④経営難の中小企業という 4 つの分野の団体に寄付する活動である。

　寄付金は、Yahoo! ネット基金かトラスト作成のコロナ給付金プラットフォームのいずれかを通じて寄せられる。それを PRF が受け取り、4 分野に該当する団体から申請を受け、審査、助成先を決定する仕組みだ。5 月 18 日から 25 日までに寄せられた助成金応募件数は、238 件。6 月 8 日の審査会で、51 件、総額 7195 万 6667 円分の助成が決定された。なお、その後も寄付受付は継続、8 月 17 日までに 4 万 6542 件、総額 2 億 5736 万 5796 円が集まった[71]。

　もうひとつは、日本で最初にクラウドファンディング事業を始めたといわれる READYFOR による「新型コロナウイルス感染症：拡大防止活動基金」である。4 月 3 日に設立、17 日には第 1 期分として、10 団体に総額 4629 万 7200 円の助成金を振込むなど、迅速な対応が目を引いた。これに先立ち、公益財団法人トヨタ財団が賛同を表明。その後も企業の賛同が相次ぎ、5 月 28 日には、日本の CF 史上最大の募金額となる 5 億円に到達した[72]。

広がる「基金型」や地方独自の取り組み

　大半の CF は、資金を集める個人や団体自身のために行われる。しかし、コロナ禍では、異なる動きが広がってきた。CF の目的に沿った個人や団体に、集まった資金を配分する形である。財団、あるいは基金的な形態といってもいいだろう。CFS のひとつ、Motion Gallery を例にしてみよう。

　Motion Gallery は 2 月 27 日、コロナ禍で延期や中止になったイベントなどを支援するプログラム[73]を開始した。7 月から New Normal の実現をサポートする「AID ファンディング・プログラム」に移行されたものだが、このサイトに資金を集める個人や団体が内容を掲載するというパターンは、通常

71　https://corona-kifu.jp/、2020 年 8 月 16 日アクセス
72　https://readyforREADYFOR.jp/corp/news/175、22020 年 8 月 16 日アクセス
73　https://motion-gallery.net/curators/prevent-infection、2020 年 8 月 16 日アクセス

のCFSと変わらない。8月16日現在、181の支援要請が載っている。

そのひとつに、「劇団四季　活動継続のための支援」がある。劇団四季という特定の事業体への支援だが、1億8354万円余りが集まっている。一方、「ミニシアター・エイド基金」という名称で、全国のミニシアターを応援しようというものもある。寄せられた3億3102万円は、全国118の映画館に均等に配分される。

同様の基金型に「小劇場エイド基金」や「山小屋エイド基金」、「ブックエイド基金」、「Mirai Performing Arts Fund」などがある。割合からいえば、少数だ。NPOが対象とは限らない。だが、不特定者への支援という点では、NPOの公益性につながるものがある。

最後に、公益財団法人みんなでつくる財団おかやまの「みんつく寄付アクション」[74] について紹介しておく。新型コロナウイルスの感染拡大で苦境に立つ企業や団体への支援の動きの広がりを受けて企画された、寄付先を紹介するサイトだ。子育てや災害支援の団体に加え、財団が重要と考えた5つの活動領域の支援基金なども掲載。コロナ禍の影響を受けたNPOに限定したサイトではないが、地域のニーズをくみ上げた取り組みとして、注目される。

(6) 政策提言の実現に寄与した調査研究

助成財団の助成金やクラウドファンディング（CF）などによる個人の寄付は、新型コロナウイルスの感染拡大の影響を受けたNPOと、NPOのサービス活動を受けている人々にとって、大きな支えとなったことは事実だ。しかし、民間からの支援には限界がある。政府の資金が必要ということだ。

もちろん、政府も、事態を看過していたわけではない。政府は、2月、3月、4月と、3回にわたり、緊急経済対策を発表。これらをはじめとした政府や自治体の対策の対象となったのは、企業と個人だけではない。NPOも含まれていた。しかし、対策から除外されたり、不十分な内容にとどまっているものもあった。

ここで求められたのが、NPOのアドボカシー活動の一環としての政策提言である。政府や自治体に対するNPOの政策提言は、法律の制定や廃止、

74　https://www.kifu-action.jp、2020年8月16日アクセス

修正などを求めるとは限らない。法律などの運用の変更を求めることも多い。とはいえ、政策の変更を認めさせるには、訴える内容の妥当性や正当性、影響を受ける人や団体の数などを示すことが求められる。その根拠のひとつとして、調査研究によってえられたデータがある。

　コロナ禍におけるNPOの政策提言も例外ではない。では、NPOは、どのような調査研究に基づき、どのようなデータを獲得し、それをどのように活用したのか。また、影響を受ける人々の声を集めたのか。それを通じてNPO自身やNPOの利用者にとって意味のある政策を勝ち取っていったのだろうか。

児童手当の増額に向けた母子家庭の収入減の実態提示

　安倍首相により突如発表された3月2日からの臨時休校は、学校に関係する人々や事業者に大きな影響を与えた。通学年齢の児童・生徒をもつ親、とりわけシングルマザーの多くは、学校に行っているはずの時間中も子どもと一緒にいることが必要になるなどの理由から、働く時間を減らしたり、仕事を辞めざるをえない状況に陥った可能性がある。

　しかし、可能性だけでは、政策につながらない。具体的なエビデンス（証拠）が求められる。こうした判断からだろう、NPO法人しんぐるまざあず・ふぉーらむは、休校が始まった当日から5日まで、会員に対するウェブ調査を実施。調査の結果は3月6日、共同通信を通じて、「母子家庭半数が収入減、休校影響　NPO法人が調査」というタイトルのニュースとして配信された。

　しんぐるまざあず・ふぉーらむは、4月初旬にも同様のウェブ調査を実施。収入減が見込まれる母子家庭が54%と、ひと月前の48%より状況が悪化していることを示した。4月21日、NHKの「時事公論」は、これらの調査のデータを中心にした、コロナ禍における母子家庭の状況を解説。国や自

写真4-1　8月28日に、しんぐるまざあず・ふぉーらむとシングルマザー調査プロジェクトが実施した、緊急事態宣言解除後のひとり親家庭の状況に関する調査報告をかねた記者会見の様子。写真提供：しんぐるまざあず・ふぉーらむ

治体に対して、早期に困窮世帯への継続的な支援を打ち出すことを求めた。

この番組が放映される前日、政府は、中学生以下の子どものいる家庭に出されている児童手当を1万円増額することを発表していた。この措置は、一律・申

写真4-2　大阪府知事宛てに要望書を手渡す、大阪ボランティア協会の永井美佳事務局長（左後）とSEINの湯川まゆみ代表理事（左前）。写真提供：SEIN

請なしに現金給付を行うもので、しんぐるまざあず・ふぉーらむは、これを歓迎。しかし、1万円では不十分と批判、月額3万円が必要だとした。

コロナ禍における母子家庭の生活困窮問題への取り組みは、5月に入るとさらに広がった。エッセイストの小島慶子氏らは7日、「ひとりじゃないよプロジェクト　コロナ危機で困っているシングルマザーと子どもに支援を！」を立ち上げた。ZOZOの創業者、前澤友作氏は、「母の日」の10日、「前澤ひとり親応援基金」の創設を発表。第1弾として「現金10万円を1万人のシングルマザー＆ファザーに配布」するとした。

こうした動きは、政治へも波及。立憲民主・国民・社会民主・共産・維新の野党5党は5月15日、議員立法「コロナ困窮子ども支援法案」を衆院に提出した。同日、共同通信は、新型コロナウイルスの感染拡大を受け、所得水準の比較的低いひとり親家庭に支給している児童扶養手当を特例的に増額する方針を政府が固めた、と報じた。

しんぐるまざあず・ふぉーらむは、5月、6月にもアンケート調査を実施、シングルマザーの雇用状況が依然として深刻な実態を示した。そして、6月12日に成立した2020年度第2次補正予算に、「ひとり親世帯臨時特別給付金」が盛り込まれた。児童扶養手当受給世帯等へは1世帯5万円、第2子以降1人につき3万円、収入が減少した児童扶養手当受給世帯等へは1世帯5万円を給付する措置で、母子家庭の生活困窮問題に取り組んできた団体や個人からは、歓迎の声が上がった。

表 4-1　コロナ禍の影響に関して政府などに支援を求める要請活動一覧

実施の中心団体	主な提出先	要請の概要
ホームレス総合相談ネットワーク	東京都福祉保健局	民間と連携して住む場を失う可能性のある人々への支援体制の整備と資金投下を 4 月に要望
全国女性シェルターネット	政府	特別定額給付金における DV・虐待被害者への配慮に関する要望書を 4 月に提出
さいたま NPO センター	埼玉県	休業要請に応じた事業主への県の中小企業・個人事業主支援金の NPO 法人への適用を 5 月に要請
きょうされん宮城支部	宮城県・仙台市	障害者の作業所の工賃減少や感染防止策への支援などを 6 月に要望
日本環境教育フォーラム	政府	自然学校などに対する緊急で暫定的な支援などを 5 月に要望
HIV 陽性者有志	厚生労働省	新型コロナウイルス感染者らへの人権擁護、当事者主体の啓発活動の実施などを 5 月に要請
全日本難聴者・中途失聴者団体連合会	厚生労働大臣	意思疎通支援事業における難聴者のウェブでの会議・集まりへの要約筆記者派遣を 5 月に要請
大阪ボランティア協会・SEIN	大阪府知事	新型コロナウイルスの影響による NPO および多様な市民活動の存続危機に対する支援の要望を 4 月に提出
緊急避妊薬の薬局での入手を実現する市民プロジェクト	厚生労働省	7 月、医師の処方箋がなくとも薬局で緊急避妊薬を購入できるよう要望書と署名（6 万7000 筆）を提出
熊本県難聴者中途失聴者協会	熊本県	知事や市長の会見に字幕をつけることなどを 5 月に要望
日本 NPO センター	NPO 議員連盟	市民活動の存続危機に対する支援の要望書を 4 月に提出
JANIC	NPO 議員連盟	新型コロナウイルス感染症に関する国際協力での緊急対応を 4 月に要請
暮らしネット・えん	内閣総理大臣	新型コロナウイルス対策をめぐる訪問系サービスについての要望書を 4 月に提出
DPI 日本会議	厚生労働大臣	新型コロナウイルス感染症の流行にともなう障害者・児への支援を 4 月に要請
日本視覚障碍者団体連合	厚生労働大臣	7 月、視覚障害あん摩マッサージ指圧師・鍼師・灸師への支援を要請

名古屋市腎友会	名古屋市	透析患者への新型コロナウイルスの検査の優先的実施などを3月に要請
全国老人保健施設協会	自由民主党	3月、感染症対策に必要な衛生材料の優先的な確保などについて要請
SWASH (Sex Work and Sexual Health)	厚生労働大臣	「小学校休業等対応支援金」の風俗従事者への支払い適用

（出典）各種の資料より筆者が作成

　表4-1に示した、コロナ禍における活動への影響に関するNPOによる政府などへの要請活動の一覧をみてみよう。新型コロナウイルスの感染拡大によって大きな影響を受けた人々への支援を求める動きが、母子家庭の問題以外でも活発に行われていたことがわかる。

　また、政府や自治体への要望書の提出、国会や地方議会の議員への働きかけ、記者会見、署名集め、そしてSNSを通じた呼びかけなど、さまざまな形態がとられたことも理解できる。これらの活動のすべてが目的を達成したわけではないが、危機に直面した人々を政府が対応すべきと訴えた行為は、記録されるべきだろう。

休眠預金の運用変更でNPOへの資金難に対応

　3弾に及んだ政府の緊急経済対策に象徴されるように、新型コロナウイルス感染拡大にともない、政府や自治体は、さまざまな対策を打ち出した。その多くは、感染拡大の影響を受けた事業者や個人への救済を行うために資金を提供する措置である。

　政府や自治体が行う措置である以上、対象者が特定されていなければならない。例えば、一律10万円の特別定額給付金の対象は、基準日である2020年4月27日時点に、住民基本台帳に記録されている者となっている。しかも、受給権者は給付対象者の属する世帯の世帯主である。

　このため、DVの被害を受け、シェルターなど、世帯主と別の場所に居住している人への給付は、DVの加害者である世帯主に行われてしまう。被害者の手に届かない可能性があるということだ。この点について、DV問題に取り組むNPOなどから抗議の声が上がった。その結果、基準日以前に現在の住居がある市区町村に住民票の移動ができない場合でも、別途手続きを取れば、給付金を受け取ることができるようになった。

　制度には、こうした落とし穴が存在する場合が少なくない。また、制度か

ら除外されていたり、利用が著しく困
難なケースもみられる。コロナ禍にお
ける政府の対応策などを利用しようと
したNPOは、こうした課題に直面する
こともあった。

　東京都は4月10日、政府の新型コロ
ナウイルスの緊急事態宣言にともない、
飲食店などに「自粛」を求める方針を
決めた。そして、「自粛」に応じて、休
業した中小企業に対する支援のため、
「感染拡大防止協力金」（以下、協力金）
を創設。単独店舗で50万円、複数店舗
は100万円が支給されることになった。

　しかし、この協力金の対象に、NPO
法人は含まれていなかった。このため、
都内のNPO関係者を中心に協力金の支
援対象にNPO法人などの追加を求める
要望活動を開始。NPOや個人から賛同
署名が集められ、4月22日東京都知事、
東京都生活文化局長、東京都産業労働局長に提出された。

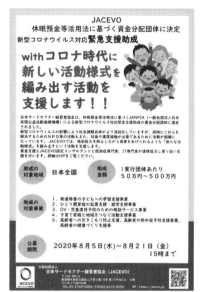

写真4-3　休眠貯金等活用法に基づき、緊
急支援助成の応募を求める資金配
分団体のチラシ。提供：公益社団法
人日本サードセクター経営者協会

　当初、都は、NPO法人なども対象とする方向で検討すると発表。しかし、
その後、対価事業を行っているか、行政から委託を受けているNPO法人な
どに限定する制約をつけることを検討した。このため、署名活動をしていた
人々は、制約をつけないようにとの要望を各党の都議会議員を通じて都に行
うなどした。

　結果的には、5月7日に東京都は、協力金の支給にNPO法人が対象とな
る旨を発表。また、一般社団法人及び一般財団法人、事業協同組合なども対
象になることが決まった。

　その後、東京都の協力金へのNPOなどの追加を求める要望活動に取り組
んだ団体や個人の一部は、休眠預金をNPO法人などが活用しやすいように
することを求める運動を始めた。「新型コロナウイルス感染症の危機に対応
するための休眠預金等活用法の暫定措置に関する要望書」への署名集めは、
その第一歩といえる。

休眠預金とは、銀行などで 10 年以上取り引きがない預金のことだ。2016年に成立した「休眠預金活用法」により、預金保険機構にプールされ、民間の公益活動に使用されることになった。なお、預金保険機構は、各年度分に使用する金額を指定活用団体に委託。指定活用団体は、資金分配団体を募り、複数採択される。資金分配団体は、実施計画を作り、実施を担う実行団体を公募。この実行団体が現場の NPO などの民間公益団体になる。

　この制度は、手続きや監督が極めて厳格で、申請には膨大な事務作業が要求される。中小規模の NPO は、使いこなすことが難しいため、運用規制の大幅な緩和が求められたのである。運用規制の大幅な緩和という、法律が当初予定していない事柄について、大枠となる方針を決めるのは、超党派の休眠預金活用推進議員連盟になる。そして、内閣府が具体的な実施方針などを決め、指定活用団体が事務を担う。

　以上のような意思決定と業務の流れを踏まえ、要望書と署名は、5 月 11日と 12 日、休眠預金活用推進議員連盟の役員、NPO 議員連盟、内閣府、指定活用団体の関係者に提出された。そして 6 月には、運用規則の緩和が決まり、7 月には資金分配団体が選定された。助成総額は、約 29 億 8000 万円にのぼる。8 月には、実行団体の選出が進められ、NPO などへの活動や運営の危機的な状況に休眠預金が本格的に活用されようとしている。

まとめ：注目すべき調査研究活動の広がり

　調査研究は、NPO のサービス活動やアドボカシー、そして運営に大きく関わっている。こういう前提で書かれた本章に違和感を持って読み始めた人も少なくないかもしれない。しかし、これまでも述べてきたように、調査研究を抜きに、NPO が活動や運営を効果的に行うことは困難だ。

　新型コロナウイルスの感染拡大に対して、政府は、全国一斉の臨時休校や非常事態宣言の発出という、異例の対策を打ち出した。その結果、NPO は、サービスへのニーズの拡大と活動や運営のための資金の不足という、二重苦に陥った。

　この苦境を乗り越えるため、多くの NPO は、調査研究をベースに、活動のあり方を変更し、資金の集め方にも工夫をこらした。さらに、政策要求に当たっても、調査研究に基づき、クライアントや NPO の状況を示すことな

どで、政策立案者の理解をえようと努力してきたといえよう。

　コロナ禍における NPO の調査研究の大半は、それぞれの団体の利用者らを対象にして実施された。したがって、対象者に偏りがある。また、回答数が二桁という、比較的少数に止まったものも少なくない。学術的な観点からみれば、「客観的かつ有効なデータ」とはいえないだろう。

　しかし、NPO の調査研究は、アカデミズムに埋没させられる必要はない。現実に存在するニーズや課題の深刻さをリアルに提示することによって、人々の心を動かし、ボランティアや寄付者へと変えていき、クラウドファンディングの広がりを生み出したようにみえる。また、政策立案者に課題対応の緊急性などを伝えることにより、迅速な政策対応を促すことができたのではないだろうか。

　コロナ禍も災害、しかも超巨大な災害である。阪神・淡路大震災では「ボランティア革命」が、東日本大震災では NPO への支援金や地元のビジネスの復興を支援するクラウドファンディングなどが注目を集めた。コロナ禍における NPO の活動の特徴として、後年、調査研究が指摘されるのではないか。そう予感させるほど、NPO による調査研究の広がりと意義は大きいといってよいだろう。

7）コロナ禍で NPO が直面した課題と対応策：アンケート調査による考察

　災害になれば、ボランティアや NPO が活躍し、メディアが相次いでそれを取り上げる（柏木, 2020）——しかしながら、コロナ禍に直面した NPO の眼前には、まるで航行を許さじとする強い波がうねり広がっているかのようである。

　阪神・淡路大震災や東日本大震災等の自然災害による被害やリーマン・ショックなどの経済不況の煽りを受けた人々に対して、NPO は、行政では解決困難な問題の対応に当たるなど、その力を存分に発揮してきた。災害時、そして予期せぬ経済の困窮といった人々の危機的状況に、支援者として関与してきた NPO のビジビリティ（Visibility; 可視性）は、極めて高いものであったといえる。

　しかし、コロナ禍における NPO の動きは、これまでと異なる様相を呈している。では、新型コロナウイルスの感染拡大は、わが国の NPO 活動にどのような影響を及ぼしているのだろうか。本節では、政府による「緊急事態

宣言」発出の最中、編著者である柏木宏と筆者が共同で実施したウェブ調査の結果を基に、NPOが直面した課題と対応策について整理・検討を行う。

コロナ禍のNPOへの影響に関する調査の概要

　本調査は、筆者らの知る限り、コロナ禍がNPO・ボランティア活動に与える影響に関して明らかにすることを目的に、政府による「緊急事態宣言」発出の最中において全国的規模で実施された唯一のものである。一方で、ウェブ調査であるという特質上、インターネットの利用に長けたNPOが多く回答したなどの偏りがみられる可能性について、あらかじめ留意願いたい。

　調査期間は2020年5月15日（金）から27日（水）、調査方法はウェブ調査（メールやSNSを利用した本調査への協力依頼、Googleフォームによる回答）である。また、調査対象は、NPO法人をはじめとする社会的企業なども含めた広義のNPOで、回答数189団体、有効回答数は186団体（重複回答が3件認められたことによる）だった。

　回答団体の組織形態および決算（設立1年未満の場合は予算）規模について、表4-2、4-3に示す。後者に関して、NPO法人のみを対象とした各種調査と比較し、「1億円以上」と回答した比率（20.4%）が高いという特徴もみられた。

表4-2　組織形態

組織形態	回答数	比率(%)
NPO法人	118	63.4
社会福祉法人	8	4.3
一般社団法人	16	8.6
一般財団法人	6	3.2
任意団体	28	15.1
その他	10	5.4
計	186	100.0

表4-3　決算（設立1年未満の場合は予算）規模

財政規模	回答数	比率(%)
100万円未満	34	18.3
100〜500万円未満	31	16.7
500〜1000万円未満	19	10.2
1000〜3000万円未満	29	15.6
3000万〜1億円未満	35	18.8
1億円以上	38	20.4
計	186	100.0

財政面、人的面、事業や活動面での影響とそれへの対応策

　コロナ禍がNPO・ボランティア活動に与える影響について、各地のNPO支援センターなどによっても調査が実施されている[75]。しかしながら、これ

75　以下の新型コロナウイルスNPO支援組織社会連帯「NPOの声・提言」ホームページを参照。https://stopcovid19-for-npo.jp/page/7、2020年8月3日アクセス

までの調査結果からは、NPO の組織における財政面、人的面、事業や活動面のどこに、どの程度の影響が生じているのか、さらに影響を受けたことへの対応策についてまでは必ずしも明確でない。これらの点について、上述の3 つの側面に分けて整理した結果が、表 4-4 から 4-9 である。

表 4-4　財政面での影響を受けた程度

順位	影響を受けた程度	回答数	比率(%)
1	やや受けた	74	40.0
2	非常に受けた	66	35.7
3	受けなかった	31	16.8
4	あまり受けなかった	14	7.6
計		185	100.1

表 4-5　財政面での影響を受けたことへの対応あるいは対応予定（複数選択可）

順位	影響への対応（あるいは予定）	回答数	比率(%)
1	対応していない、する予定はない	53	39.0
2	「持続化給付金」の申請（②）	36	26.5
3	②③以外の政府・自治体の補助金・助成金などの応募	29	21.3
4	「10 万円給付」が出た時に寄付要請	19	14.0
5	「持続化給付金」以外の政府・自治体の緊急支援策への応募（③）	16	11.8
6	団体の役員を含めた個人・金融機関などへの融資要請	11	8.1
7	休眠預金制度の活用	3	2.2
	その他	20	14.7
計		187	

※ 136 件の回答

表 4-6　人的面での影響を受けた程度

順位	影響を受けた程度	回答数	比率(%)
1	受けなかった	68	37.0
2	やや受けた	53	28.8
3	非常に受けた	42	22.8
4	あまり受けなかった	21	11.4
計		184	100.0

表4-7　人的面での影響を受けたことへの対応あるいは対応予定（複数選択可）

順位	影響への対応（あるいは予定）	回答数	比率（%）
1	対応していない、する予定はない	46	46.0
2	会員や支援者にボランティアを要請	15	15.0
3	会員や支援者を通じたボランティアの募集	12	12.0
4	理事にボランティアを要請	10	10.0
5	会員や支援者を通じた職員の募集	7	7.0
6	ハローワークなど第三者を通じた職員の募集	6	6.0
7	ボランティアセンターなどを通じたボランティアの募集	4	4.0
	その他	26	26.0
計		126	

※ 100 件の回答

表4-8　事業や活動面での影響を受けた程度

順位	影響を受けた程度	回答数	比率（%）
1	非常に受けた	122	66.7
2	やや受けた	56	30.6
3	あまり受けなかった	4	2.2
4	受けなかった	1	0.5
計		183	100.0

表4-9　事業や活動面での影響を受けたことへの対応あるいは対応予定（複数選択可）

順位	影響への対応（あるいは予定）	回答数	比率（%）
1	事業や活動をインターネットを利用した方式に変更させることで継続	72	46.5
2	対応はしていない、する予定はない	36	23.2
3	行政への相談	30	19.4
4	事業や活動への参加者を増やすための広報の拡充（①）	25	16.1
4	複数の事業や活動を統合してコストを削減することで継続	25	16.1
6	中間支援組織への相談	7	4.5
7	①の広報の拡充のための資金の調達	6	3.9
	その他	31	20.0
計		232	

※ 155 件の回答

既存事業や活動の継続・拡大と新規事業や活動の計画・実施

　以上の結果を概観すると、多くの NPO が、財政、人的、事業や活動のいずれの面においても、ぎりぎりの状況にあることが認められ、活動の縮小・停止などへと追い込まれていることが窺われる。一方で、こういう時だからこそ、自分たちが踏ん張らなければと奮闘する NPO の姿も浮かび上がってきた。

　具体的には、既存事業や活動の継続・拡大と新規事業や活動の計画・実施における主要なものについて、インターネットを利用した方式とそれ以外の方式とで分けて自由記述を求めたところ、前者については 84 件、後者についても 68 件の回答が寄せられた。ウェブ上での交流や相談の場を設けたり、事業や活動をオンライン実施または動画配信を行うといったインターネットを利用した方式と共に、感染予防策を徹底した上でのアウトリーチ活動の強化が図られている状況も認められた。

組織形態および財政規模などによる影響

　最後に、組織形態および財政規模による影響に関して、特に顕著なものは見受けられず、一様に影響を受けていることが窺われた。なお、自由記述からは、事業型の NPO を中心に、その活動が縮小・停止へと追い込まれている傾向がみられた。

まとめ：NPO 活動の停止が与える社会的影響

　現在、わが国をはじめとする各国政府機関では、感染予防活動と経済活動の両立策が模索されつづけている。コロナ禍において政府機関が感染予防活動のみに取り組むのではなく、経済活動との両立を目指す背景としては、経済活動の停止が、国民の経済生活に危機をもたらし、それを起因とした自殺者の増加などを招きかねないという強い懸念からであるとするならば、NPO 活動の停止もまた、その受益者である人々の生活と生命に重大な危機をもたらす問題であるといえる。

　しかも、一般に NPO 活動の受益者とは、「困難な状況にある人々」であるということを忘れてはならない。ゆえに、その影響の早さと深刻度については、国民一般の比で無いことが容易に想像されるだろう。しかし、残念な

がらコロナ禍に立ち向かう NPO の存在は、経済や医療、教育などの多くの人々（Majority）にとって、関心の高い問題の影に隠れ、不可視化されてしまっているように思われる。本書ならびに本調査が、こうした現状を打破し、ポストコロナ時代（with コロナ）の NPO 活動を展望する上での基礎資料となることを願ってやまない。

謝　辞

　　柏木・古山が共同で実施したウェブ調査に関して、フェイスブック・グループ「新型コロナウイルスと NPO」のメンバーの皆様には、回答はもちろん、本調査の拡散に多大なるご協力を賜わりました。ここに記して、感謝申し上げます。また、その他にも本調査に回答いただいた NPO の皆様、拡散にご協力くださいました皆様へ、深く御礼申し上げます。

引用・参考資料

柏木宏（2020）：コロナ禍と市民活動──タイムラインからどう読み解くか？、Volo（ウォロ）：6・7 月号（No.531）、p. 2、大阪ボランティア協会

柏木宏・古山陽一（2020）：「新型コロナウイルス感染拡大による NPO への影響に関する調査」の結果概要（中間報告）、柏木宏研究室（法政大学大学院連帯社会インスティテュート）ホームページ　https://bf7c296d-ac0f-4bee-8f81-a8b7b7d3ceb1.filesusr.com/ugd/f8c8ae_86a76bd7d9764c049ed736ef8db3c583.pdf（last accessed 2020/8/3）

フェイスブック・グループ「新型コロナウイルスと NPO」（作成日 :2020 年 4 月 12 日、メンバー：599 名、管理者：柏木宏）　https://www.facebook.com/groups/2518323765050919/（last accessed 2020/8/3）

第5章　コロナ禍における生活困窮者とNPOの支援

藤　原　　　望

　本章では、コロナ禍のなかで生活困窮者支援に取り組むNPOについて取り上げる。新型コロナウイルスの影響により、2020年の3月から全国の小学校・中学校・高等学校・特別支援学校の一斉休校が始まり、4月には政府によって緊急事態宣言が全国に出された。感染拡大防止などを目的とした緊急事態宣言による、企業をはじめとした様々な団体の休業・自粛は、人々の生活に大きな影響をもたらした。

　労働者のみならず、中小企業やフリーランスを含む個人事業主は、収入の減少に追い込まれている。そのことを受け、政府は、就労を前提とした住居確保給付金の対象者拡大や、新型コロナウイルスの影響により休業や失業などの状態にある人を対象に市区町村の社会福祉協議会を窓口とした生活福祉資金の特例貸付（緊急小口資金・総合支援資金）の実施、特別定額給付金・持続化給付金・家賃支援給付金などの政策をとっている。しかし、生活困窮者支援においては、それら経済的な対策以外の課題も含めて考えなければならない。

　本章第1節で、生活困窮者自立支援制度を取り上げる。この制度では、生活困窮者を「就労の状況、心身の状況、地域社会との関係性その他の事情により、現に経済的に困窮し、最低限度の生活を維持することができなくなるおそれのある者」と定義している。つまり、現在経済的に困窮していなくても、将来的に困窮する恐れがあることを含めて「生活困窮者」と定義されているのである。本章の「生活困窮者」の定義も、同様である。

　ちなみに、1980年代から欧州を中心に経済的困窮や失業問題以外に様々な生活課題や地域の課題・必要な制度にアクセスできないなどを含めて、社会的排除というキーワードが注目されるようになった。そして、社会的排除の現実に対して、社会的包摂（ソーシャル・インクルージョン）に向けた取り

組みが行われてきた。

　日本においても、2000年に厚生労働省は、「社会的援護を要する人々に対する社会福祉のあり方に関する検討会」の報告書を発表。そのなかで、「ソーシャル・インクルージョン」に言及するなど、現在の生活困窮者支援について示唆的な内容が触れられていた。

　本章を執筆するにあたり、生活困窮者支援に関して先駆的に活動してきた3つのNPO法人に聞き取り調査を行った。生活困窮者支援やひきこもり・不登校支援・ホームレス支援など、公的な支援が手薄な時代から取り組みを行ってきた法人である。各法人が取り組むテーマは異なるが、生活困窮という課題が経済的課題や失業だけにとらわれない課題であることがわかるかと思う。

　本章の1）では、総合的な相談機能が求められている生活困窮者自立支援制度における相談の現状と相談者がどのような課題を抱えているかについて紹介する。そのうえで、コロナ禍の取り組みと課題について、NPO法人コミュニティワーク研究実践センターの事例を述べる。

　2）では、コロナ禍における、ひきこもりや不登校・若者支援の相談活動について考えていく。そのため、長年このテーマに取り組んできたNPO法人青少年自立援助センターの事例を取り上げる。

　3）では、前節で取り上げたNPO法人青少年自立援助センターが行政から受託している生活困窮者自立支援制度における「子どもの学習・生活支援事業」の取り組みを取り上げる。子どもやその世帯を含めた課題やコロナ禍の相談状況について考えていくためだ。

　4）では、「日雇い労働者の街」として知られる、大阪市西成区の釜ヶ崎（あいりん地区）で、ホームレス状態などの生活困窮者の支援を行うNPO法人釜ヶ崎支援機構の取り組みをみていく。コロナ禍において、ソーシャル・ディスタンスの確保が難しいことが予想されるホームレス状況の人々への支援は、どのようなものなのか。セーフティネットの役割をはたす、シェルターの現状や特別定額給付金の状況などを踏まえて考えていく。

1）生活困窮者自立相談支援機関から考えるコロナ禍と生活困窮

　この節では、生活困窮者自立支援制度における生活困窮者支援の取り組みを取り上げる。生活困窮者自立支援制度は、行政が直接運営する直営方式と

社会福祉協議会などの社会福祉法人や NPO 法人などに委託する委託方式のふたつの方法がある。この制度への NPO 法人の参入は、全国的にみられる。

　事例として取り上げる NPO 法人コミュニティワーク研究実践センター（以下、研究実践センター）は、北海道を拠点として若者支援や生活困窮者支援を行ってきた団体である。NPO 法人としての特徴を活かし、公的な支援がまだ手薄な居住支援や地域コミュニティを含めた取り組みを進めている。

　個別の相談援助のみならず、地域を巻き込んだ支援も注目されている。ここでは、経済的課題以外に存在する様々な生活課題と相談状況、そしてコロナ禍における課題と取り組みについて述べる。

写真 5-1　NPO 法人コミュニティワーク研究実践センター　そらち生活サポートセンター主任相談支援員の山本依里氏

法人化以前から若者の就労支援に取り組んできた実績

　研究実践センターは、2010 年 10 月に NPO 法人としての申請を行い、翌年 2 月に認証を受けた。現在は、北海道を活動拠点として、まちづくりや生活困窮者支援・若者支援・子育て関係などの事業を多面的に行っている。

　NPO 法人の申請以前である 2008 年から、若者の就労支援や一般就労に困難を抱える若者の就労体験先づくりなどに取り組んできた。そのなかで、当事者である若者が抱える課題だけでなく、受け皿としての地域コミュニティ再生の必要性を考え、取り組んできた。

　生活困窮者自立支援制度については、北海道の複数の自治体から関連事業を受託し、若者支援や地域コミュニティ再生の延長線上で活動している。また、この制度に関連して、住宅確保要配慮者居住支援法人[76]の資格を取得し、生活困窮者や障害者・高齢者・DV 被害者などの転居や転居後の地域生活支援を含めた居住支援を必要とする人々のための支援も実施している。

76　低額所得者や障害者など住宅の確保に特に配慮を要する人々への民間賃貸住宅への円滑な入居の促進を図るため、家賃債務保証の提供、賃貸住宅への入居に係る住宅情報の提供・相談、見守りなどの生活支援などを実施する法人。法人の指定は、都道府県が行う。

そらち生活サポートセンターの相談者の現状と相談体制

　生活困窮者自立支援事業に基づく自立相談支援機関である、そらち生活サポートセンター（以下、そらサポ）[77] は、研究実践センターが受託運営している。そらサポは、北海道の空知地域 6 市 14 町という広域な地域を管轄している。この地域の基幹産業は、農業である。相談者は、50 代や高齢者層の相談が多く、10 代から 40 代までの相談者は全体の半数にも満たない。また、男女比はわずかに男性が女性を上回っている。

　生活困窮者自立支援制度は、2015 年 4 月に開始され、生活保護に至る前の第二のセーフティネットとして機能している。従来の福祉制度が縦割り的であったのに対して、生活困窮者自立支援制度は、相談者や家族・地域が抱えている課題に関する制度を横断し、様々な関係機関や地域における協力者などの社会資源を活用しながら、包括的な支援を提供している。

　そらサポに来所する相談者の主訴は、複数回答で整理すると、次のようになる。就労に関係するものが最も多く、50%。次いで、住まいに関する相談が 15%、クレジットカードや消費者金融などへの債務関係が 10% である。なお、税金や家賃・債務などの滞納関係についても、20% から 30% 程度になる。

　主訴として就労関係が 50% に及ぶのは、様々な生活課題によって経済的に困窮した相談者が、解決方法として就労という選択をイメージすることが影響しているためと考えられる。また、相談者の心理として、相談するきっかけとして取り上げやすいテーマであることも関係していると思われる。

　相談業務においては、相談者と定期的に面談や支援を通じて信頼関係が形成され、相談者本人や世帯や地域との関係を把握してい

写真 5-2　そらち生活サポートセンター（就労準備支援事業）：月形町の農家に協力してもらい、有償の就労体験を企画実施

77　そらサポへの聞き取りは、2020 年 7 月 17 日、主任相談支援員の山本依里氏に行った。

く。そのなかで、本人のことばとして現れない課題がみつかる場合も多い。本人と支援者の間で課題を丁寧に共有していくことが求められるゆえんだ。

そらサポには、行政などの関係機関からの支援依頼もあり、他団体と連携しながら対応している。連携先として多いのは、地域包括支援センターや保健セ

写真 5-3　そらち生活サポートセンター（就労準備支援事業）：地域の人から依頼され、職員と就労準備支援事業利用者で除雪作業を行う。利用者には時給 1000 円が支払われることもあり、やる気満々

ンター・福祉事務所である。保健センターの保健師には、希死念慮や自殺願望を抱えている人に加え、ゴミ屋敷やひきこもりなどの相談の際、必要に応じて同席や同行をしてもらっているという。

相談者や地域の抱える課題

札幌市のような都市部と異なり、そらサポの管轄地は、地域での関わりが深く、地域の住民全体が知り合い、という雰囲気が強い。そのため、支援者として外からみると、「相談が必要な人がいると思うが、相談のハードルがネックとなっているのでは」と思われる場合もあるという。

このため、相談者や家族に個人情報の規定を丁寧に説明し、同じ地域で生活していない職員が対応するようにしている。まず安心感を持ってもらうことが重要だと考えているためだ。広域で事業を実施しているので、あえて相談者の居住地と別の自治体のエリアで面談をするなどの対応もしている。

過疎地域ということもあり、相談者にとっては、障害者就労である就労継続支援 A 型事業所などの選択肢が少なく、交通費をかけて遠方に通う場合がある。自治体からの助成があるが、交通費などの実費がかかり、経済的な影響も否定できない。

このため、場合によっては、その人の今後の生活や就労のために転居を含めた支援を行うこともある。例えば、都市部への転居を共に考え、転居先の

社会資源となる相談支援機関や就労支援機関と連携し、相談者が安定するまでケース会議などに参加し、状況の共有を行うこともあるという。

就労の選択肢が少ないだけではない。都市部と異なり、車がないと通勤ができない。送迎付きの派遣会社の仕事をしている住民も多い。しかし、相談者が派遣会社に登録をしても、相談者の抱えている健康面をはじめとした課題や状況によって、仕事につながらないことも多い。

コロナ禍で急増する相談件数

新型コロナウイルス感染拡大が各方面に影響を及ぼし始めた2月。さらなる感染拡大が懸念されるなかで、そらサポにも、相談援助に影響が出始めた。相談対応の管轄地が6市14町と広域なため、それまで、基本的に車を使用したアウトリーチが大半であった。

しかし、2月下旬から3月の中旬までは、アウトリーチと面談を緊急対応以外は優先順位をつけ、制限し、電話対応とした。そして、そらサポの管轄地の感染状況をみながら、車を利用したアウトリーチは、3月中旬に再開した。

4月に入ると相談件数は急増。前年に比べて1.5倍から2倍になり、実数でみると、4月は34件、5月に28件、6月も30件に及んだ。都市部に比べて、相談件数は少ないと思われがちだ。しかし、すべて個別にアウトリーチを行わなければならない。そらサポの管轄地でも遠方の地域は、車で往復3時間かかる場合もあり、これだけの件数に対応するのは容易ではない。

生活困窮者自立支援制度のひとつに、住居確保給付金という制度がある。65歳未満で2年以内に離職・廃業をした人のうち、安定した雇用労働を目指す人を対象に一定額の家賃を支給（北海道札幌市の場合単身世帯で上限額は3万6000円）を行うというものだ。

2020年度4月からは、生活困窮者自立支援制度の法改正によって65歳という年齢要件が撤廃された。さらに新型コロナウイルスの影響で収入が減収した雇用労働者や自営業・フリーランスを含む個人事業主も、4月20日から制度の対象になった。これにより、住居確保給付金の問い合わせが全国の自立相談支援窓口に殺到することになった[78]。

78　2020年10月15日の共同通信社配信の記事によると、厚生労働省のまとめによれば4月から8月で住居確保給付金の申請が約10万9000件に及んだ。このうち、支給が決定したのは約9万6000件でリーマンショック後の2010年度3万7151件の約2.6倍で過去最大となった。https://this.kiji.is/689277082618233953?c=39546741839462401、2020年10月15日アクセス

　そらサポの管轄地では、持ち家が多いこともあり、2019 年度は 1 件の相談しかなかった。しかし、4 月は 5 件、5 月は 12 件、6 月は 7 件と増加。背景として、自営業の休業や仕事が急にストップしたことで、収入が減少したことがあげられる。なお、住宅ローンなど持ち家の場合は対象にならないため、住まいに関する相談が全て住居確保給付金の対象になっているわけではない。

　新型コロナウイルス感染拡大の影響を踏まえた社会福祉協議会による生活福祉資金制度による特例貸付（緊急小口、総合支援資金）は、全国的に激増している [79]。とりわけ総合支援資金は、自立相談支援機関との連携した相談者への継続支援が必要になる。

　2020 年度（4 月から 7 月）のそらさぽの相談と貸付実績は、相談件数が 6 市 14 町村で 16 件、実績は 5 件となっている。仕事による収入の減少や失業の影響で、家賃を支払うことができなかったり、日々の生活に苦しむ相談者の状況がある。地域柄、季節工として本州などの都市部に出稼ぎに行く男性もいた。しかし、感染拡大防止の影響を受けて、出稼ぎに行くことができず、生活に困窮してしまった事例もあるという。

　相談者のなかには、生活が逼迫し、食料にも事欠く人もでてきた。このような人には、フードバンクと連携し、缶詰やカップラーメンなどを提供したり、地元の農家から譲り受けた米や野菜などを届けたりしている。

　これまでの相談状況を振り返ると、どのような変化が感じられるのか。従来、ギリギリのところで相談に繋がらずに、自力で生活を立て直したり、踏みとどまって生活をしていた人々が、新型コロナウイルスの影響で踏みとどまれなくなって、相談が増加しているのではないかという。

ひきこもりと DV の相談、増えない現状に「むしろ不安」

　そらサポは、2018 年度に 22 件、2019 年度に 23 件、ひきこもりの相談を受けた。当事者の家族からは、「息子に仕事に就いてほしい」「息子から DV を受けている」「障害年金を受けさせたい」「子どもと別居したい」という訴えがあったという。一方、ひきこもり当事者からは、「仕事を探したい」「実

79　6 月 13 日の JIJI.com では全国社会福祉協議会による 3 月 25 日から 5 月 30 日までの約 38 万 8000 件（緊急小口約 33 万 5000 件、総合支援資金約 5 万 3000 件）の申請があったことを伝えている。https://www.jiji.com/jc/article?k=2020061300298&g=soc&utm_source=jijicom&utm_medium=referral&utm_campaign=jijicom_auto_aja、2020 年 6 月 13 日アクセス

家を出たい」「自分は発達障害ではないか」という相談も来ていた。

　家族からの主訴で相談依頼があり、本人の了解が取れれば、自宅を訪問する。しかし、ドアの外から声掛けで終わる場合や、本人から「くるな」といわれて終える場合もあり、関わり方を模索している。また両親が知的障害などの課題を抱えているなど、家族全体が困難な状況にあることも少なくない。

　緊急事態宣言以降、そらサポは、ひきこもりやDV被害などの相談が急増すると予想していた。しかし、相談件数は増えていない。この状況に、「むしろ不安に感じる」という。外出自粛の影響もあり、自宅という閉ざされた空間のなかから電話などで公的な窓口に相談することをためらう人が少なくない、と考えられるからだ。

　継続相談になっているDVケースのなかに、「新型コロナウイルスの影響で仕事がうまくいかなくなり、経済的な影響から関係が悪化し、家を出たい」という相談があった。自粛で自宅にいるという状況はさらに相談をさせにくくしているのではないかとみられる。

三密になりやすい事業の利用者に影響も

　生活困窮者自立支援事業の任意事業のひとつに、就労準備支援事業がある。そらサポでは、ひとつの自治体から受託している。この事業は、その名の通り、就労に向けた準備を手助けするもので、トレーニングや就労に必要な知識やコミュニケーションの方法などを学ぶ。さらに、ボランティアや人とのつながりを意識した取り組みなど、社会参加のきっかけとしての意味合いも強い。

　そらサポでの利用者の内訳をみると、50%は60代以上の人であり、30%が40代、20%が30代。20代の人は、現在利用していない。90%以上が男性であることに加え、喘息・糖尿病などの持病をもつ人がいる。また、障害の分類でみると、50%が身体的障害、40%が鬱などの精神障害、10%が知的障害や精神障害の疑いを抱えている。

　一般就労に就くのは容易ではない。このため、就労準備支援事業として、団地のゴミ捨て場の鍵開けの仕事、団地の共有部分の清掃の仕事、農作業の謝礼付きボランティア活動を、地域の住民たちと連携して進めている。また、障害者就労の事業所につなぐなど、その人の状況に合わせて支援を行っている。

　多くの利用者は、これまで就労を通じて、心理的なプレッシャーを抱えて

きている。就労経験を通じて、職場で嫌なことをいわれたり、他者と比較されるなど、傷ついた経験をもっているからだ。就労することを目的化するのではなく、「人生は楽しい」と思ってもらえる機会をつくらなければならないという。そうした経験がなければ、仕事をする力や意欲が湧いてこないからだ。そのため、就労以外に、料理を作ったり、小物などをつくったり、余暇的な部分にも力を入れているという。

しかし、新型コロナウイルス感染拡大の影響により、就労準備支援事業のように三密になりやすいプログラムに様々な制約が課せられるようになった。こうしたプログラムの利用者は、参加の機会が減ってしまった。ただし、密集しない農作業の謝礼付きボランティア活動や清掃の仕事は、密集を避けて行うことができたので、大きな影響は受けずにすんでいる。

とはいえ、連日の感染状況の報道を受けて、精神面から体調を崩してしまう利用者やコロナ鬱ともいうべき状態になってしまう人も見受けられる。そのため、定期的に声かけや電話をして、状況確認を行っているという。

今後の課題：良質な支援に必要な感染防止策の徹底

今回、新型コロナウイルスの影響や緊急事態宣言の影響により、そらサポの支援活動も制限を受けた。7月現在、アウトリーチの制限は考えていないものの、今後の感染拡大の状況によっては制限する可能性は否定できない。対面での支援が難しくなる事態に備えて、クラウドファンディングサービスを提供するREADYFORの新型コロナウイルス感染拡大防止基金から助成を受け、タブレットPCを購入し、6市に設置。今後、オンライン対応も検討している。

アウトリーチを通じて、そらサポのスタッフが感染の媒介者となってしまう危険性や、そらサポの施設内で感染者がでた場合、機能不全に陥ってしまうという緊張感は常にある。そうしたなかで、相談の増加などによる職員の疲弊も現実的な問題で、職場内でのセルフケアも必要になる。職員の心身の健康への配慮が、結果として良質な支援へとつながると考えているからだ。

生活困窮者自立支援制度が施行されてから、今日までの悩みや課題を相談する場所がわからない人や、制度の狭間に置かれて利用できる制度が見当たらない人、就労先や就労体験の受け皿がないなどの課題に直面してきた。その度に地域の人や関係機関と連携しながら、就労先や就労体験先を開拓し、ひとりひとりのためにニーズを探り、支援してきた。

これからもニーズを掘り下げ、地域での取り組みを続けていくことが必要だ。また、個別の相談支援のみならず、誰もが相談しやすく、いきやすい社会をつくる取り組みが求められていくだろう。

2) 新型コロナウイルスと不登校・ひきこもり・若者支援

　この節では、不登校やひきこもり・若者支援について取り上げる。不登校やひきこもりというと、若者の問題として考えられがちだ。しかし、近年では、ひきこもりの長期高齢化が社会全体で課題となっている。

　2018 年に内閣府が行った、40 歳から 64 歳までを対象にした「生活状況に関する調査」の報告書は、中高年のひきこもりの数を推計 61.3 万人と公表した。「8050 問題」の背景はひきこもりの長期高齢化があり、80 代の親が 50 代のひきこもりの子どもを支えている、という意味である。

　この節で取り上げる NPO 法人青少年自立援助センター（以下、自立援助センター）は、法人化する以前から今日まで 40 年以上不登校やひきこもり、若者支援の活動に、先駆的に取り組んできた[80]。取り組みの歴史を振り返ったうえで、コロナ禍での相談対応におけるオンラインの是非を含め、自立援助センターの活動、役割や課題について考えていきたい。

「学習塾」から子どもの学習、生活、就労全般の活動に

　自立援助センターの前身は、1977 年、東京都福生市において、初代理事長工藤定次が開講した学習塾「タメ塾」である。タメ塾にはやんちゃ系や自閉症、サリドマイドなどの子どもが通っていたが、時間が経つにつれ、不登校の子どもが増えるようになった。当時は、不登校という言葉はなく、登校拒否症・情緒障害・母子分離不安症などと表現され、理解がされないなかでのスタートだった。

　不登校やひきこもりの相談を、本人に対して行うことは難しい。そのため家族相談から始まり、家庭訪問（以下、「アウトリーチ」という）を経て、本人につながることを目指していく。不登校やひきこもりの背景には、親子

80　ＮＰＯ法人青少年自立援助センターへの聞き取りは、2020 年 7 月 23 日に代表理事　河野久忠氏に行った。

間の共依存や家庭内の不和や硬直状態があり、環境を変えたり物理的に距離を取ったり、互いに客観的に考えられる時間の確保が効果的である。このため、自立援助センターでは、一貫して宿泊型での生活支援を主軸に、野菜加工やハウスクリーニングなどの職業訓練、就労支援を行ってきた。

写真 5-4　NPO 法人青少年自立援助センター代表理事の河野久忠氏

　1998 年の NPO 法施行をきっかけに、それまでの私的な取り組みを公的な領域として扱うため、1999 年 6 月 OB や保護者、大学教授、医師などの賛同をえて、NPO 法人青少年自立援助センターを設立。

　2005 年以降、グループホームや就労継続支援 B 型、就労移行支援など障害者への支援、海外にルーツを持つ子どもへの学習支援も開始。さらに、行政の委託事業として、地域若者サポートステーション、東京都ひきこもりサポートネットや生活困窮者自立支援制度に基づく子どもの学習・生活支援事業、就労準備支援事業なども運営している。

制度の狭間に置かれた課題と向き合って

　2006 年厚生労働省が地域若者サポートステーション事業を開始。いわゆる「サポステ」である。当初の対象は、15 歳から 34 歳までの若年無業者であったが、2009 年度からは 39 歳まで、2020 年度から就職氷河期世代への支援拡充の一環として 49 歳までと対象が引き上げられた。

　サポステ開設当時は、若者支援というイメージは具体化されておらず、行政サイドでも「ひきこもりは既存の医療と福祉で対応できる」という認識が強く、ひきこもっている本人たちのその後の就労や就労体験などの労働という観点が欠けていた。

　一方、その頃から、東京大学教授玄田有史氏や放送大学・千葉大学名誉教授宮本みち子氏らが、「NEET（Not in Education, Employment or Training）」という言葉を多用し始めた。この影響もあり、ひきこもりに対する社会の関心が高まり、若者の自立支援の必要性の議論も進んでいった。

　長い間不登校やひきこもりという社会課題に対し公的な支援がなされず、置き去りにされてきた。当時、厚生省の政策は、福祉的な色彩が強く、労働

省は職業訓練校やハローワークなどに重点をおいていた。そのため、相談・就労意欲、援助希求能力が低い人、受診や診断名はないが社会参加をする上で障害となりうる特性を持っている人などは、制度の狭間で、本人も家族も社会的に孤立しているケースが散見された。それらを埋めるために気軽に相談でき、就労に向けた段階的な相談と対策、職場体験の場、職場での定着支援に加え、家族も相談できる場が必要であった。サポステは、こうしたニーズに対応するための事業といえる。

　2007年、高知県教育委員会が県内の中学卒業時及び高校中退時の進路未決定者に対し、早期に支援を開始するために、それらの情報を学校教育から切れ目なくつなげることができる「若者はばたけネット」を構築。自立援助センターは同県教委からの依頼を受け、同年、若者自立塾を、2008年サポステをそれぞれ県内に設置し、行政と連携しながらこのネットワークを活用した若者の支援に尽力した。現在、自立援助センターは都内で4カ所のサポステ（内1カ所はサテライト）を運営している。

　自立援助センターの本部がある東京都福生市は、米軍・横田基地に隣接していることに加え、中国・フィリピン・ネパールなど、海外にルーツを持つ世帯が多く居住する都内屈指の地域である。こうした子どもたちのなかには、日本語能力が低く、学校や地域で孤立しているケースが少なくないが、そうした子どもたちへの支援は、光が当たりにくく、社会課題として公的な支援が確立されることは難しかった。自立援助センターでは市民の立場で、今後の日本社会を多文化共生という視点から考えた時、海外ルーツの子どもの教育保障や暮らしやすい環境をつくることは意義があるという思いから、クラウドファンディングなどを活用しながら寄付を集め、日本語能力が低い子どものための支援として「YSCグローバル・スクール」を2010年から運営。数十カ国にルーツを持つ6歳から30代の子ども・若者を年間100名以上受け入れ、日本語教育や学習支援などを行っている。

　このように制度の狭間で十分に支援が行き届かないケースやニーズの高い支援について、自立援助センターとしてできること、今後求められる支援とは、と先を見据えて、宿泊型支援やひきこもりへのアウトリーチ、学習支援や就労支援など幅を広げながら取り組んできたのである。法人や地域に留まらず、ニートやひきこもり支援の方策については国や自治体に積極的に働きかけ、実現させてきた。

　生活困窮というと、経済的な貧困というイメージが先行する。しかし、生

きることに困難を抱えている人々への支援という視点を中心に据えていくことが必要ではないのか。自立援助センターは、こうした考えに立ち、経済的な状況や障害の有無などにかかわらず、支援活動を行ってきた。

写真 5-5　NPO 法人青少年自立援助センター職員の立脇慧一氏

オンラインへの対応とその限界

　自立援助センターでの支援は対面での支援がメインのため、コロナ禍の影響を例外なく受け、アウトリーチや来談の中断、新規相談の問合せは一時的にストップした。そのため、Zoom を活用したオンラインでの相談支援の併用を余儀なくされた。2016 年からYSC グローバル・スクールでは、ICT を活用したリモート教育事業を運営し、全国各地の子どもたちに支援を届けていたため、Zoom への対応を法人内で共有し、スタッフ会議に取り入れたり、希望者にはオンラインでの面談やセミナーが受けられるよう、環境を整えた。

　この状況下、オンラインは有効なツールである反面、課題もある。課題の第一は、特に公的な事業での個人情報の取り扱い。第二は、相談者が十分なオンライン環境にあるかどうか。第三は、相談者の状況をオンラインの画面だけで把握するには情報が不十分であること。とりわけ、第三の点について、相談者と一定の関係性や信頼関係ができた上で補助的に活用することは効果的であるが、初回面談や関係構築がされていない間柄では問題になりやすい。例えば、会話や表情による情報はえられても、通常来所した際の緊張や居心地の悪さからくる身体的な動きや変化、ニオイなど、直接対面で読み取れる情報量には劣る。

ひきこもり相談の現状

　自立援助センターは、2018 年から「ひきこもりサポートネット」事業を東京都から受託している。一方、全国からひきこもり相談を受けていたが、コロナ禍による緊急事態宣言の影響からか 3 月以降相談依頼が極端に減少した。コロナ禍で外出を控えたり、感染リスクの影響から相談延期を希望する家族もいた。緊急事態宣言が解除された 6 月以降は相談の問い合わせが少し

ずつ増えてきた。背景
には、家族が在宅勤務
や自宅待機となり、自
宅でひきこもりの子ど
もと過ごすなかで、危
機感を抱いて相談につ
ながった可能性もある
という。自宅で子ども
と過ごす時間が増えた
ことで、否が応でもひ
きこもる子どもの現状
を直視せざるをえなく

写真 5-6　青少年自立援助センター　スーツの着こなし講座：
就労や就労準備のため年 3 回程度寮生や合宿訓練生向
けに実施

なったという声も聞かれた。

　ひとつの事例を紹介しよう。生活保護受給中の 40 代の A さんについて、
福祉事務所のケースワーカーから自立援助センターに入所利用に関する問
合せがあった。A さんは、就労意欲はあるが、コロナ禍により仕事がなくな
り、ひきこもりがちな生活を送っていた。また軽度知的障害や生活習慣病に
よる医療機関への受診など複合的な課題を抱えていた。規則正しい生活と定
期的な受診、A さんの状況に合った就労準備と支援のために、伴走型の支援
が必要となる。就労支援だけでは不十分で、健康管理や通院同行、生活支援
や職場定着のための支援が必要と考え、現在、寮で支援をしている。

　ひきこもりは病気ではなく、あくまで状態を示す言葉にすぎない。しかし、
長期化することで本人や家族が抱えるリスクは大きく、彼らの状況や背景、
年代によって必要な支援やその方策が異なるため、丁寧に見立て、整理する
必要がある。支援にあたる者は、様々な社会資源の情報や支援のネットワー
クを活用し、適宜他機関とも連携しながら支援にあたらなければならない。

「歩みを止めない支援」とコロナ禍の運営課題

　コロナ禍に関連して、解雇や雇い止めで失業した 30 代までの人の早期就
職を応援したいと考え、自立援助センターが運営する都内 4 カ所のサポステ
で、就労支援サポーターとして 3 カ月限定の緊急雇用を行い、7 月から 2 名
採用している。想定外の失業により、生活リズムや心身のバランスを崩した
り、無業期間の長期化を避けるため、週 5 日× 5 時間半の労働と、就活の場

を提供した。勤務中は就活セミナーの準備や利用者のサポートをしたり、就活などセミナーに参加も可能。勤務終了後はそのままサポステ閉所まで自身の就活の場として活用し、キャリアコンサルタントや相談員に助言を求めることもできる。現状は、自立援助センター独自の取り組みのため同様の取り組みが各地域で広がり、サポステがこうした若者の一時的な就労の受け皿となればと思う。

　自立援助センターが国や自治体から受託している業務の多くは、単年度事業である。コロナ禍に関連した国や自治体による莫大な財政支援や補正予算のツケが、どのような形で事業や若者支援、障害者支援など既存の支援に影響してくるかは、想像に難くない。支援を必要としている当事者やその家族への影響を最小限に、NPO としてはたすべく役割と先を見据えた取り組みと対策が求められる。

3) 子どもの学習や生活支援活動に与えた影響

　前節で取り上げた、自立援助センターでは、困難を有する子ども・若者を対象として幅広い支援を展開している。生活困窮者自立支援制度における「子どもの学習・生活支援事業」もそのひとつだ。当該事業は、貧困の連鎖を防止・解消することを目的としている。また、あくまで任意事業であり、設置は自治体判断である[81]。

　この節では、教室に通う子どもや世帯が抱える課題とコロナ禍での教室の閉鎖と子どもへの支援状況について述べる。

A 自治体における子どもの学習・生活支援事業

　子どもの学習・生活支援事業は、生活保護世帯やひとり親、生活困窮世帯の子どもを対象として、2015 年度に施行された、生活困窮者自立支援制度に基づく制度である。A 自治体では、制度施行元年である 2015 年度より当該事業を実施し、自立援助センターが受託運営している。なお、2019 年度からは、複数の団体が受託するようになった。

---

[81]　ＮＰＯ法人青少年自立援助センターへの聞き取りは、2020 年 7 月 24 日に職員である立脇慧一氏に行った。

当該事業は、施行当初、「子どもの学習支援事業」という名称だったが、学習支援のみならず、生活習慣・育成環境の改善に関する助言などが追加され、2019年度から「子どもの学習・生活支援事業」として強化された。

　事業の性質上、A自治体の子どもが通う教室Xの場所や連絡先は公表されていないが、生活保護のケースワーカーや支援機関の職員、学校からのリファー、既存利用者の保護者や子どもからの口コミで年々登録者は増加している。教室Xでは学習支援に加え、当初から居場所支援を行っており、世帯に対する相談支援や訪問支援も行っている。学習支援では、小学6年生、中学生、高校に行っていない概ね18歳を対象に高校進学、卒業ができるように、学習の習慣づけ、授業などのフォローアップに加え、高校進学支援等の学習支援を行う場として、個別の学習支援を行っている。

　居場所支援では、小学1年生から概ね18歳を対象に、学校・家庭に居場所がない子どもや学習意欲は低いが人と関わる場を求める子どもが、安心して通える場を提供している。また、遊びや食事づくりなどに加え、小学5年生以下の学習の場でもある。年に2回、宿泊を伴う学び・体験合宿も実施。教室に通う子どもの2割が中国やフィリピンなどの外国にルーツを持つ子どもである。

子どもの貧困ではなく、世帯の貧困として考える

　子どもの貧困が社会的な課題として注目されて久しい。子どもの貧困率は、2015年度の国民生活基礎調査で13.9%であったのに対し、2018年度の同調査では13.5%と減少している状況である。「子どもの貧困」を考える時には、「世帯の貧困」として把握し、注目しなければならない。子どもが生活困窮に陥ったり、課題を抱えている場合には、世帯の課題として捉え、世帯全体を支援する必要がある。

　教室Xの利用登録にあたっては、子どもとその保護者と面談を行い、子どもの課題に加え、世帯の状況を把握することに努めている。子どもの特徴として、不登校や学力の遅れが目立ち、発達段階や知的に課題・障害のある者が全体の22%、対人不安などメンタルの課題を抱える者、被虐待児もいる。保護者の特徴として、ひとり親世帯が全体の89%、生活保護世帯が同47%で、経済的な不安や自身のメンタルの課題を抱え、子どもの養育に悩む者も少なくない。自立援助センターでのこれまでの支援の蓄積は、当該事業の運営に大きく貢献することとなった。また、児童相談所や子ども家庭支

援センター、福祉事務所や児童養護施設、学校やスクールソーシャルワーカーなど、関係機関からの問い合わせが多いことも特徴である。

子どもとの信頼関係のなかで課題が見えてくる

通い慣れてきて、学校や友人、好きなことの話などの会話を通して心を開いてくれると、家庭内の話題や困っていることについても話をしてくれるようになる。家で一人過ごす時間、食事の事情や家族との関係性など、何気ない会話から子どもたちの日常をうかがい知ることができる。コロナ禍以前の教室 X では、学習終了後も "帰りたくない気持ち" を悟られないようにしながら、職員の気を引き、おしゃべりが尽きない子どもも散見された。そうした子どもたちは必ずしも学校や家庭に居場所がないわけではない。学校や家庭以外にも居場所を求めているという表れであり、極めて自然なことだといえる。

そう考えると、子どもたちが安心して通える場所、保護者も安心して通わせられる場所の存在意義は大きい。学習面の支援を通して、他者との関係性で悩んだ時に、誰かに SOS を出せるようになったり、感情をコントロールできるようになったりと、情緒面の成長や社会性を育む支援の充実が求められている。

保護者もまた、制度の縦割りに阻まれ、相談意欲を削がれたり、日々の生活に追われたり、孤立するなかで育児や生活・就労の課題と向き合うことは、子どもへの影響も少なくない。関係機関と連携しながら、子どもや保護者の声をよりよい方向に繋げていけるよう、当該事業の職員に求められる役割は大きい。

コロナ禍における教室の閉鎖

感染拡大防止のため、小中高が 3 月から全国一斉に臨時休校となった。その後、緊急事態宣言が発出され、結果的に 5 月後半まで休校は続き、教室 X も同期間来所の受入れをストップした。この間、都立高校の合格発表や二次募集、卒業式や始業式と、子どもたちにとって節目となるできごとと重なっていた。いじめや人間関係から不登校やひきこもりがちな子ども、生活リズムや学習習慣の乱れから、学校再開後の登校や学習の遅れを危惧する保護者もおり、教室 X の再開時期や再開後の受入れ対応について問い合わせが相次いだ。

オンライン対応の難しさと不足性

　教室 X の受入れ休止に伴い、子どもの状況確認や受験生への対応は、電話やメール、手紙や学習テキストをやりとりするなどして支援を継続した。元々子どもや保護者とのやりとりに LINE を導入していたが、携帯を持たない子どもや LINE を使わない保護者、自宅に十分なオンライン環境がない世帯もあった。

　保護者も在宅勤務など、自粛生活を送る世帯も少なくなく、電話で子どもや保護者が本音を語れない場合もある。実際、利用登録の初回面談で、子どもが本音を語らない場面は多々見られるという。子どもなりに状況を理解し、保護者に気を遣い言葉を選んでいるのである。大人と違い、ストレスの発散方法や切り替えの手段が少ない子どものメンタルとプライバシーを最優先に、手紙でのやりとりをメインに支援を行った。

つながりの重要性

　教室 X では、毎月発行している通信に加え、希望する子どもには個々のレベルに適した教材を郵送した。また"黒ヤギさんプロジェクト"と題し、学校での宿題や生活・体調面、気になることや不安に思うこと、自粛中の過ごし方などについて、質問形式でやりとりする手紙も同封した。なかには、何十回もやり取りした子どももいた。受験生からは「受験が迫っていることや勉強が遅れること」、新中学生からは「友達ができるかどうか」、授業再開後の「授業に参加できるのか」などの不安や、「友人に会えないこと」や「教室 X に行けないこと」を嘆く内容もあった。保護者と自宅で長期間過ごすことで「家にいると喧嘩になる」といった内容もあり、直接連絡を取る必要性があると判断した場合は、定期的に電話でも連絡を取るようにしたという。

　ただし、ネガティブな内容ばかりでなく、教室 X の職員の似顔絵や得意な挿絵を描いたり、職員への質問、自宅で仕事をする保護者の意外な一面に気づいたり、ほほえましい家族のエピソードを添えた返信も数多く、保護者からの返信もあった。

　今回の手紙のやりとりは、コロナ禍で人との交流が制限され、不自由さを強いられたなかにあって、携帯電話やソーシャルメディアに慣れた子どもや保護者は、逆に新鮮に感じられたのではないだろうか。子どもからも保護者からも予想以上の反響があった。休校で外出も憚られるなか、宿題に追われたり、在宅勤務となった保護者との、互いにストレスフルで見通しの立たな

い生活に、不安を抱えたり、誰かとつながっていることの安心感と大切さを親子共々実感した結果である。また、子どもたちに直接支援ができず、もどかしい思いをしている教室 X の職員にとっても、貴重な機会となり、一定の効果がみられたと考えられる。

　学校再開に伴い、6 月から教室 X では受入れ人数を制限し、感染拡大防止対策を講じて再開している。精神的にバランスを崩したり、感染拡大を懸念して来所を見送る子どもや保護者もおり、定期的な連絡やケアを行いながら、柔軟に対応することが求められている。

4）釜ヶ崎から考える新型コロナウイルスと生活困窮者支援

大阪市西成区にある釜ヶ崎（あいりん地区）

　高度経済成長期には、日雇い労働者の街として知られてきた地区である。しかし、日雇い労働者の高齢化に伴い、ホームレス状態の人、生活保護受給者が増えてきた。こうした変化にともない、簡易宿所を改装した支援付きのサポーティブハウスの存在も注目されるようになり、福祉的な取り組み面でも評価されるに至っている。

　この節では、釜ヶ崎で長年、ホームレス状態にある人への支援を中心に活動してき

写真 5-7　NPO 法人釜ヶ崎支援機構事務局長の松本裕文氏

た NPO 法人釜ヶ崎支援機構（以下、機構）[82] を取り上げる。これまでこの章で取り上げてきたふたつの法人と異なり、機構は、日雇い労働者の労働問題やホームレス状態になった日雇い労働者への支援という、社会運動がルーツにあった。

　機構は現在、ホームレス問題などについて、行政へのアドボカシー活動を進めている。また、大阪市から委託されたシェルターの運営や、大阪府と大阪市による委託事業である社会的就労支援事業（高齢者特別清掃事業）なども

82　NPO 法人釜ヶ崎支援機構についての聞き取りは、2020 年 7 月 25 日、同機構の松本裕文氏に行った。

行っている。

　コロナ禍のいま、機構は、どのような支援をどのように実施しているのか。社会保障や人権から最も遠い距離におかれてきた人々へのNPOの支援活動の事例として取り上げ、考えていきたい。

社会運動のルーツを守りつつ社会問題解決に向け事業化

　機構は、1999年9月に認証を受けたNPO法人である。活動をしている場所は、戦後、日雇い労働者の街として知られた、大阪市西成区の通称あいりん地区。現在の活動は、ホームレス生活者への支援が中心だ。なお、釜ヶ崎は旧来の地名であり、現在、地図には載っていない地域名だが、ここでは、釜ヶ崎を用いる。

　20世紀の終わり頃から、釜ヶ崎では、日雇い労働者が不況や高齢化により、ホームレス状態に至ることが増えてきた。1993年に釜ヶ崎日雇労働組合や釜ヶ崎キリスト教協友会を中心に、釜ヶ崎反失業連絡会（釜ヶ崎就労・生活保障制度実現をめざす連絡会）が結成され、これが機構のルーツになった。そして、支援体制の明確化・支援の継続性を担保することが必要との判断になり、NPO法人化するに至った。

　ホームレス状態にある人やホームレス状態に至る可能性のある人への自立支援と相談援助を行うとともに、時代とともに移り変わる釜ヶ崎の状況に合わせて、相談者の医療相談や生活相談、就労支援、支援に必要な調査・研究・啓発活動なども行ってきた。

　現在、機構では主にこの節で述べる、社会的就労支援事業（高齢者特別清掃事業）・シェルターとしての機能を持つ夜間宿泊所運営事業を行っている。

　さらに、地域で生活する高齢の生活保護受給者を支援するために、他のNPOと連携し、西成区から事業を受託し、社会的孤立を防ぎながら、農作業やイベントの運営・見守りを含めた生活支援を行うなど、個人や地域にとってのセーフティネットの役割も担っている。

あいりんシェルターと新型コロナウイルス対策

　2000年から機構は、夜間宿泊所運営事業を大阪市から受託し、シェルターの管理運営を行ってきた。2016年1月からは新築されたあいりんシェルター（以下、シェルター）で、最大532人が利用することができる。

　宿泊は1日単位で、夕方5時30分にベッド券を受け取れば、翌朝8時30

分まで利用できる。一般的な生活保護施設やシェルターと異なり、あいりんシェルターを利用する方法は簡易であり、様々な背景を抱えた人々が利用することができている。

コロナ禍で、この施設の管理運営は、どのように変化したのだろうか。

写真 5-8　新型コロナウイルス対策としてカーテンを設置したあいりんシェルター

新型コロナウイルスの影響が出始める 2 月頃までは、240 人から 250 人がシェルターを利用していた。2 月中旬から検温・アルコール消毒を実施。地域内にある大阪社会医療センターの呼吸器専門の医師にも相談し、発熱した利用者がいたら、受付時間外でも対応できるようになっている。

こうした努力もあってか、2020 年 7 月まで、新型コロナウイルスに感染した利用者はでていない。発熱したケースはあったが、検査の結果、釜ヶ崎のホームレス状態の人にしばしばみられる結核だった。

シェルターは、匿名で宿泊ができる反面、二段ベッドで仕切りもない。このため、カーテンを張るなどの対策を講じている。シェルター内ではマスク着用を必須としている。2020 年 7 月現在、発熱者が大阪社会医療センターを受診するためには午後 5 時までに手続きをしなければならないことを考慮した結果、シェルターは午後 2 時半から入場できることになった。

多人数が宿泊するシェルターで 2 メートルのソーシャルディスタンスを保つためには、185 人の宿泊を目安とすべきことがわかった。そのため NPO のアドボカシー活動の一環として、自立支援センターや元福祉施設などを新たに活用することを大阪市に提案した。その結果、あいりんシェルターの拡張として、地区内の簡易宿所の協力も受け、35 人分の個室を確保することになった。

これらの個室の対象は、感染のリスクの高い高齢者で、生活保護を受給しておらず、特別清掃（後述）をしている現役就労者だ。当初、機構としては、個室に入室したことをきっかけに、生活保護制度の活用につながればという

希望もあった。

　しかし、利用者が抱える問題の背景や考えから、生活保護につながったのはこれまで1名だけである。しかし、高齢者であることに変わりはない。このため、今後、健康面で体調を崩したり、持病等で入院する恐れのある人が必要になった時に、その人の意思を尊重しながら、支援を受けられるようにしていく予定だという。

高齢者特別清掃事業の継続

　社会的就労事業としての高齢者特別清掃事業（以下、特別清掃）は、ホームレス状態の55歳以上の高齢の日雇い労働者を対象にして、利用者の輪番登録制で実施されている。就労意欲の継続・健康の維持・社会参加意識の醸成・自立の一助として、

写真5-9　特別清掃事業における除草作業の様子

1994年から大阪府と大阪市の事業として始まり、1999年から機構が受託。現在、大阪府下および市内の施設や道路などの清掃・除草、保育所の遊具のペンキ塗りなどの作業を行っている。

　2018年度には、ひとり1日5700円の収入がえられた。1日あたり平日171人、休日明け182人の就労機会の提供を行った。輪番制だが、ひとり当たり、月に5回から6回ほど参加できた。

　新型コロナウイルスの感染拡大防止の観点から、この特別清掃を中止すべきという意見がでた。大阪市は、感染拡大の懸念から中止し、シェルターで弁当を支給しようと提案。地域の労働組合は、中止になると参加者の生活が困窮することが予想されたため、賃金相当分の金額の配布を求めた。

　大阪市と異なり、大阪府は、特別清掃を生活に困窮した人々のための事業であるとして、継続を主張した。結果的に特別清掃は中止されることなく、継続されている。感染防止対策として、地域の外に出ての除草や保育所のペンキ塗りは、移動が車中で「密」になることから、釜ヶ崎内の清掃員を18

名増加。地域で 78 名が特別清掃に従事することになり、歩いて行ける地域作業に従事するようになった。

　特別清掃が中止にならず、継続されたことは、困窮状態にある人々にとっては救いであったという。社会的就労事業である特別清掃は自らの健康を保ち、就労という選択で日々の生活を過ごしたいという人々にとって、重要な事業であるからだ。

特別定額給付金における住民票問題

　新型コロナウイルス感染症緊急経済対策の一環として実施された、特別定額給付金。ひとり当たり 10 万円を自治体経由で住民基本台帳に登録されている世帯の世帯主に支給するという措置だ。コロナ禍における家計支援として、注目された。しかし、世帯主から DV 被害を受けている被害者らが受給できないのではないか、という懸念の声もでてきた。

　この議論と同様に、ホームレス状態にある人々も特別定額給付金を受給できない可能性が極めて高くなった。いわゆる住所・住民票問題である。厚生労働省は、住民票がある人は登録している市区町村に申請できると説明している。

　では、住民票がない場合には、どうなるのか。居住している市区町村において住民登録の手続を行い、住民票が作成されれば、給付の対象となる。その際、自立支援センターは住所設定可能とされている。

　本人と長期契約をしているネットカフェで生活する人々の場合、ネットカフェ側の同意がえられれば、住所として認定される可能性が示唆されていた。

　総務省は、自立支援センターやシェルターで住民登録できるとの見解を示したが、大阪市は全国と異なっていた。

　一日または数日の短期間宿泊できる三徳ケアセンターやあいりんシェルターでは住民票を置くことはできず、給付を受けるためにも一旦居宅保護を勧めるという見解だった。

　機構としては、生活困窮者自立支援制度にある一時生活支援事業について、大阪市以外では住民票を置くことができるので、三徳ケアセンターやあいりんシェルターでも住民票を置けるようにすべきではないかと提言を行っていた。そうしたなかで、釜ヶ崎に視察に来ていて、勉強会に参加した公明党の佐藤茂樹衆議院議員と山本香苗参議院議員に釜ヶ崎の状況や特別定額給付金

の課題について説明する機会があった。

　大阪市や総務省への両議員の働きかけの結果、シェルターや三徳ケアセンターに住民票が置けることになった。なお、三徳ケアセンターは、釜ヶ崎内にある社会福祉法人大阪自彊館が大阪市より受託し、運営している釜ヶ崎内の施設である。

　シェルターの入場証があって、シェルター施設長が印鑑をつけば、西成区で住民登録ができる。これにより、社会的排除の具体的な形として表れていた特別定額給付金を給付する条件である住民登録の制限が緩和され、ホームレス状態にある人たちにも、受給への道が開かれることになった。

大阪府内22団体と連携、そして、居住支援

　4月に緊急事態宣言が出されたことを受け、4月24、25日に釜ヶ崎で緊急相談会が行われた。ホームレス状態の人々が利用してきたネットカフェが休業したことへの対策として、大阪府は、ホテルへの紹介を行った。しかし、ホームレス状態に戻ってしまう人や、支援につながらない人々がいた。釜ヶ崎だけの問題ではないという認識から、大阪市北区で活動する認定NPO法人Homedoorなどと連携し、オール大阪で取り組むことになり、22団体で相談会が開催されるに至った。

　住まいを一時的に必要とする人に緊急宿泊を用意しながら、生活保護や仕事の相談を行った。「テレビ報道もあり、クラウドファンディングでの寄付金なども700万円集めた」という。

　その後も相談事業を継続し、7月までに合計104人の相談を行った。釜ヶ崎在住の人は3分の1程度だった。普段シェルターを利用していない人も多かったという。「簡易宿所にいるが宿代を払えずあと数日で出なければならない」という、状況の厳しさを感じさせる相談もあった。

　ホームレス支援団体はそれぞれの団体の考えや取り組みもあり、これまでは大同団結があまりなかった。しかし、今回の取り組みをきっかけに現場で関わりを持つなかで、連携が活性化していった。不動産仲介業者の情報、お互いの支援ツールの共有など、学びの場にもなった。

　その後、機構は、福岡県北九州市を中心としてホームレスや生活困窮者支援に従事する認定NPO法人抱樸とともに居住支援に取り組むことを目指し、クラウドファンディングに挑戦している。これにより、サブリースを活用した居住支援のモデルづくりを目指している。これは、若者世代を対象とし

て、①住まいの確保、②日常生活を営む上での相談・生活支援、③本人が安定して生活をするための就労支援を柱とした事業だ。釜ヶ崎では、高齢者の支援は支援付きの住まいであるサポーティブハウスもあり、ある程度充実している。しかし、若者世代への支援がまだ手薄な状況があることから、対策に乗り出した。

NPO法人の資金・運営と理念、そして今後

　これまで述べてきたような活動を進めてきた一方、機構は、様々な課題に直面している。課題のない組織は存在しないだろう。とはいえ、社会運動をルーツにした法人としての理念と、現実に事業を実施していくうえで必要となる資金の確保を中心にした運営との間の葛藤も、少なからず存在する。

　社会福祉法人には、基本財産などがある。しかし、同じ非営利法人でも、NPO法人は、設立にあたって基本財産などが必要ないこともあり、常に資金面での課題を抱えていることが多い。新型コロナウイルスの影響もあるが、行政からの受託事業をこなしながら資金面・運営面での状況も常に気をつけなければならない。

　寄付の仕組みを理解し、獲得する努力も必要だという。行政の事業受託を増やすことも検討課題にあるとはいえ、行政資金に依存しすぎない資金調達の仕組みも考えなければならない。

　市民・草の根の人々と企業の連携を考える上で、理念的な部分を考え続ける姿勢がないとNPOとして意味と存在価値を問われる。行政の下請けを脱しようとすると、企業や大口の寄付がないと難しい。その反面、新自由主義的な社会の潮流に巻き込まれやすい。

　自立支援を行うなかで、相談者を支援しながら、課題のある労働環境や社会に送り返していくことは適切な行為なのか、NPOは何を目指していくのか、どのような社会を目指すのか。NPO法人の理念との兼ね合いで、これらの点についても、考えなければならない。

　一方、コロナ禍での現実に目を向けると、緊急事態宣言が出てから釜ヶ崎やシェルターにきた人は少ないことに気がつく。この現象がなぜ生じたのか。生活困窮者自立支援制度が一定のセーフティネットを担っている可能性がある。

　しかし、今後、企業の倒産が続いたら、非正規労働者であるアルバイト・パートが寮付就労を失ったり、ネットカフェを出ることになったり、家賃を

支払えず、ホームレス状態になる恐れは十分にある。そして、その人たちの多くは、釜ヶ崎にやってこざるをえないのではないか。

　コロナ禍にあって、前述したシェルターや特別清掃の問題をはじめ、釜ヶ崎の状況は、目まぐるしく動いている。今後を考えると、迅速な対応が求められる。例えば、陽性者が増え始めたらシェルターやケアセンターだけの問題ではすまされない。簡易宿所の生活は密集し、フロアやトイレは共用である。高齢者などが陽性になれば、必要な医療を提供することができるのか。地域全体の課題として行政や支援団体が協力して綿密に検討を重ねるべき時がきている。

おわりに

　本章では生活困窮者支援に取り組む3つのNPO法人について取り上げた。どの法人も、NPO法が成立する前から公的な支援が不足している領域で活動を進め、NPO法が施行された初期に法人として成立し、取り組みを行ってきた先駆的な団体である。

　本章を通じて述べてきたのは、生活困窮者が抱える課題は経済的な課題が全てではないことだ。北海道のそらサポは、生活相談や就労相談など様々な課題に対応している。これまでの行政の相談窓口はしばしば「縦割り」という言葉で表現されたように相談者の多様なニーズに対応する視点がかけていた。生活困窮状態に置かれている人々は複合的で複雑な課題を抱えており、ひとつの窓口・相談機関だけで解決できることばかりではない。ワンストップ型としてまず課題や主訴を受けとめている、そらサポの存在は大きい。

　東京の自立援助センターは長年、ひきこもりや不登校・若者支援に取り組んでおり、社会がこれらの課題に十分に取り組めてこなかった頃からアドボカシーなどの活動をしてきた。十分な公的支援がえられないなかで、家族相談やアウトリーチなどの活動を実践してきた。そして、これまでの経験を踏まえ、生活困窮者自立支援制度における子どもの学習・生活支援事業などの行政の受託事業も積極的に受託し、取り組んでいる。

　最後に取り上げた大阪の機構は、釜ヶ崎という地域に根を張ってホームレス状態の人々の支援を行ってきた。権利や社会保障から遠い立場にある人々と関わり、シェルターの運営や就労相談や生活相談などを行ってきた。NPO

法人が社会の課題とどのように向き合い、どのような社会を目指すべきなのかを問う時に、最も権利や社会保障から遠ざけられている人々、ここでいうホームレス状態にある人々の権利を擁護していくことは重要だ。

　コロナ禍のなかで生活困窮状態にある人々への関わりは変わりつつある。どこの行政機関の窓口もビニールシートで職員と相談者の間に仕切りができ、マスクや消毒液が日常的なものになっている。3 つの法人は対人援助が専門であるが、面談やアウトリーチという従来の手法を積極的に取ることがリスクとなりかねず、思案しながら、対応をしている。

　また、オンラインの活用がコロナ禍以降、医療機関や企業などで活用されている。しかし、対人援助の場合、自立援助センターが指摘するように、会話以外の身体的な動きや雰囲気の変化など詳細を把握する難しさが存在している。この問題は相談援助を主とする事業では共通した課題であろう。

　そして、機構が支援対象とするホームレス状態にある人々は、オンラインを活用すべきか否かという議論の前提にある安心した住まいや通信環境、ソーシャル・ディスタンスも保障されていなかった。これはホームレス状態にある人々が社会資源や社会制度から最も遠い距離にあることを示しているといえる。また、特別定額給付金も住まいがなく、住民票もない状況では給付の対象から漏れてしまう可能性が存在している。

　感染拡大の衰えは、10 月中旬現在もみられない。コロナ禍は経済分野を始め、様々な分野に影響を与えていくことが予想される。長期化が予想されるコロナ禍のなかでの生活困窮者支援に注目し続けていく必要がある。

謝　辞

　本章を執筆するにあたり、NPO 法人コミュニティワーク研究実践センター、NPO 法人青少年自立援助センター、NPO 法人釜ヶ崎支援機構の皆様にはコロナ禍のなかで業務多忙のなか貴重なお時間をいただきました。この章の内容がコロナ禍における生活困窮者支援や取り組みへの理解に少しでも貢献できればと考えています。ご協力いただいた皆様にあらためて感謝申し上げます。

第6章　舞台芸術活動へのコロナ禍の影響

井上美葉子

　今回、コロナ禍の影響を大きく受けた産業や業界のひとつに、文化芸術活動があげられている。これまでないほどにメディアにも取り上げられ、社会一般にも広く知られることになった。しかし、文化芸術活動がなぜ大きな打撃を受けたのか、行政や民間の助成団体から支援の手が差し伸べられることになったのかを理解するためには、平常時の文化芸術活動の環境を理解する必要がある。そのうえで、コロナ禍における現状を説明していく。

　文化芸術活動といっても、専門分野、業務内容、役割、関わり方は多岐にわたる。すべて網羅することは無理なので、本章では、筆者が長く現場に携わってきた舞台芸術（主に演劇）に特化して紹介していく。しかしながら、演劇でも、オペラや商業演劇、現代演劇や実験演劇、伝統芸能など、それぞれの状況や抱える問題は変わってくる。また、地域によっても困窮状況や課題点は異なるため、さらに焦点を絞る必要がある。

　これらの点も踏まえ、本章では演劇作品を上演するための企画、運営管理、広報・宣伝、予算管理などを幅広く統括管理する専門スタッフである舞台芸術制作者（プロデューサー、ディレクター、コーディネーター）からみた問題点、課題に焦点を絞る。そのうえで、何らかの助成・支援がなければ運営自体が成立しづらい状況である小劇場や地域の舞台芸術活動について、考察することにする。

1）コロナ禍で延期を強いられた京都国際舞台芸術祭

　2000 年に始まった「大地の芸術祭 越後妻有アートトリエンナーレ」と

2010年から開催の「瀬戸内国際芸術祭」の成功を機に、まちづくり、まちおこしのツールとして、国内各地に「芸術祭」を名に冠する文化イベントが次々と生まれた。これらは、主に現代アートを中心としたイベントだが、パフォーミングアーツ（舞台芸術）部門として演劇やダンス、身体表現を紹介するものもある。とはいえ、日本国内では舞台芸術に特化した国際的な芸術祭は、数が少ない。

　では、国際的な舞台芸術祭とは、どのようなものなのだろうか。文化庁の文化芸術振興費補助金国際芸術交流支援事業では、舞台芸術における「国際フェスティバル」を以下の通り定義している。

①我が国で開催される舞台芸術公演などであること
②フェスティバルの期間中に7日以上公演が実施されること
③広く内外の芸術団体が参加できる方途が開かれていること
④日本を含む3カ国以上の芸術団体が参加して行われること

　文化庁では、独立行政法人日本芸術文化振興会を通じて、このいずれにも当てはまる事業を補助金申請の対象とし、音楽・ダンス・演劇の部門別に採択する。これに、諸外国で「舞台芸術国際フェスティバル」と呼ばれる内容を考慮すると、現在、わが国で舞台芸術に特化され、継続的に開催されている国際的なフェスティバルといえるものは、東京芸術祭のプログラムのひとつである「フェスティバル/トーキョー」、静岡県舞台芸術センター主催の「ふじのくに⇄せかい演劇祭」、そして今回取り上げる「KYOTO EXPERIMENT 京都国際舞台芸術祭（以下、KEX）」がある。この他、児童・青少年を対象とした「国際児童・青少年演劇フェスティバルおきなわ」などがあげられる。

　世界的にみると、これらの事業は、さほど大規模なフェスティバルではない。だが、後述するように、事業の運営費の大部分は、公的資金または民間の助成金で占められており、助成金、補助金に頼らず、入場料収入などの自力収入のみで開催するのは難しいのが現状だ。

　事業を運営する事務局体制も盤石とはいいがたい。無期雇用または常勤でスタッフを雇用しているところは少なく、業務委託や短期雇用で経常費をできるだけ抑える経営を行っている。そのため、運営の中心となるプロデューサー、ディレクターをはじめ、現場を統括する制作者、企画スタッフ、チケ

図 6-1 【実行委員会組織図】

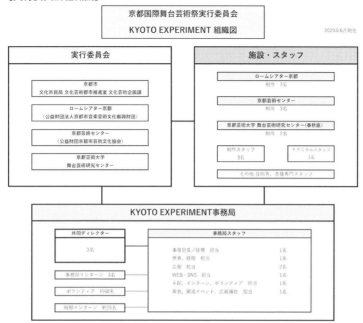

ット管理スタッフ、広報スタッフ、ボランティア・コーディネーターなどの多くは、他の仕事（短期間の業務委託やアルバイト）と兼任しながら運営に携わっている。いわゆるフリーランスの専門スタッフとして舞台芸術に関わる労働者によって支えられているのだ。

　新型コロナウイルスの感染拡大により、舞台芸術祭に限らず、各地の公的資金が投入される文化イベントが軒並み中止、延期、または規模縮小となっている。地域を代表する市民イベントが中止になると、そのほかのイベントもすべて中止にすべきだ、という声があがってくる状況もみられる。主催者が実施の方向で考えていても、周囲の圧力から開催を断念せざるをえない文化イベントも出てくる可能性がある。

　KEX は、10 年以上継続して開催されており、京都市を代表する芸術イベントのひとつとなっている。だが、新型コロナウイルスの感染拡大により、このイベントが延期のやむなきに至った。なぜ、延期になったのか。その経緯を踏まえ、延期後の実施の課題や課題にどのように対応しているのかなどについて検討していきたい。

KYOTO EXPERIMENT 京都国際舞台芸術祭の概要

　KEX は、2010 年より毎年秋に開催され、2020 年度で 11 回目を迎える京都発の国際舞台芸術イベントである。このイベントは、公立／民間の劇場とアートセンターが互いに連携を図りながら、実行委員会形式で運営されている。

　運営主体となる実行委員には、京都市、ロームシアター京都（公益財団法人京都市音楽芸術文化振興財団）、京都芸術センター（公益財団法人京都市芸術文化協会）、京都芸術大学舞台芸術研究センターが名を連ねている。それぞれの組織は、意思決定機関である委員会に委員を出すだけでない。職員も、それぞれの組織から派遣され、芸術祭のプログラムに参画する仕組みである。

　イベントの具体的な内容は、以下のようなものである。実施時期は、毎秋約 1 カ月間。国内外から多様で先鋭的なアーティストを迎え、京都市内の劇場やアートスペースなどで、演劇やダンス、美術、音楽、デザイン、建築などにまたがる実験的・先鋭的作品を上演しており、公式プログラムとして毎年、欧米、アジア、南米、アフリカ等から 10 数作品を招聘している。そのうち、2 〜 3 作品は、日本を拠点とするアーティストの作品である。作品上演のほか、上演に関連する展示やワークショップ、シンポジウムなどもこの時期に開催。作品や企画内容によって変動はあるものの、毎年 2 〜 4 万人の観客を動員している。

　芸術祭を実際に運営する「KYOTO EXPERIMENT 事務局」は、プログラムディレクターが数年かけてリサーチ、交渉したアーティストの舞台作品を上演するための準備を、年間を通して行っている。プログラムディレクターとは、舞台芸術祭の企画・運営・予算執行を統括管理する実質的責任者である。

　公式プログラム作品の選定はプログラムディレクターに一任され、公募や行政からの推薦による作品紹介は行っていない。上演作品の最終決定においては、実行委員会の承認をえることが条件となっている。KEX は、公共的な要素を含むイベントでありながら、先鋭的・実験的プログラムを独自に企画・紹介する、日本を代表する舞台芸術祭のひとつとして国内外で認知されている。

　なお、今年度からの 5 年間、新たに共同ディレクター制度が取り入れられ、3 名のプログラムディレクター（川崎陽子、ジュリエット・礼子・ナップ、塚原悠也）が共同で企画・運営を担うことになった。以下、ディレクターの

ひとり、川崎陽子氏[83]への聞き取り内容をベースに、KEX の延期とその後の対応について、新型コロナウイルス感染による実行委員会形式のイベント運営者が直面した課題などについて、考えていきたい。

写真 6-1　KYOTO EXPERIMENT 京都国際舞台芸術祭の共同ディレクター、川崎陽子氏（撮影：松見拓也）

KEX の開催延期の背景と判断

　KEX 実行委員会は 2020 年 5 月、同年度の開催時期を 2021 年 2 月 3 日（水）〜 3 月 28 日（日）に延期すると決定した。その背景と決定までの経緯は、次のようなものである。

　2020 年 2 月頃から世界各国で感染拡大防止のための渡航規制が始まり、KEX は、海外の状況を注視していた。3 月になると、国内でも公演中止が相次ぎ、移動さえ難しい状況となっていった。

　3 月末に開催した 2019 年度最後の実行委員会では、次年度は例年通り秋開催であることを決議した。しかし、コロナの影響が不透明なため今後の状況によっては時期の変更も視野に入れている、と関係者に状況を説明した。

　例年であれば開催に向けて実質的作業に入る 4 月になっても、状況が好転する兆候はみられず、やむなく自粛要請期間中の 4 月中旬に延期に向けて具体的な調整に入った。5 月中旬、実行委員会において KEX の開催時期を 2021 年 2 〜 3 月へ延期する旨の書面決議を行い、5 月下旬に可決された。

　決議に至るまでには、時期変更した場合の会場の空き状況を事前に調査・確認したり、招聘予定のアーティストから各国の出国制限の情報などを収集、アーティストには開催時期変更を検討中であることを説明した。そして、2021 年 2 〜 3 月なら開催可能であるという状況が、一定程度明確となった段階で、最終意思決定機関である実行委員会で決議した。

　舞台芸術の公演において、人、場所、時間は、代替が難しい要素である。

83　川崎陽子氏は、舞台芸術を上演するための組織運営や統括管理をする専門スタッフとして京都、東京を拠点とし国内外で活動してきた。川崎氏への聞き取りは、2020 年 7 月 1 日に実施した。

小さな作品であっても、特定の出演者やスタッフによるチームで作られるため、容易に人員を取り替えられるものではない。このため、制作現場では、作品に関わる人々がある一定の場所である一定の時間を過ごしながら作品を仕上げていく過程が必須である。そして、完成した作品を事前に決められた場所、決められた時間に観客に提供することになる。

　KEX が 4 月の時点で開催延期に舵を切ったのは、こうした舞台芸術公演の特性が大きく影響している。そのうえで、延期が必要とされる具体的な理由が複数ある。以下、これらについてみてみよう。

　延期の理由の第一は、10 月という開催時期自体の問題である。延期を判断した 4 月は、通常開催の時期の約 6 カ月前に当たる。通常であれば 4 月時点ですべてのプログラムが確定し、各担当セクションが、運営スケジュールに沿って具体的な準備作業を進めていた。しかし、KEX は、2 月から海外のディレクターと定期的に情報交換をしていたものの、コロナ禍の感染拡大状況、それにともなう舞台芸術への影響の実態がまったく摑めなかった。

　第二は、会場の問題である。KEX が使用する会場は公共施設や教育関連施設が多い。その他の会場も、秋に使用できるかどうか不透明な状況だった。

　第三の理由は、海外の渡航規制解除のめどが立たず、アーティストの日本滞在が難しくなったことだ。KEX は、単に海外作品を上演するだけではなく、アーティストに新作の制作を依頼し共同制作することを重要なコンセプトのひとつとしている。そのため、最も早く来日するアーティストは 7 月の予定だった。

　川崎の言葉を借りれば、「渡航の問題ではなく、アーティストが安全・自由に活動できる『創造の場』を提供することが難しくなった」ためといえよう。

　最後に、芸術祭に関わるアーティストやスタッフが、経済的なリスク回避の時間を確保する必要があった。公演がなくなると、アーティストは、「予定していた上演料収入が入ってこなくなる」。そのことは、各団体やアーティスト個人の活動に大きな影響をもたらす。正式な契約書を交わす前だったこともあるが、2 ～ 3 月に延期を決めたため、キャンセル料は発生せず、アーティストから了承をえることができた。

　スタッフについても同様のことがいえる。フリーランスで活動する舞台関連の技術専門スタッフの多くは、遅くとも半年前～ 1 年前には仕事の依頼

写真 6-2　She She Pop『フィフティ・グレード・オブ・シェイム』2018（撮影：井上嘉和）
川崎が制作を担当した、ドイツの劇団 She She Pop による演劇作品『フィフティ・グレード・オブ・シェイム』。舞台上の大きなスクリーンでは、ライブカメラで捉えられた出演者たちの身体が性別も世代もごちゃまぜにコラージュされ、うごめいている。

を受けている。長期間の予定であるほどキャンセルとなったときの経済的損失は大きく、その穴埋めに新たな仕事を探すことは困難ということもありえる。

　一方、KEX 側からみると、延期の決断は新たなリスクを抱えることにつながる。「開催時期の延期で予定していたスタッフに依頼ができなくなれば、次の人材を探すのに時間がかかる。同様のスキルをもつスタッフがみつからない場合もある」と川崎はいう。KEX が招聘する作品の多くが実験的、または複合的な技術を用いた作品であるため、フリーランスの技術専門スタッフがもつ個人的な経験やスキルに頼っているところが大きい。

延期によるマイナスの影響

　以上のような理由から KEX は、延期に至った。では、その結果、どのような影響がでているのだろうか。影響には、プラス、マイナスの両面が考えられる。とはいえ、開催延期は、望まれたものでない以上、マイナスのイメージがつきまとう。このため、延期によるマイナスの影響について具体的に

みていくが、全てがマイナスになっているわけではない。「けがの功名」といえるが、延期により様々な対応を行うなかで、プラスと感じられる点もでてきたのだ。

マイナス面として最初にあげられるのは、延期により、人、場所、時間の再調整を行わなければならなくなったことである。それにともない、予算の再編成も必要になった。

KEX は、当初用意していた 10 プログラムのうちのひとつを、予定していたアーティストとは違うアーティストによるプログラムに差し替えた。

まず、差し替えに当たり、上演を見送った、オーストラリアからの作品についてみてみよう。

4月時点でオーストラリアの出国規制解除の目処が立たず、日本国内での上演に先がけてのリハーサルおよび上演を今年度中に行うのは難しいと判断した。この企画は、地域住民が参画し、アーティストとともに作品を作り上げる企画であった。

また、中止には至らなかったものの、国内の芸術祭と連携企画で、共同で助成金申請を試みようとしていたプログラムは、協働相手である芸術祭の開催判断ができないため、共同申請をすることができず、助成金獲得の機会を逸してしまった。その結果、連携を諦め、京都のみの上演に変更した。

川崎は、このようなアートを通じた市民との協働プログラムや他地域との連携プログラムがなくなるのは大変残念だという。このようなユニークな企画の中止や縮小は社会における「公共財」の喪失ともいえよう。

KEX は、開催が延期されただけではなく、開催期間にも変更が生じた。従来は約 1 カ月の開催期間だったが、今回、約 2 カ月に延長された。延期にあたり、会場の空き状況の確認および、作品上演にふさわしい会場かどうかの調査・検討、アーティストとのスケジュール調整など、再調整は難航し、結果的に期間を引き延ばす形で解決を図ったためだ。

時期変更に加え、会期が延長されることで、芸術祭の印象が薄くなってしまう懸念がある。川崎らは、芸術祭としての文脈を作り直し、2 カ月の開催期間に一体感を持たせるために、シンポジウムやワークショップ等の企画をさらに充実させることとなった。

現在、渡航者からの感染防止策として各国で取り入れられている渡航前後の待機期間をどのように扱うかも問題として浮上している。状況が変わらなければ、海外から渡航することになるアーティストは来日後および帰国後に

一定期間の自宅待機や隔離となるわけだが、この不就労の待機期間の補償は
誰がするのか。

　来日後の待機期間について休業補償を行う場合、国内宿泊費も負担するこ
とになってしまう。当初の予算組みには入っていない新しい支出が加算され
「現実的にみて、到底支払える金額ではない」。この問題が解決されないと、
KEX が開催されたとしても、今後の継続運営が非常に苦しい状況になる。

「けがの功名」的なプラスの影響も

　ここまで、延期によるマイナス面を書いてきたが、プラス面にも焦点を当
ててみたい。いわゆる「けがの功名」だが、予想していなかった局面に向き
合うことで生まれた、新たな取り組みや効果をみていく。

　プラス面の第一は、芸術祭の体制変更のタイミングと重なったことだ。開
始初年度から 10 年間プログラムディレクターを務めた橋本裕介氏が 2019 年
末で退任し、今年度から共同ディレクター制度のもと、新体制でスタートす
る年となっていた。川崎は「今（7月時点）はちょうど、ビジュアルや芸術
祭コンセプト、企画内容を一新するために、打ち合わせや交渉、企画会議を
重ねていかなければいけない時期。秋開催のままであれば急いで決めなけれ
ばいけなかったが、思いがけず新体制の基礎固めをするための時間をもてる
ようになった」と語った。

　例年は、4 月に助成金の採択、7 月にプログラムの最終確定と公表という
日程になる。これまでは、助成金採択からプログラムの公表までが 3 カ月し
かなく、採択後に予算を精査する時間がなかった。延期の結果、12 月にプ
ログラムを公表することになる。「予算を調整する期間が十分にある。限ら
れた予算をどうすれば有効に使えるか、余裕をもって考えられるのは、あり
がたい」という。

　一方、次回は 2021 年秋の予定なので、21 年春の終了後からの準備期間が
半年に短縮されてしまう。これについては、両者を連動させた企画を考えて
いくことも可能だ。助成金制度の関係で、年度ごとでしか企画ができない
が、リスクをうまく活用しながら次の企画に取り組めるのは、よい機会とも
いえる。

オンライン化による業務の効率化と国際ネットワークの強化

　オンラインの利用が進んだことも、プラスとしての一面である。KEX 事

務局では、年間を通じて国内外の関係者と連絡を取っている。今回、移動を制限されたことで、オンラインを使用する機会が増えた。元々、オンラインは、目的や内容が明確な打ち合わせや情報収集などに役立つツールだと認識していた。そのため、「これまでは会わなければ話ができないと思っていたが、その考え方自体が変わり、より柔軟に対応できるようになった」という。

　また、前述のオーストラリアの作品についても、今年度の上演は見送ったが、次の展開を考えているという。香港のアートセンターとの連携体制を整えたうえで、次年度以降のプログラムとして招聘する予定だ。「互いに継続して行われているイベントだったので、チャンスを活かすことができたのはよかった」と述べている。

　これまで誰も経験したことのない状況で、各国の国際舞台芸術祭の関係者たちと積極的に情報交換をし、連携を強めていく機会が創出された。結果的に、KEX自身がもつ国際的なネットワークをさらに強固にすることとなった。

　一方で、川崎は「改めて大事だと思った」こととして次のように語った。

　　「アーティストのリサーチをする際には、やはり実際に本人に会い、劇場で作品をみなければ分からない。アーティストと対面することで気づくこと、言外の振る舞いやその人独自の間といった言葉にならないものから本人を認識し理解すること、劇場そのものや目の前で上演される作品をみることで本質を見極めることが大事。それらの体験を通してプログラムを決定していくことが難しい状況下で、今後どのように芸術祭のプログラムを構成していけば良いか、これからの大きな課題が見えてきた」

　この言葉は、コロナ禍で活動が制限されることにより、思いがけず、舞台芸術の本質を新たに検証する機会をえたと言い換えることもできるだろう。

　コロナ禍により、芸術関係者のみならず、観客層にも広くオンラインの技術が普及した。川崎は「会期を延期することで、新たな助成金への申請機会を活用し、最適な方法を検討するためのチーム編成を行うことができる。オンラインはライブの代替とはならないことを認識しつつも、新たなツールやフォーマットとして何が有効か、どのように取り組んでいくかプランする時間をえられたし、芸術祭として、あるべき表現を探り、新たな価値観や可能

性、視点の変革を提案する機会となっている」と捉えている。

芸術祭のあり方と今後の課題

　これまで述べてきた KEX の開催延期の背景や理由、そして延期にともなうプラス、マイナスの両面を踏まえたうえで、今後の KEX のあり方や課題について整理しておこう。

　KEX の公式プログラムは、2 〜 3 年をかけ国内外をリサーチし、約 1 年前に決定されていた。その後、内容に合わせた関連企画を練り上げ、スタッフを編成する。本来、芸術祭は全体で一つの文脈を作り、発信していく。だが、延期や開催期間の引き延ばしにより「文脈を一から練り直さざるをえない状況」だ。今後も渡航制限が続き、劇場公演の機会が減ったままだとリサーチができず、今後数年のプログラム決定に影響がでてくるだろう。

　芸術祭は、ただ、作品を上演することだけが目的ではない。「公益事業としてどのように実施し、人々に何を伝えていくのかが重要」だと川崎が強調するように、KEX は、困難に柔軟に対応しつつも、芸術がもつ多様性と可能性を伝える「装置」としての機能をいっそう強化していくことが期待される。

　では、KEX は今後、どのような課題があるのだろうか。予算、組織、雇用の 3 点に分けて考えていきたい。まず、予算面からみると、KEX の予算である約 1 億円[84]のうちの 90% は、京都市、国、民間助成機関からの助成金、補助金で賄われている。公的資金が導入されているため、チケット代金は非常に安価に設定されている。入場料収入は、予算全体の 10% 程度だが、政府のイベント開催制限にしたがい、会場キャパシティを通常の 50% 以下とすると、前年度比で約 400 万円の大幅減収となる。

　助成金の多くは、採択年度内に予算執行（事業実施）することが必要だ。今回、一部または全部を実施できなくなれば、準備期間に要した費用は差し引くことができるが、未実施部分の助成金を返還しなければならない。これらの減収により芸術祭の安定的継続が危ぶまれる状態にもなりかねないため、今後はさらに協賛金や寄付金など、自力で予算確保に取り組まなければならない。

---

[84]　補助金・助成金の採択状況により、毎年予算規模が変わるため、直近数年の平均的な予算額を示した。

単年度で予算を執行する必要があるのは、助成金の仕組みだけではなく、実行委員会という組織の形態によるためでもある。「6月以降、新たな助成金が次々と創設されているのはありがたいが、その分、予算が確定できない状態が続いている」という川崎の言葉からも、実行委員会形式の運営では余剰金確保に限界があり、長期的視点での資金調達が難しいことがうかがえる。今後は運営組織のあり方を検討することも必要だろう。

　最後に、雇用の場の安定的創出も、今後の課題といえる。KEXには、年間契約スタッフのほか、数カ月、数日の業務委託スタッフも多くいる。短期間とはいえ、舞台芸術の雇用を生み出す組織として存在している。京都という地域性もあるが、舞台芸術に関わる労働者の多くがフリーランスである。彼らに対して、舞台芸術の雇用機会を創出し、安定的に維持することは、ネットワークやスキルの共有、業界全体の人材育成などの点で必要不可欠である。

　川崎がいうように「作品上演だけが目的ではない」のだ。舞台芸術を支える人々を育て、スキルアップの機会を用意し、各々にとって自己実現可能な環境を整えることも、公益事業の役割だといえよう。

2）地域の芸術文化活動における危機管理とネットワーク

　現在、東京や大阪といった大都市を中心に、劇場やアートスペース[85]の窮状が伝えられている。大都市には芸術文化施設が多くあり、アーティスト、スタッフのみならず、周辺関連業務などの関係者が多く存在するため、彼らへの影響も大きいためだ。現在、東京を中心としたさまざまな既存ネットワークや新たに生まれたネットワークが併走して情報を発信し、それぞれに支援に関する取り組みを行っている状況がある。

　だが、地方にも、地域に根ざした民間の文化施設、劇場、アートスペースは存在している。そこには、コロナ禍によって、どのような影響がもたらされたのか。メディアを通じて、広く人々の目にみえる形となっているとはいえない。このため、三重県津市でアートスペースを運営する油田晃

85　通称として「小劇場」「芝居小屋」と呼ばれるスペース。消防法、建築基準法における「劇場基準」を満たさないスペースも存在するため、今回、このように表記する。

氏[86]に、地域を中心とした芸術文化活動におけるコロナ禍の影響について尋ねることにした。

写真 6-3　特定非営利活動法人パフォーミングアーツネットワークみえ代表理事の油田晃氏

油田が代表理事を務める「特定非営利活動法人パフォーミングアーツネットワークみえ」（以下、ネットワークみえ）は、2011 年に三重県で設立された。運営コンセプトに「繋がる劇場」「育む劇場」「体験する劇場」をかかげ、地域に根ざした活動だけでなく、全国に発信できる公演事業を展開してきた。2014 年に活動が評価され、津市文化奨励賞を受賞。現在、津市内に津あけぼの座と四天王寺スクエアという、ふたつのアートスペースを運営管理している。

小劇場におけるコロナ禍の影響

東京や大阪でコロナウイルス感染者が出始めた 2020 年 1 ～ 2 月、津市の演劇界では、どのようなことが起こっていたのか。2 月頃から自主的に公演を中止する演劇団体が出てきたが、その時点では、まだ明確な自粛の判断基準がなく、実施か中止かの判断にはばらつきが出ていた。

その頃、三重大学の学生から「津あけぼの座」で予定している公演を実施するべきかどうか迷っていると相談を受けた。油田は「表向きは公演中止にし、関係者のみに向けて発表してはどうか」と提案し、「内覧」という形でなんとか公演を行ったという。

学生にとっては、公演の機会がそう頻繁にあるわけではない。いったん延期しても支出の面からみて再開ができない可能性も高い。学生時代の公演は貴重な経験であり、その機会を失わないようにという配慮からだった。

86　油田晃氏は演出家、映像制作プロデューサー、ワークショップデザイナー、大学非常勤講師などの肩書きを持つ。施設経営、舞台芸術制作、クリエイティブプロダクション（映像制作）、教育を横断しながら地元に根ざした多方面での活動を行っている。油田晃氏への聞き取りは、2020 年 6 月 27 日に行った。

3月からは、予定していた公演が中止、4〜5月は休業要請の対象施設となったため、公演をすべて中止した。自粛期間終了の5月末に再開し、6月に1本、7月に1本の公演を予定。また、この時期に三重県から「新型コロナウイルス感染症拡大防止に向けた『三重県指針』[87]」がでたので、それにそって観客席を50名から25名に減らした。これは、通常客席数（収容率）の50%に相当する。

　再開後は、すべての上演回において25名の満席となり、来場した観客は愛知県や大阪、京都からという人もいた。油田が観客のひとりに話を聞くと「関西圏での演劇公演が減ったため、観劇機会を求めて三重まできた」という。

「パフォーミングアーツネットワークみえ」の運営体制

　さて、今回のコロナ禍において、飲食店などでは賃料が大きな負担となり、閉店に追い込まれるというニュースが散見された。業種を問わず、収入のめどが立たないなかでの家賃の支払いは、経営者にとって大きな負担となる。

　経済産業省は、「家賃支援給付金」を創設、売り上げが減少した事業者の継続のために家賃などの負担軽減をめざした。6カ月を限度に月額最大100万円が支払われるものの、コロナ禍からいつ回復できるかまったく見込みが立たない。ネットワークみえにも同様の事態が起きても不思議はない。

　だが、ネットワークみえは、コロナ禍での運営継続に、大きな危機感を感じているわけではないという。では、危機対応を可能にした運営体制とは、どのようなものなのだろうか。

　油田は、自身の活動をNPO法人化する際に、劇場運営のための法人ネットワークみえと舞台制作のための法人の2つを同時に立ち上げた。劇場内の事務局スペースを2つの法人が共有し、舞台制作法人が事務局スペースの家賃を支払っている。これにより、劇場運営法人側の固定費の削減が可能となった。また、建物の大家の厚意により比較的安価な家賃を設定してもらっている。

　津あけぼの座は、主に津市内の実演家やアマチュア劇団などが使用する客

87　新型コロナウイルス感染症拡大防止に向けた『三重県指針』（令和2年5月15日）にはVer.3が公開されている。https://www.pref.mie.lg.jp/YAKUMUS/HP/m0068000066_00008.htm

席数50〜60席のいわゆる小劇
場だ。毎日、毎週末に必ず公演
があるわけではなく、貸し館と
しての会場費収入があっても、
常に劇場管理費や人件費はかか
る。

　「大家は特に舞台芸術に関心
が強いわけではないが、地元で
長く愛される調味料の会社を経
営している方。地元の若者支援
という意味も含めて、家賃を安

写真6-4　三重県津市でネットワークみえが管理運営する「津あけぼの座」

くするという形で応援してくださっている。地元の方の理解・協力があるの
はありがたいことだ」と、油田はいう。もうひとつの小劇場「四天王寺スク
エア」も同じ状況で、塔世山 四天王寺という寺院の中にある施設を劇場ス
ペースとして運営しているため、賃料負担は少ない。

再開後に懸念される劇場コンテンツの不足

　「津あけぼの座」は、6月20日から劇場公演を再開した。だが、その後、
すべての公演が通常通り行われているわけではない。自粛期間中に公演予定
だったものが、再開のめどが立たずそのまま中止となった。自粛終了後も、
客席数が減り、収益が少ないため、主催者がやむなく中止と判断した公演も
ある。

　油田は、関係者と相談・交渉を続けながら、可能な形での上演を行ってい
る。このような状況が続くなか、劇場を続けていくことはできても、長期的
にはコンテンツ不足に陥り、最終的に劇場運営に影響がでることが避けられ
ない。

　自粛期間の終了直前に油田は、愛知県名古屋市の小劇場「ナビロフト」や
「G/PIT」の経営者と現在の状況と今後の対策について話した。その時、「現
在、『誰も借りられない状況』で、動きが鈍っている」というのが共通認識
だった。

　「誰も借りられない状況」とは、一体何を意味しているのか。それは、3
つの要素から生まれる状況である。第一に、今後のコロナ禍による社会経済
活動への影響が不透明で、「安全のために客席数を50%減らして公演を行っ

たとしても、作品製作費や人件費が減ることはない。収入が減っても支出は減らないため、大幅な赤字が見込まれる」ということだ。

第二は「作品を作るための稽古場施設が営業していなかったり、時短営業をしていたため、十分な準備ができない」ことだ。最後に、「若い世代の劇団やパフォーマーは、公演企画スキルが未熟なため、どのタイミングで活動を再開してよいか判断がつかない」。そのため、「公演を行ったとしても、どのような対策で臨めばよいか分からない」ことである。

この3つの要素がネックとなり、アーティストは作品を発表したい気持ちはあるが、実際には劇場を借りる行動に踏み出せない。これが「誰も借りられない状況」を意味している。

この状況を踏まえ、油田は、「現在、全国各地の劇場や芸術団体が、独自に寄付を募ったり、クラウドファンディングで集まった寄付金の分配を待ったりしている状況だ。文化庁や経済産業庁などから芸術文化に関する各種支援助成金・補助金も次々と発表されたため、これらをうまく活用すれば、他の劇場も年内の劇場運営はなんとかなるだろうと見込んでいる。けれども、『公演をやっていない雰囲気』『やらない雰囲気』が広がっているので、来年以降の運営は大変不安だ」と話した。

アーティストや劇団が公演を行うことをためらっていると、劇場もまた、動くことができない。いつまでも劇場で公演が行われないままだと、観客の足が遠のき、劇場文化が失われてしまう。

　「劇場自体が主催企画を行うことが、今、必要ではないか。リーディング公演[88]なら、稽古期間を長くとる必要もないし、舞台セットや機材にさほど費用が発生するわけでもないので、企画しやすい。劇場が開いている、劇場で公演がみられる、という機会の創出自体を劇場が率先してやっていく必要がある」

油田は、劇場運営の現状と再開の方策をこのように考えているという。そして、今は劇場自らが、観客層やアーティストに向けて発信していくことが必要だと強調した。

88　通常の演劇公演とは違い、舞台上で俳優が戯曲を読む姿を見せる公演。演出家の力量や舞台俳優の魅力をシンプルに楽しむことができる表現方法である。最小限の舞台美術、出演者、制作期間で行われることが多く、制作費用を抑えることが可能。

146

現在、津あけぼの座では、「これから」プロジェクトと称し、コロナ禍からの劇場文化の復興をテーマにグッズ販売を始めている。この収益の一部を「これから」の劇場、観客、アーティストに向けた企画に使っていく予定だ。これは単なるグッズ販売による収益補塡ではなく、劇場から観客やアーティストに向けた劇場継続のための企画であり、「劇場が開いている」ことを発信するためのツールとして捉えることができる。

地域間連携の強化：リージョナルな視点で支え合う仕組み作り

津あけぼの座では、長崎県を拠点に演劇活動を行う F's Company のもつ施設アトリエ PentA、茨城県が活動拠点の劇団百景社がもつ施設、百景社アトリエとの連携企画を 6 ～ 7 年継続して行ってきた。三者がアイディアを持ち寄り、それぞれの地域がすでにもっているネットワークを共有することで、発表する作品の質の担保、観客層や目的を絞った企画を行うことができるためだ。

ただし、劇場設備や情報共有のネットワークが有効利用できたとしても、企画全体の経費を考えると、地域間を移動する交通費や滞在費などが経費の多くを占めることになり、チケット収入だけでは収支が合わない。このような地域連携の企画を継続していくには助成金の獲得が必須となっている。だが、多くの助成金は、採択された年度内での執行と決められている。事業費は、単年度決算のため、長期的な視野でみると、助成金に頼った活動には限界がある。

この他、津あけぼの座は、名古屋の小劇場のナビロフトや G/PIT と、連携企画実施の検討を始めている。ひとつの作品を愛知と三重の劇場が連携して発表する企画である。津あけぼの座で、レジデンス制作を行い、十分に時間を使い、集中して作品を作ることができれば、劇場として質の高い作品を観客に提供できる。その作品を三重、愛知の劇場で発表すれば、発表の機会も増え、観客層の拡大にも繋がるという計画だ。

小劇場は、観客席 100 席前後の小規模スペースが主流である。100 席分のチケット収入だけでは、公演回数を増やしたとしても、作品制作費や滞在費、人件費をまかなうことは困難である。企画実現のためには、やはり公的助成金、民間助成金を獲得することが課題となる。

油田は、これまでも、ひとつの作品を一地域だけではなく、あえて東京以外の複数地域で発表する企画を何度も実施してきた。なぜ、演劇の中心地と

もいえる東京で公演をせず、地元や他地域での公演を続けるのだろうか。

　「東京や大阪などで活動をするのとは違い、地元で地域の芸術文化のことを考え、実験的な作品を作っていても、周りに同志がいない。頑張る意味がみいだせず、孤立感があったが、他地域にも自分と同じように思っている人がいた。そういう人たちと繋がっていきたいと思った」。

　通常、地域の演劇団体が地元以外で公演をしたいと思った時、東京公演をめざす。東京には舞台芸術のみを職業として生活する人が多いことも事実だ。俳優やアーティスト、技術者などが職業として活動する場を供給するプロダクションが数多く存在し、経済活動につながる発表の機会を提供する劇場、アートスペースも圧倒的に多い。最近でこそ、中規模都市にある小劇場などが他地域の劇団公演を積極的に受け入れることが増えてきたものの、依然として、東京は演劇ビジネスの中心である。

　後述する「三重県における文化芸術関係者の新型コロナウイルス影響に関する実態調査[89]」が示すように、大都市以外の地域では、芸術活動と他の職業を兼業している人が多く、文化芸術活動のみで収入をえる人は決して多くない。三重県での調査では「芸術活動とは別の仕事をしている人」が74％、福岡市51％[90]、大阪府66％[91]、広島県70％[92]という結果が出ている。

　芸術のみに従事する人が少ないことは、地方においては、必ずしも芸術活動が経済活動に結びついていないことを示す。そのため、これまでは地方のアーティストや芸術団体が芸術文化を職業にするには、東京で活動をしなければならないという構図や、仕事にするためには東京での評価が必要といわれてきた。

　そのようななかで、油田は、大都市とは違う地域の特性を手放すことなく

89　三重県における文化芸術関係者の新型コロナウイルス影響に関する実態調査（2020 年 6 月 4 日作成）http://pan-mie.org/_src/5490/enquete.pdf?v=1538791228632

90　福岡における文化芸術関係者の新型コロナウイルスの影響に関するアンケート調査（2020 年 5 月 11 日 速報版）http://www.as-fuk.com/20200511covid19.pdf。

91　大阪における文化芸術関係者への新型コロナウイルスの影響に関する実態調査 報告書（2020 年 6 月 16 日 速報版）http://www.chishimatochi.info/found/wp/wp-content/uploads/2020/06/osakaartssurvey2020re.pdf

92　広島県における文化芸術関係者への新型コロナウイルスの影響に関する実態調査 報告書（2020 年 7 月 11 日 速報版）http://www.h-bunka.or.jp/zaidan/survey/pdf/hiroshima_artssurvey2020re.pdf

活動を続けるため、「中央 対 周辺」という構図から距離を置き、地域間の連携に視点を切り替えたと捉えることができる。

三重県の行政、文化芸術関係者の動向、地域内連携

　1980 年代から 90 年代に、各地に本格的なクラシックやオペラ公演もできる大型ホールが数多く建設されていくなかで、地域の芸術文化を担う人々が集まって組織を作り、行政への提言や地域の芸術活動に関する調査が行われてきた。

　三重県でも、三重県文化会館建設計画を機に団体連絡協議会が設立され、計画への提言を行った。また建設後は、文化会館としての役割提言やそのコンテンツについての意見交換の場として機能していた。だが、油田によると、現在は、機能しているとはいいがたい。当時中心だった人々は、すでに 80 歳を超え、当時の組織やネットワークが次の世代に引き継がれていない状況だという。

　今回のコロナ禍で、三重県のある芸術団体は、三重県に支援要望書を提出した。油田は「署名には協力したが、内容にはあまり納得していない。国レベルの支援と同じことを三重県に求めてもあまり意味がないのではないか」と疑問を唱える。客観的データがそろっていないなかで、要望をだしても具体的な解決策に結びつかない、というのがその理由だ。

　油田は、一方的に「芸術文化の危機なので支援金を出してほしい、助けてほしい」と要望することに違和感があった。そして、まずは実態調査が必要だと考えた。株式会社ニッセイ基礎研究所芸術文化プロジェクト室主任研究員である大澤寅雄氏が、福岡市で実態調査を始めていたため、大澤氏に掛け合い、アンケートのひな形を借りる承諾をえた。

　そして、三重県内の各所に協力を募り、「三重県における文化芸術関係者の新型コロナウイルス影響に関する実態調査」を行った。調査期間　2020 年 5 月 20 日～ 6 月 1 日で、結果は、次のようなものだ。

　有効回答数 559 件（個人 495 件・事業者 64 件）にのぼった。調査によって、文化芸術関係の事業に関わる三重県内の個人の 96%、事業者の 97% が新型コロナウイルスの感染拡大防止による延期・中止の影響を受けたことが判明。さらに、事業の延期や中止による収入の損失の平均額は、個人が約 37 万円、事業所が約 213 万円、最大で 2500 万円に及んだことが明らかとなった。

　また、「芸術活動とは別の仕事をしている人（個人対象）」は 74%（366 名）

で、そのうち 38%（141 名）がコロナ禍で「別の仕事」の収入損失を被った。そして、「別の仕事」の 38%（141 名）が非正規雇用と判明した。

　調査の主体となった「三重県内の文化芸術に関わる有志一同」は記者会見を行い、アンケート結果から導き出された三重県の文化芸術の支援策案および 4 つの提言[93] を発表した。

　調査結果を公表したことで、周囲の反応に変化が起きた。複数の地元紙が調査結果を掲載。実態がわかる客観的なデータが提示されたことで、三重県の文化芸術の状況が県議会の議題にあがった。この状況を心配する県議会議員からオファーがあり、調査結果の詳細を説明する機会をもてたという。

　油田は、知り合いの三重県職員から「実態調査を行おうと思っても、声をかけていくところが分からなかった。改めて日頃のネットワークの希薄さ、とりまとめていく組織がないことを実感した」といわれたという。これは、三重県内の芸術文化が存続の危機に直面したことではじめて、日頃の連携の希薄さが浮き彫りになったということを示している。

　この実態調査のひな形は福岡県、三重県だけでなく、札幌市、大阪府、長野県などの複数地域で使われた。そのため、結果的に、コロナ禍の影響度合いやその傾向について、他地域との比較ができ、それにより共通の課題と三重県独自の課題が明確になった。

　さらに、共通のひな形を使いアンケートを実施した福岡市、札幌市、大阪府、長野県、福井県などの文化芸術関係者とのつながりが増え、地域間の情報やスキルの共有が実現した。油田は、映像制作プロデューサーとして、メディアへの対応スキルもあるため、他地域の関係者にメディア発信の方法や記者会見の実施方法をアドバイスした。また、それぞれの地域で作成した提言書を参考にして三重県の提言書の内容をブラッシュアップさせることもできたという。

今後の課題：地域に根ざした活動の継続とその方策

　ここまで、三重県津市という一地域の小劇場運営者の活動における課題を

93　2020 年 6 月 11 日の記者会見で発表した「三重県における文化芸術関係者の新型コロナウイルス影響に関する実態調査」に基づき、「新型コロナウイルスの予断を許さない状況に柔軟な対応を」「今後の再開される事業に対する補助を！」「今後の劇場・ホール等の利用に対する整備を！」「アーティストや文化団体のネットワークの構築を！三重県版アーツカウンシルの設立を！」を提言した。

紹介してきた。しかし、これらは一地域の劇場が解決すべき、またできる課題ではない。大都市とは異なる、小劇場運営や芸術文化活動のセオリー、価値観、生活様式をもつ地域特有の共通課題として取り組んでいく必要がある。

　大都市では、舞台芸術に限らず、芸術文化全般と経済が密接な関係をもちつつ実施されている。しかし、地方の小都市では、そうとばかりはいえない。地方における芸術文化活動は、経済活動とは少し離れた立ち位置で地域住民の生活の中に存在しているからだ。

　コロナ禍の数カ月の経験を通し、「これらの状況を把握し、様々な意見をとりまとめ、行政等にアドボカシー、提言を行っていくための組織、アーツカウンシルが三重県には必要だ」と油田は述べた。

　一方、「急ごしらえで作った組織は、のちのち問題も出てくる。アンケートを皮切りに、行政や関係者に働きかけながら、数年をかけて三重県のアーツカウンシルを設立する方向に進みたい」と慎重な姿勢もみせた。すでに先行して設置されている他地域のアーツカウンシルも多くあるので、それらの動向もリサーチし、地域の特性に応じた組織となることを期待する。

　東京や大阪では、アーツカウンシルが設立されてから数年がたつ。これらの組織もまた、何らかの危機的状況や転換期に設立された。大阪アーツカウンシル[94] は、府政が芸術文化の支援方法や補助金の交付先、金額を大幅に見直した時期だ。東京アーツカウンシル[95] は、オリンピック招致を計画した時期に重なる。コロナ禍のような危機や転換点に遭遇した際、地域の芸術関係者から、アドボカシーが可能な組織の設立を望む声がでるのは当然の流れなのだろう。

3)　地域における舞台芸術フリーランスの現状

　コロナ禍で初めてスポットライトが当たったともいえる、舞台芸術の現場。ここで働く人々は、現在どのような状況に置かれているのだろうか。

　この節では、舞台芸術に従事するフリーランスを取りあげる。舞台芸術、

94　大阪アーツカウンシル https://www.osaka-artscouncil.jp/%e6%a6%82%e8%a6%81/
95　東京アーツカウンシル https://www.artscouncil-tokyo.jp/ja/who-we-are/history/

特に演劇の従事者の多くは、フリーランスで活動しているからだ。舞台芸術にフリーランスが多いことの背景に、なにがあるのか。この点を捉えた上で、コロナ禍における彼らの現状について事例を通じて考えていくことにする。

　なお、演劇に関わるフリーランスは、劇団やアーティストからの直接委託の他、民間の小劇場や公立劇場から業務の委託を受ける機会が多くある。このため、劇場の運営のあり方や収益の状況などを考慮したうえでなければ、彼らへの支払いなどについて検討することは難しい。そこで、日本における劇場運営についてみておくことにしたい。

上演期間の短さから生じる課題

　舞台芸術に従事するフリーランスを取りまく背景は、さまざまで、個別に検証することは難しい。その大きな背景のひとつに、日本の演劇作品の多くが短期間かつ新作上演であることがあげられる。多くの演劇作品が数日〜１カ月の公演で終わってしまい、再演の機会も少ない。劇場は、できあがった作品を入れる入れ物で、劇団や芸術団体が作品を作る場所ではないことが多い。

　一方、欧米では数カ月から数年の期間継続して公演が行われ、再演作品も多数ある。ヨーロッパでは芸術団体が、劇場に併設された稽古場で継続して作品を作り、定期的に作品発表するシステムがある。日本でも、宝塚歌劇団や劇団四季のように常設の稽古場や劇場をもっているところもある。また、公共劇場において、同様のシステムが設けられているところもある。だが、日本においては例外的、といってよいだろう。

　長期間上演ができる劇場や、演劇作品を「創る」プロダクションのほとんどは、東京に集まっている。演劇ビジネスは、東京一極集中の傾向が強い。東京都生活文化局の調べによると、東京都にはホール・劇場が約1200[96]ある。では、東京以外の地域には、どれだけの劇場があるのか。

　公益社団法人日本芸能実演家団体協議会によると、実演芸術の上演に利用できる公立文化施設と民間施設は、全国各地におよそ3000館近くあり、その大半を占める2200[97]館近くは、公立文化施設だという。これらの数字に

96　東京都内約1300件のホール・劇場などについて、2020年3月末時点の各施設の基本情報、利用ジャンル、利用方法などの現状を東京都がアンケート調査した結果。

97　公益社団法人日本芸能実演家団体協議会公式サイトより。主として300人以上の観客席のある自治体設置のホールを会員とする全国公立文化施設協会が施設総数の集約をしている。

は、東京都内の劇場も含まれている。したがって、東京都を除く全国での公立・民間を合わせた施設数は、1800程度と推計できる。

「劇場、音楽堂等の活性化に関する法律」第十二条は、「地方公共団体は、地域の特性に応じて当該地域における実演芸術の振興を図るため、劇場、音楽堂等の事業の実施その他の必要な施策を講ずるものとする」と明示している。この法律の要請もあり、東京以外の地域では、公共劇場が地域における文化芸術発信の中心的役割を担っている。

しかしながら、現実的には東京と同じような仕組みで機能しているわけではない。例えば、東京で10回上演した作品を地方で上演した場合、2回、多くて3回程度の上演回数しか見込めない。人口の違いもあるが、毎日どこかで上演が行われ、気軽に劇場体験ができる東京と、そうでない地方とでは、劇場に対する身近さ、気軽さの度合いが違うからだ。

フリーランスに依存する舞台芸術界

上演回数がここまで少ないと、劇場は、利益をえることが難しい。しかし、公共の役割として「必要な施策」を実施しているため、公共劇場は、収益を第一目的としない作品を「創る」。とはいえ、収益をあげられない前提の事業を頻繁に行うことはできず、公共劇場が「創る」のは、多くても年に数本程度にとどまってしまう。

「それなら収益が上がる作品を上演すればよい」といわれるかもしれない。だが、そうなると民間劇場と競合し、「民業圧迫」と非難されかねない。さらに、文化の多様性を保持する公共としての役割を維持できなくなってしまう。

こういった「創る」ことを主軸とした劇場運営を行っている地域の公共劇場は、国内に10カ所程度あるが、公共劇場といえども劇場運営を維持するためのスタッフを正職員として常時、安定して雇用することはできない。正職員のほか、有期職員や専門スタッフの業務請負、短期アルバイトなどを組み合わせながら、作品の制作環境を整え、公演を実現させている。

もちろん、地方においてもアーティスト個人や劇団が行う公演もあるが、多額の補助金が交付されない限り、公共劇場と同じ規模の作品を創るのは難しいだろう。このような環境のなかで、公演から公演へ渡り歩く形で仕事を続けるフリーランスは、確実に地域の芸術文化を担う一翼として存在している。

公演の準備期間から公演の当日、公演終了後の後始末業務すべてに関わる専門スタッフとして活動する制作フリーランス。演劇作品の制作スタッフと

してだけでなく、チケット販売業務や地域のイベントの当日運営、楽屋や稽古場管理など、普通のアルバイトでは任せられない業務の応援スタッフとして、短期的な仕事を依頼しやすい存在として、舞台芸術界で認識されている。

京都の劇場公演へのコロナ禍の影響

このような環境の下で活動する制作フリーランスは、今回のコロナ禍でどのような影響を受けているのだろうか。京都市における、事例を通じてみていくことにする。

渡邉裕史氏[98]は、京都市内を拠点とし所属劇団の制作も行いながら、他劇団や公共施設での演劇制作の業務委託を受けている。また、演劇制作と並行してワークショップデザイナーとして、学校などから依頼を受け、小・中学生や専門学校生へのワークショップを企画・実施する講師としても活動している。

京都の演劇関係者やアクティブラーニング関係者と広くネットワークをもっているが、特定の団体や企業に所属しているのではない。いわゆるフリーランスの演劇制作者だ。その渡邉に、京都におけるコロナ禍の影響と現状を聞いた。

京都では、2月頃から劇場公演がだんだんと自粛に向かっていった。3月中旬には渡邉の仕事にも影響が出始めた。その時期の仕事は、公演当日運営の業務委託などの短期間契約の仕事だったため、キャンセル料が支払われなかった。しかし、運営業務委託のキャンセルがあった一部の公演では、中止にともなって生じた業務としてチケット代返金作業を新たに請け負い、補填されたケースもあった。

演劇公演だけでなく、学校関連のワークショップの仕事もキャンセルや保留の連絡が入ってきた。通常、学校関連の事業は新年度の4月以降にならないと具体的に話が進むことはない。しかし、感染拡大状況が不明だった3～4月頃には1週間おきに状況が変わっていった。

毎年依頼を受けていたワークショップの仕事は、「いったん保留したい」

---

98 渡邉裕史氏は、京都を拠点に演劇公演の制作やフェスティバル、地域イベントの制作・運営に携わるほか、演劇を基にしたワークショップの企画・運営を行う。また、「市民がより豊かな生活を享受できる環境を作ること、また舞台芸術を通じて豊かな感性を共有し高めあう人の輪を広げることを目指し、そのために舞台芸術の振興を促進し、その環境整備を進めていく」ことを目的とするNPO法人「京都舞台芸術協会」の事務局員を務める。渡邉氏への聞き取りは、2020年6月14日に実施した。

と連絡を受けた。また、講師を
している専門学校では、学生に
会うことなくオンラインで授業
を行うこととなった。渡邉の担
当する授業はワークショップ形
式だったため、一から授業構成
を練り直さなければならなくな
った。

写真 6-5　京都を拠点に活躍する舞台芸術制作者
　　　　　渡邉裕史氏

　渡邉は、「もともと上半期に
は現場の仕事がそこまで多くな
かったが、4月の段階ではここ
まで長く続くとは思っていなかった」と当時を振り返った。

　渡邉がいうように、4月の時点では、劇場運営者やイベント実施者、アー
ティスト、スタッフなどの舞台芸術関係者は、春から夏にかけての状況が見
通せず、行政や公共施設などの対応もばらばらだった。自粛期間の終了後、
舞台芸術関係者は改めて、今後の活動への影響の大きさを実感したという。

　5月から7月にかけては、感染状況とその影響の深刻さを受け、国だけで
なく、民間、地方公共団体から芸術文化を対象とした助成金、補助金が数多
く新設された。だが、これらの多くはある一定規模の団体や法人をターゲッ
トにしており、任意団体や個人が対象外と明記されていなくても、実際の申
請要件をみる限り、フリーランスが申請することは困難だ。

　8月以降に渡邉の請け負う予定だった事業は、次々キャンセルや保留、事
業縮小、変更となっていった。夏以降の感染拡大状況によっては、本来予定
していた形で実施ができなくなる可能性が高いものが多い。とりあえず話を
進めているが、時期変更や中止の可能性がある前提で準備をしている状態だ
という。業務依頼者からは「できるだけやる方向にはしたいが、できない時
はわかってほしい」といわれ、不確定要素が多い状況が続いている。

フリーランスの業務契約と業務の実情

　フリーランスの業務委託契約の多くは、公演日までに準備作業を含め大半の
業務を履行しているが、契約書は公演日の直前に交わす。契約書を交わさない
ことさえもある、口約束が前提の世界だ。業界の慣例ともいえるが、個人と個
人のつながりで成立する仕事が多く、実際の業務内容も作品によって事細かに

変わってくる。そのため、最初から労働条件を明示することが難しい。

　では、労働条件も明示できない業務内容とは、どのようなものなのか。

　客観的な指標として、総務省日本標準職業分類を参考にして考えてみよう。渡邉の請け負う業務の多くは、大分類B・中分類24[99]「その他の専門的職業従事者」と大分類E・中分類407[100]「娯楽場等接客員」を合わせたような業務内容である。

　劇場施設管理や接客などの基本的な業務の他に、各自のスキルや状況に応じて、一般事務、予算作成、助成金申請、経理、劇場や関係団体との交渉、スケジュール管理、広報プラン作成・実施、宣伝、チケット販売・管理、イベント企画・運営、通訳、翻訳、著作権管理、デザイン・編集、ツアーマネジメントといった業務も含まれる。今後は、感染予防対策の計画・管理も制作業務に含まれてくるだろう。そのため、業務内容が多岐にわたり、「契約書」に一言で表すことが難しい。

　舞台芸術の世界で働く人のなかには、大学院進学や留学の経験を生かして、専門的アドバイザーとしてのスキルを兼ねる者もいる。具体的な業務としては、公演の創作現場において生じる知的作業に関わり、サポート、助言、調整、相談役などの役割をはたすドラマトゥルクなどになる。

　渡邉は、今回、多くの仕事でキャンセルされたが、今までと同じく、契約書という書面ではなく、口頭かメールで詳細を決めている。仕事を受ける立場としては、自分から前もって契約書を交わすことを言い出しにくいという。

　しかし、リスクマネジメントの面から、「契約書がなければ仕事は受けません」、「コロナで中止になったらどうなるのか事前にお話がないと、スケジュールを押さえることはできません」と主張するフリーランスもでてきたという。そうしなければ、自らの生活を守れないからだろう。

　渡邉は、演劇公演の当日運営を何人かのチームで行っている。業務委託を

99　総務省日本標準職業分類　大分類B 専門的・技術的職業従事者/中分類24 その他の専門的職業従事者「図書館司書、学芸員、カウンセラー（医療・福祉施設を除く）、個人教師、職業スポーツ従事者、通信機器操作従事者、ヘッドハンターなど中分類〔17〜23〕に含まれない専門的な仕事に従事するものをいう。」

100　総務省日本標準職業分類　大分類Eサービス職業従事者/中分類407　娯楽場等接客員「映画館・劇場・ダンスホール・競馬場・野球場・遊園地・博覧会・動物園・博物館・美術館などにおいて、整理券・入場券の出札、客の案内、場内の整理、その他の接客サービスの仕事に従事するものをいう。ただし、展示品・遊戯品・資材の保管・修理に専ら従事するものは含まれない。」

受けた後、アルバイトを雇うことになる。コロナ禍でのキャンセルに当たり、業務依頼者のアーティストや各団体へ補填を要求するわけにもいかず、また自身もアルバイトへの補填ができていない状況で、板挟み状態になっている。

この状況を「公演を実施するにしても、お客様に対して、『心配な方は来場しなくてよい』といった従来とは違う案内をしなければいけない。そうするとア

写真 6-6　渡邉裕史氏がファシリテーターを担当するワークショップの様子。演劇の手法を使い、コミュニケーションスキルについて体験したり、まちづくりについて考えたりするワークショップを行っている。

ーティストの収入も減るわけで、アーティストの収入が減るなかで補填の話をするのは難しい」と説明する。公演実施か中止かの判断は、その公演に関わるすべてのスタッフやアーティストの収入の問題に直結しているのだ。

政府や自治体の支援策の活用と効果

舞台芸術業界においても、持続化給付金[101]や行政単位の奨励金、支援金、補助金が整備されつつある。フリーランスの多くは持続化給付金を申請するほか、各自治体の社会保険料や税金の減免措置を活用したり、文化芸術の支援金に申請したりしている。渡邉も地元の「京都市文化芸術活動緊急奨励金」[102]を申請し、採択された。

この奨励金は、コロナ自粛期間の早い時期に発表され、京都市内の芸術団体やアーティストだけでなく他地域からも注目された奨励金だ。5 月 7 ～ 17 日の募集期間で、1071 件の申請があり、6 月 24 日時点で 994 件が採択され

---

[101] コロナ染拡大により、営業自粛等により特に大きな影響を受ける事業者に対して、事業の継続を支え、事業全般に広く使える給付金として中小企業庁が給付。個人事業主には、100 万円を限度に支給した。

[102] 京都市による文化芸術活動への支援施策。「発表・制作等の機会を失っている文化芸術関係者の活動を支援するため、新型コロナウイルス感染症拡大防止等に留意しつつ、現下の情勢 において実施できる文化芸術活動（企画・制作・実施・リサーチ等）を募集し、審査のうえ奨励金を交付するもので、採択：924 件、追加採択：約 70 件。申請分野（上位 5 位）：①美術、②音楽、③演劇、④舞踊、⑤写真（2020 年 6 月 24 日現在）となっている。

た。公演、作品制作、展示、リサーチなど、内容を限定されず、何らかの活動に対して奨励する趣旨で利用しやすいタイプの支援として、芸術関係者に認識され、短期間に多くの応募があった。

　渡邉は、静岡県で10月に参加する予定の現代アート展において、地域の関係者と連携をとりながら作品制作をする過程自体を記録する活動に奨励金を使う。「普通、演劇作品の記録はあるが、作品が発表されるまでの創作過程や対話の様子などの記録はないので、それを含めたアーカイブを作る」ことに使うということだ。

　これら支援があり、多くのフリーランスは、半年間程度はあまり大きな問題なく生活ができると予想することもできる。だが、「その後の方が心配」と渡邉はいう。直接的な影響が出た2〜5月には、前述のような支援策があり、それぞれの状況や要件に合うものに申請できた。

　だが、この状態がいつまで続くかわからない。さらに、この状態がなんども繰り返される可能性もある。渡邉が専門とするワークショップや演劇は、人が集い、対面で行うため、コロナ禍が収束しないと、これまでのように仕事を続けていけないのではないかという不安がある。「仮に、本来の仕事ではないことを短期的にでもやれば、生きていくための収入はえられるのかもしれない。現状はうまく乗り切れるけれど、何年先まで続くのか、今と同じ状態のまま仕事ができるのか」と自問している。

　制作フリーランスの場合、飲食業などのように、日々収入があるわけではない。決まった期間に決まった状況で仕事を依頼され業務を行い、完了した後に収入をえる、作品やイベントの現場が中心の業務がほとんどだからだ。フリーランスは自分自身が商品で、その商品を売る先がなくなってしまうと売り場を変えざるをえない。

　渡邉の場合、それが学校や劇場、個人のアーティストだったが、今はすべてストップしてしまっている。そのため、本来の仕事、演劇制作やワークショップでの収入が戻ってくるかはわからず、将来が全くみえない状態だという。

今後の懸念、課題について

　渡邉は、フリーランスとして、また、舞台芸術制作者としての今後の課題に、次の3つを挙げた。第一に金銭面の問題、第二に映像配信、第三が安全対策である。それぞれ関連する内容だが、切り分けてみていく。

　京都市内の小劇場のなかには、劇場利用料を減免[103]している劇場があるという。感染予防対策について同意書を交わし、利用料金の大幅な減免を行う。行政のガイドラインに沿って公演すると、客席数を従来の半分に減らさなければならず、その補塡だ。「京都市舞台芸術活動緊急奨励金」では、奨励金を交付した団体が京都市内の公共劇場を使う場合、会場を無料で提供している。

　こうした支援を活用しても、資金的な問題がすべて解決するわけではない。客席が半分になると、多少工夫し作品の発表方法を変えたりしても、そこにかかる労力や携わるスタッフが半分になるわけではないからだ。安全対策を取ることで、新たな物品購入費や人件費がかかることも考えられる。

　収入が半分以下になる可能性があるとしても、そのリスクを引き受けない限り、公演ができない。そのリスクは、「演劇作品の本質を変えてしまう可能性」もある。「表現活動を継続するには収入がなければならず、それがアーティストにとって大きな足かせになってしまう。現実を突き詰めすぎると、アーティストにとっては損失でしかない」。アーティストは、表現の機会を、観客はそれを享受する機会を喪失することにつながっていく。

　第二の映像配信は、「映像を流せば公演の代替になる訳ではないが、劇場に足を向けるのが難しい時期にアクセスできることや、都会、地方の文化格差が埋まるのはよい点」と渡邉は感じている。だが、演出家は、映像作家ではない。演出家が映像を作ると、意識することや観客に届けられるものが変わってしまう。使う技術も変わり、スタッフの配置も換わってくる可能性がある。

　この状況が続くと、演劇を専門とするスタッフの技術が失われていく可能性がある。これまで培ってきた技術を発揮する現場がなくなれば、収入が途絶える。技術を教えられる人もいなくなってしまう。人材育成の場がなくなると、10年後には深刻な人材不足に陥り、地域の芸術文化にとって痛手、損失にもなる。また、このような厳しい環境で、演劇の仕事をしたいという人もいなくなってしまうだろう。今以上に人材の確保が難しくなるかもしれない。

　第三の安全対策は、劇場公演における感染防止対策としての費用が加算さ

103　一般社団法人アーツシード京都が運営する THEATRE E9 KYOTO（京都市南区東九条）では、民間金融機関及び政策金融公庫から計 2000 万円の融資を受けた上で、劇場利用料の減免措置を行っている。

れるという現実的な問題がある。実質的な必要性もあるが、安全対策を行っていることのアピールにコストがかかる。どこまでやればいいのか、どれくらい物品を購入し、人を配置するかが今後の課題となる。

　京都市内の劇場は、それぞれガイドラインを作成中だ。京都では、劇場のほか、アーティストがカフェやフリースペースといった場所で作品発表することも多い。その際には、その会場独自のルールを把握、検証し、演劇のルールとカフェの運営をすりあわせる作業などを行う必要がある。頻繁に打ち合わせもできず、今後の予想もできないなかで、作品を上演する会場にあったルール作りを考え、運用していくことが制作者としての新しい仕事であり、課題となっている。

　これら3つの課題は、コロナ禍を機に生まれた課題ではあるが、舞台芸術業界における普遍的な課題にもつながっていく。今すぐ解決できる特効薬はないが、渡邉が語ってきたように、まずは舞台芸術の現場を減らさないことが重要だ。

　それが舞台芸術に従事する労働者の雇用を確保し、彼らの生活を安定させ、表現活動を支援する人材を止めることにつながる。表現活動の環境が整い、それに応えられる専門スタッフがいることで、アーティストは安心して表現活動を行うことができ、生まれた作品を劇場を使って観客に届けることができる。

　これは、アーティストやフリーランスの専門スタッフ、民間劇場が創意工夫し、苦しいなかで模索し続けている最大の課題である。しかし、地域においてこの循環を回すのは、やはり、行政や公共劇場の役割ではないだろうか。今こそ、地域の芸術文化振興の役割を担い、積極的に公演実施の対策を打ち出すべきだ。

　また、同時にコロナ禍で体験したことを機に、フリーランス自身が自分の働き方に目を向けることも必要だ。自分の技術や時間が労働市場でどのように守られるべきなのか、自分の受けた業務はどのような契約のもとに履行されるべきなのか。自己の労働に対する意識と、それを守るための知識を向上させることが重要だといえよう。

おわりに

　今回、コロナ禍の影響を受けた舞台芸術の現場について、3 つの事例を通して、明らかになったことがある。それは、資金面における組織や事業の脆弱性、雇用や労働環境の不安定さ、人材育成スキルの希薄さ。そしてその結果、生まれる慢性的な人材不足である。

　2000 年以降、多くの大学でアートマネジメント学科が創設されたこともあり、舞台芸術を仕事にしたいと考える若い世代も多く登場してきた。だが、未経験の新卒者を雇うところは限りなく少ない。実のところ、「人材不足」というのは正確な表現ではなく、「ある程度経験をもった人」がいないということを意味している。

　つまり、育成する余裕がないから、教えなくてもいい人を雇いたいということだ。特に地方においてその傾向が顕著だ。そのため、若い世代は、アルバイトやインターンで数年間経験を重ね、ネットワークを拡げ、なんとかこの業界で生き残ろうとする。

　近年、舞台芸術は娯楽にとどまらず、多様性や他者の価値観、文化的な差異を認めることの大切さを伝えるツールとしても認識され、教育や人材育成の現場のアクティブラーニングに組み込まれ活用されてきた。しかし、現場の状況としては悲しいものがある。この状況は、多様性と安全が担保された、開かれた場といえるのか、疑問である。経済活動とは一線を画す地域の芸術文化の現場だからこそ、作品だけでなく、そこで従事する人々が安心して自己の能力を発揮できるような環境を整え、次代につないでいくことに視点をもつべきだろう。

第7章　コロナ禍のアメリカにおける NPO の活動

柏　木　　　宏

　アメリカ疾病予防管理センター（CDC）によると、8 月 19 日現在、全米の新型コロナウイルスの感染者は、累計で 546 万人、死者も 17 万人を超えている。この世界最悪の感染状況は、アメリカの経済活動を大きく制約。2020 年 4 〜 6 月の国内総生産（GDP）は、年率 32.9% のマイナスになった。連邦商務省が統計を取り始めた 1947 年以降、最悪の数字だ。

　経済活動の悪化は、失業者の増加をもたらす。失業の増加は、生活苦に陥る人々が増えることを意味する。その結果、NPO による、失業者や生活困窮者支援のニーズは、急速に膨れ上がった。しかし、コロナ禍における、ソーシャル・ディスタンスの確保の必要性もあり、従来のような対面での活動を行うことは、原則としてできない。さらに、人々の生活が困窮していくなかで、寄付を通じた活動資金の確保も困難になってきた。

　日本の NPO と同様の状況に直面している、といっていいだろう。とはいえ、感染状況は、日本よりはるかに深刻だ。そのうえ、コロナ禍に関連して、対外的には中国、国内的にはトランプ政権と民主党の政治的な対立関係が存在している。さらに、マスクの着用をはじめとした感染防止に不要論を唱え、社会経済活動の再開を強硬に主張する声も根強く存在する。

　こうした状況に対して、NPO は、どのように立ち向かっているのだろうか。対中関係の影響を受けたアジア系太平洋系の人々へのヘイトクライムの防止、失業により収入の道が閉ざされた人々の家賃の支払い猶予、生活困窮者への食糧の支援などにおいて、NPO がはたしている役割には大きなものがある。その一方で、経営難に陥っている NPO の救済や活動の維持、発展に向けて、さまざまな資金調達や政策要求が進められていることも忘れてはならない。

コロナ禍における、アメリカの NPO のサービス活動とアドボカシー活動。日本との政治的な状況の相違なども踏まえたうえで、この NPO による二種類の活動の現状と課題を探っていく。その前に、アメリカにおける新型コロナウイルスの感染の広がりと、それに対する政策について概観しておこう。

1）社会経済活動の再開へのシフトがもたらした悲惨な状況

　アメリカ国内で新型コロナウイルスの感染者が CDC により最初に確認されたのは、1 月 21 日。ワシントン州最大の都市、シアトルから車で小一時間のところにあるスノホミッシュ郡のクリニックで診察を受けた男性は、中国の武漢の家族を訪問し、アメリカの自宅に戻ってから咳や微熱がでたという。その後、武漢からの帰国者を中心に、1 月末までに 7 人の感染が確認された。

　中国における新型コロナウイルスの感染について、CDC が把握したのは、2019 年 12 月 31 日。翌日、CDC は、連邦保健福祉省（HHS）に報告した。このように、アメリカ政府は、早い段階でウイルスに関する情報を入手していた。また、国内初の感染者が確認される前の 1 月 17 日、CDC は、サンフランシスコとニューヨーク、ロサンゼルスの 3 つの国際空港で中国の武漢からの帰国者を対象にした検疫を開始していた。

　感染拡大が世界 18 カ国に広がったことなどを受け、世界保健機関（WHO）は 1 月 30 日、「国際的に懸念される公衆衛生上の緊急事態」を宣言。トランプ政権は翌日、同様に「緊急事態」との認識を示した。こうした「水際対策」を中心にした一連の動きに限定すれば、新型コロナウイルス感染防止に向けたトランプ政権の初動対応には、迅速さが感じられる。

危機感の欠如と非常事態宣言後の感染急拡大

　トランプ大統領がマイク・ペンス副大統領を責任者とする新型コロナウイルス対策班を設置したのは、2 月 26 日。この時、大統領は記者会見で、「アメリカ国民へのリスクは非常に低い。……なにが起きたとしても、我々には完全な準備ができている」と述べた。アメリカ国内の感染者が、わずか 15 人だったとはいえ、この危機感の欠如を感じさせる発言は、その後の感染対策の遅れと混乱を導く一因になったといえよう。

記者会見から 1 週間
後の 3 月 3 日、累計の
感染者は 118 人と 100
人台を突破。その 2 週
間後の 3 月 11 日には
1281 人と 1000 人台、
19 日には 1 万 3677 人
と 1 万人超えとなった。
それからわずか 1 週間
後の 3 月 26 日、感染
者は 8 万 2404 人に達
し、中国とイタリアを

写真 7-1　シカゴのチャイナタウン。全米各地のチャイナタ
ウンは 2 月、ゴーストタウンと化した。写真：筆者撮
影

抜き、世界最悪の状況に陥ったのである。

　この間、トランプ政権は、まったく手をこまねいていたわけではない。
WHO がパンデミック宣言を行った 3 月 11 日、ヨーロッパ 26 カ国からの渡
航禁止を発表。二日後には、全国に非常事態宣言を発令した。3 月 17 日に
は、国防生産法を発動する姿勢を表明した。同法は、戦時下などの緊急事態
において、民間に特定の物資の生産などを命じる権限を政府に与えている。

　国防生産法に基づき、トランプ大統領は 3 月末、全米最大の自動車メーカ
ー、ゼネラルモーターズ（GM）に対して、重症患者の急増で不足していた
人工呼吸器をニューヨーク州に提供するための製造を命令。病院で不足して
いた N95 マスクについても 4 月に入ってから、大手化学・電気素材メーカ
ーの 3M に製造を求めた。しかし、生産が開始されるまで時間がかかったこ
ともあり、現場からは、対策の遅れを指摘する声が相次いだ。

　4 月になると、全米の感染者は 20 万人を突破。CDC は 4 月 3 日、従来の
方針を変更し、マスクの着用を呼びかけた。トランプ大統領は、かたくなに
着用を拒否していた。しかし、感染者が 300 万人に近づいた 7 月に、「他人
と接近する状況」では着用すると表明。しかし、着用の義務化には反対、と
述べた。

　トランプ大統領は、なぜ、このような対応を続けたのだろうか。最初の感
染者がでたワシントン州、その後に感染が広がったカリフォルニアやニュー
ヨークなどの州は、民主党の地盤である。一方、南部の共和党支持者の多い
州で感染が拡大したのは、6 月から 7 月にかけてだ。トランプは、11 月の大

統領選挙を見据え、マスクの着用を嫌う傾向の強い共和党支持者の存在を意識した行動をとっていたのではないだろうか。

社会経済活動の再開を優先した対策の問題性

感染者の数は、7月7日に300万人、22日に400万人、8月8日に500万人と、うなぎのぼり状態が続いた。この事態を前に、さすがのトランプ大統領も、マスク着用などの感染防止策を訴えなければ、大統領選挙の結果に大きな影響が及ぶと考えたのだろう。だが、時すでに遅し。感染防止よりも社会経済活動の再開を優先してきたために、政策変更が困難になっていたのだ。以下、この事態に至る動きを振り返ってみよう。

3月13日の非常事態宣言により、全米各地でロックダウンが広がった。4月7日には、42の州で「ステイホーム」が命じられ、外出制限を強いられる人の割合は95%に及んだとみられる。それから1週間ほどたった4月15日、ケンタッキーやノースカロライナ、オクラホマ、ミシガンなどの各州で、ロックダウンに抗議する集会やデモが実施された。ミシガン州では4月30日、ライフルなどで武装したデモ隊が州議事堂を占拠するという事態にまで至った。

ロックダウンに反対する集会が全米各地で開かれた翌日、トランプ政権は、社会経済活動の再開に関するガイドラインを発表。これにテネシー、ジョージア、サウスカロライナなどの州が続いた。4月24日、ジョージア州は、一部の事業を再開させた。そして、トランプ政権は4月30日、ソーシャル・ディスタンスのガイドラインを廃止し、感染防止より社会経済活動の再開を優先する姿勢を鮮明にした。

5月8日、トランプ政権にとって驚愕の統計が発表された。4月の新規失業者が2000万人に及び、失業率が14.7%に達したのである。人数、割合とも、1930年代の大恐慌以来、最悪の数字だ。このため、トランプ政権は、社会経済活動の再開をさらに促進。5月中旬には、過半数の州で、再開が始まった。

しかし、その代償は極めて大きい。5月から6月にかけて感染者数が若干減少傾向に転じていたが、6月中旬以降、反転。とりわけ、アリゾナ、サウスカロライナ、フロリダなどの州で、感染が爆発的に増加し始めたのである。7月27日には、フロリダ州の感染者数が42万人と、ニューヨーク州を上回り、全米最悪の状態に陥った。その後も感染は拡大、9月24日に感染

者が 700 万人、27 日には死者が 20 万人を突破した。

2) ヘイトクライムに対峙したアジア太平洋系の NPO

　感染症は、いつ、だれからうつされるかわからない。この現実は、人々に不安感をもたらす。不安感は、特定の人々への忌避意識を強めるだけでなく、排除しようとする姿勢をも生んでいく。かつて後天性免疫不全症候群（AIDS）の際にみられたように、新型コロナウイルスの感染が拡大するなかで、差別や偏見に基づく言動が広がっていった。

　マスクや防護服も十分に提供されないなかで、新型コロナウイルスに感染した人々の治療を献身的に続けてきた、医療従事者。彼らに待っていたのは、「ヒーロー」という賞賛と感謝の声だけではなかった。

　6 月 23 日付のインターネット・メディアのデイリー・ビースト[104]によれば、ラスベガスの聖ローズ病院の看護師は、24 時間以内にアパートから立ち退くように家主から求められたという。メールによる突然の通知だった。また、ミズーリ州のトラベルナース[105]は、ホテルや民宿などの事業者向けのウェブサイト、Airbnb（エアビーアンドビー）に予約をした宿泊先から、看護師とわかるとキャンセルを告げられることが続いたという。こうした事例は、氷山の一角だろう。

　新型コロナウイルスに感染して治療を受け、回復した人々への差別や偏見に基づく事例も、数多く報道されている。例えば、8 月 20 日付の NBC ニュース[106]は、新型コロナウイルスに感染したアラバマ州の 29 歳の女性が、退院後、知人から疑いの目でみられたり、何かの罪を犯したことへの罰ではないかと示唆されるなどの経験から、感染歴を口外しないようにしていると伝えた。

---

[104] https://www.thedailybeast.com/coronavirus-nurses-face-eviction-housing-discrimination-from-scared-landlords、2020 年 8 月 20 日アクセス
[105] 特定の医療機関に勤務するのではなく、専門の派遣会社に所属し、各地の医療機関に短期間派遣され、働く看護師。
[106] https://www.nbcnews.com/news/us-news/cleared-doctors-not-public-after-covid-19-survivors-face-stigma-n1237270、2020 年 8 月 20 日アクセス

コロナ禍で深刻さを増すヘイトクライム

　こうした状況のなかで、CDC は、「スティグマを抑えよう」という文章 [107] をウェブサイトに掲載した。CDC は、スティグマを人々や場所、国などによって特定される集団に対する差別と規定。スティグマにより、人々が感染の検査を避けたり、感染した事実を隠すことで、感染拡大のリスクを高めるとともに、感染対策をより困難にしていく、と指摘している。

　この文章のなかで、CDC は、新型コロナウイルスとの関係で、スティグマの被害者となった集団について、具体的に例示。前述した、医療従事者や感染歴のある人、ロックダウンの最中にも就業していたスーパーマーケットの店員や食品などの配達員、咳き込みがちな人なども、その一部だ。

　さらに、社会的に大きな関心を集めたアジア太平洋系住民や感染率の高い黒人なども差別に直面したと指摘している。アジア太平洋系住民への差別は、新型コロナウイルスが中国の武漢で最初に発見されたことの影響が大きい。そして、他の集団と異なり、大統領をはじめとした政治家やメディアが「中国ウイルス」、「武漢ウイルス」などと呼んだことで、問題が悪化した可能性が高い。

　3 月 18 日、ホワイトハウスで行われたプレス・ブリーフィングで、ABC ニュースのセシリア・ベガ記者から「中国ウイルス」ということばを執拗に用いることの真意を問われた時、トランプ大統領は、次のように答えた。

　　「なぜかって？（ウイルスは）中国からきたじゃないか。人種差別とは無関係だ」

「中国ウイルス」という語彙をトランプが用いたことに対して、与党共和党の議員から擁護する発言が続いた。チャック・グラスリー上院議員（共和党・アイオワ州選出）は、そのひとりだ。1918 年から 19 年にかけて世界中で猛威を振るったインフルエンザを「スペイン風邪」と呼ぶように、中国で発生した新型コロナウイルスを「中国ウイルス」と呼ぶことがなぜ問題なのか、とツイートしたのである。

　だが、この発言は、ふたつの意味で問題だ。ひとつは、「スペイン風邪」

---

[107] https://www.cdc.gov/coronavirus/2019-ncov/daily-life-coping/reducing-stigma.html、2020 年 8 月 20 日アクセス

168

の発生地である。「スペイン風邪」の発生地は、確定されていないものの、学会ではスペイン説はほぼ否定されており、アメリカ中西部のカンザス州とする説が有力になっている。

もうひとつは、地名を入れることの問題だ。WHO は 2015 年、病名に関する基準を制定した。この基準は、病名に最初に発症した地名や動物名、過度に恐怖をあおる語彙を入れることを禁止。「中国ウイルス」には、中国という地名が含まれているため、中国系や中国人、そしてアジア太平洋系住民への差別や偏見が助長されることが懸念される。それは、杞憂では終わらなかった。

アジア太平洋系住民へのヘイトクライムを中止させる報告センター（以下、ヘイト報告センター）が 6 月 17 日に発表した「反中レトリック報告書[108]」によると、3 月から 6 月までに 1843 件のアジア太平洋系住民へのヘイトクライムが報告された。このうち 502 件（27.2%）は、被害者に対して「中国」または「中国人」ということばが投げつけられながら行われた。また、メディアが用いたアジア太平洋系住民への人種差別的な表現は、3 月 8 日の週には 1 件にすぎなかった。しかし、4 月 19 日の週には 35 件に増加した。

実態把握を踏まえた連邦議会への決議案提出の意義

新型コロナウイルスの感染拡大にともない、アジア太平洋系住民へのヘイトクライムが相次いで報告されるようになった 3 月。この状況を懸念した、アジア太平洋系政策企画評議会（A3PCON）とアファーマティブアクションを進める中国系の会（CAA）のふたつの NPO が、サンフランシスコ州立大学のアジア系アメリカ人研究所と連携して立ち上げたのが、前述のヘイト報告センターだ。

3 月 19 日に開設されたサイトには、英語の他、中国語や韓国語、日本語など、合わせて 10 余りの言語のフォーマットが掲載されており、ヘイトクライムを受けた日時や場所、内容、加害者の特徴などを記載して送ることができる。全米からの報告を集計したレポートに加え、ヘイト報告センターは、一部の州のレポートも発表。メディアへのアウトリーチや社会啓発などにも活用されている。

---

[108] http://www.asianpacificpolicyandplanningcouncil.org/wp-content/uploads/Anti-China_Rhetoric_Report_6_17_20.pdf、2020 年 8 月 20 日アクセス

コロナ禍におけるアジア太平洋系住民へのヘイトクライムをはじめとした差別や偏見などに取り組んだのは、ヘイト報告センターだけではない。全米レベルで有権者教育や医療、労働、法律などの問題に取り組むNPOなどによって構成されている全米アジア太平洋系アメリカ人評議会（NCAPA）は、連邦議会へのロビー活動で存在感を示している。

　NCAPAは3月11日、アジア太平洋系住民への人種差別が広がっている状況を非難するように連邦議会に対して求める要請文を上下両院の指導者に送付した。この要請文には、アジア太平洋系住民の人権や労働などの問題に取り組む260余りの団体が賛同。要請を受け、下院のアジア太平洋系議員連盟が中心となり、3月25日、下院議員124人（下院の定員は435人）の共同提案者により、司法委員会に下院決議案908号として提出された。

　しかし、議会の動きが下院の司法委員会で止まっていることを懸念したNCAPCは4月17日、同様の要請を上下両院の指導者に再度送付。この時は、NPOなどの賛同署名の数が450余りに増加していた。こうしたNPOなどの働きかけを受け、民主党のカマラ・ハリス上院議員（カリフォルニア州選出）らが動き始め、5月14日に下院と同様の内容の決議案580号が上院司法委員会に提出された。共同提案者の数は、26人（上院の定員は100人）だった。

　上下両院に提出された決議案は、数カ月にわたり、いずれも司法委員会に止まっていた。しかし、9月17日、下院本会議は、賛成243、反対164で可決した。一方、上院案に関しては、審議が行われていない。とはいえ、新型コロナウイルスの感染拡大にともなうアジア太平洋系住民へのヘイトクライムを非難すべきだという声が議会からでたことの意義は小さくない。

　アジア太平洋系住民へのヘイトクライムがなくなったわけではないが、減少傾向がみられるのは、議会への働きかけや啓発の成果とみることもできる。例えば、ヘイト報告センターが把握した全米のヘイトクライムは、3月19日から25日までの1週間に673件に達した。しかし、3月19日から5月13日までの9週間の累計は、1710件だった。したがって、3月25日から5月13日までの8週間合計で1000件超なので、1週間ごとでは100件余りに止まったことを意味し、大幅に減少したといえよう。

　行政の動きの変化も見逃せない。ニューヨーク市警が8月18日、アジア太平洋系住民へのヘイトクライムに特化したタスクフォースを設置したのは、その一例といえよう。ニューヨーク市警には、3月以降、ヘイトクライ

ムに関して 21 件の訴えが寄せられ、そのうち 17 件で加害者の逮捕に至って
いる。市警は、ヘイトクライム全般に対応する部門を設置していたが、新設
されたタスクフォースは、25 人のアジア系の警察官で構成。アジア太平洋
系の言語を理解できるため、通訳抜きで被害者に対応できることが期待され
ている。

3）失業と貧困、家賃不払い

　新型コロナウイルスの感染拡大は、アメリカ経済に甚大な影響を与えてい
る。2020 年第 1 四半期の国内総生産（GDP）は、前期比で年率換算 5% のマ
イナスとなった。経済成長がマイナスを記録したのは、2014 年第 1 四半期
以来で、トランプ政権下では、初めてのことだ。第 2 四半期に入ると、経済
はさらに減速。年率換算でマイナス 32.9% と、アメリカ史上最悪を記録し
た。
　経済の悪化は、雇用不安を引き起こし、やがて生活困窮者を増大させて
いく。コロナ禍におけるアメリカの現実は、この筋書き通りに推移してい
った。2020 年 1 月には 3.6% だった全米の失業率は、2 月に 3.5% へと微減。
しかし、感染の広がりにともなう社会経済活動の制約が進むなかで、3 月の
4.4% から 4 月には 14.7% へと爆発的な増加となった。その後、社会経済活
動の再開とともに、失業率は減少に転じ、8 月に 8.4% と一桁台になったも
のの、失業者は 1355 万人と高い水準が続いている。
　では、コロナ禍による社会経済活動の低迷は、生活困窮者にどのような影
響を与えたのだろうか。その状況の一端を知るデータに、追加的栄養支援プ
ログラム（SNAP）[109] の受給者数がある。この人数は、2020 年 1 月から 3 月
の間は、月間 3600 〜 3700 万人だった。しかし、4 月には 4299 万人へと急
増した [110]。これは、生活困窮者の増加を反映したためとみられる。
　現在のアメリカの総人口は、約 3 億 3000 万人。その 13% が政府の食糧支
援を受けなければならないという現実。だが、2018 年の貧困生活者の割合

---

[109] Supplemental Nutrition Assistance Program の略。連邦農務省の事業のひとつで、低所得家
　庭に食品や食材を購入する際に使える引換券を提供するもの。
[110] https://fns-prod.azureedge.net/sites/default/files/resource-files/34SNAPmonthly-7b.pdf、2020 年
　8 月 22 日アクセス

が 11.8% であることを考えると、驚愕の数字とまでいえない。その背景には、政府の緊急対策や NPO の支援があったと考えられる。以下、それらについてみていこう。

相次ぐ政府の経済対策の実施と NPO

新型コロナウイルスの感染拡大に対して、連邦議会は、3 つの主要な法案を成立させた。「コロナウイルス予防対策追加歳出法（予防対策法）」と「家族第一コロナ対策法（家族第一法）」、「コロナウイルス支援救済経済保障法（CARES 法）」だ。また、議会の立法活動とは別に、大領領が大統領令として発出した対策もある。

予防対策法が成立したのは、非常事態宣言が発出される前の 3 月 6 日。総額 83 億ドルのうち、62 億ドルは、連邦健康福祉省（HHS）を通じて感染予防やワクチンの開発、検査体制の強化などに向けた資金に充当した。また、16 億ドルは海外への支援に用いられ、国内の経済対策的な内容は中小企業庁を通じた中小企業への支援 2000 万ドルなどに止まった。

非常事態宣言発出前後からの感染の急速な拡大と、それにともなう雇用不安や生活困窮者の増加などの事態を受け、本格的な経済対策として打ち出されたのが、家族第一法だ。3 月 11 日に連邦下院に提出された後、トランプ大統領が支持を表明。しかし、14 日未明に下院本会議で可決されたものの、上院で多数を占める共和党が抵抗したため、成立は 18 日にずれ込んだ。

「家族第一」ということばが示すように、この法律は、有給の病欠手当や家族休暇手当の拡充、失業保険や低所得者向けの食事プログラム、福祉医療への予算の増額など、家族向けの政策を具体化する内容を中心にしていた。このため、労働界や NPO から早期成立を求める声が相次ぐことになる。

上院の審議が遅れていた 3 月 17 日、全米最大の労働組合のナショナルセンター、アメリカ労働総同盟産業別会議（AFL-CIO）は、上院議員に書簡を送付[111]、法案を速やかに成立させるように迫った。政治活動に関する調査やモニタリング活動を行っている NPO、反応する政治センター（CRP）[112] によると、家族第一コロナ対策法案に関して、アメリカ病院協会、アメリカ医師

---

[111] https://aflcio.org/about/advocacy/legislative-alerts/letter-senators-urging-them-pass-families-first-coronavirus、2020 年 8 月 22 日アクセス

[112] https://www.opensecrets.org/federal-lobbying/bills/summary?start=1&page_length=25&id=hr6201-116&、2020 年 8 月 22 日アクセス

会、AARP、アメリカ自由人権協会など、多くの NPO がロビー活動を展開
した。

　こうして成立した家族第一法は、1000 億ドルを超える大規模なものとは
いえ、コロナ禍で疲弊した企業や NPO への支援をめざしたものではなかっ
た。このため求められたのが、コロナ禍の影響を受けた企業、NPO などを
支援するための経済対策を中心にした、CARES 法である。

　3 月 27 日に成立した CARES 法の総額は、アメリカの GDP の 10% に相当
する、2 兆ドル。個人向けの最大の目玉は、ひとり 1200 ドル、夫婦で 2400
ドル、子どもひとり当たり 500 ドルを支給する給付金だろう。ただし、対象
は、納税者だけで、年収が単身の場合は 7 万 5000 ドル、夫婦の合算では 15
万ドルという上限が定められていた。また、2500 億ドルを計上して、失業
保険の給付額を 1 週間につき 600 ドル増額することも盛り込まれた。なお、
期間は、4 カ月限定である。

　こうした個人への救済に加え、従業員 50 人以上、500 人未満の中小の事
業体への支援が打ち出された。給与保護プログラム（PPP）は、そのひとつ
だ。最大 8 週間分の従業員への給与・社会保険料や事業体の間接費を充当す
るための資金を低利で貸し出し、償還免除規定もある。当初の予算は、3490
億ドルだったが、わずか 13 日間で融資先がすべて決まってしまった。

家賃支払い問題と食糧支援における NPO の連携

　コロナ禍による社会経済への影響が広がるなかで、3 月に相次いで成立し
た 3 つの経済対策の法律は、個人や事業者が被った問題をある程度緩和させ
る作用をはたしたといえる。とはいえ、あくまで緩和にすぎず、問題が消滅
したわけではない。また、大半の措置は時限付きであり、問題が再燃する可
能性を秘めていた。家賃の支払いは、そのひとつだ。

　失業などで家賃の支払いが困難になる人々が急増した 4 月、家賃の不払い
運動が広がっていった。家賃は通常、毎月 1 日に支払われる。5 月であれば、
メーデーにあたる。このため、2020 年のメーデーは、全米各地で、家賃の
支払いを拒否する行動が行われ、ニューヨークでは、人通りの消えたタイム
ズスクエア周辺を「家賃不払い!」などと書かれたプラカードを掲げながら
周回する車の姿が目立った。

　家賃の問題は、CARES 法に加え、各州で独自に支払い猶予のための財政
措置などが講じられたことで、大規模な立ち退きが表面化することはなかっ

た。しかし、連邦議会は8月までに、家賃の支払い猶予措置の延長合意に失敗。独自の措置を制定していないテキサス州などで強制立ち退きによる混乱が生じるのではないか、という懸念の声が全米住宅会議（NHC）などのNPOからあがった。

　住宅と並んで危機的な状況にあるのが、食糧問題である。前述のように、SNAPの受給者は増大したものの、GDPのマイナスや失業率の増加に比べれば、驚くほどの数字ではない。しかし、SNAPには、申請基準がある。申請は、居住している州で行うことになる。カリフォルニア州の場合[113]、単身で税込みの月収が2082ドル、夫婦の場合は2818ドル未満でなければならない。これらは、貧困者とみなされる所得水準だ。また、アメリカ市民や永住者などを除くと、申請資格がない。

　SNAPを受給できない人々にも、分け隔てなく食料を提供するNPOが、フードバンクである。全米200のフードバンクと6万のフードパントリーや食事プログラムのネットワーク組織である、フィーディング・アメリカは、年間4000万人以上の人々に食材や食事を届けてきた。しかし、コロナ禍の長期化にともない、ニーズが急増する一方、資金やボランティアが不足し、運営に厳しさが増している。

　フィーディング・アメリカは3月13日、265万ドルを拠出してコロナ対策基金を設立、各地のフードバンクへの支援に乗り出した。しかし、3月末までに、これまでより46%多い、1710万人分の食糧支援が必要になる見込みとなり、そのために14億ドルもの巨額の資金の確保に迫られた。その後、企業などから寄付が相次いだものの、企業の従業員や高齢者を中心にしたボランティアの不足により、活動を制約しなければならないフードバンクが67%にのぼった。

　この危機に手を差し伸べたのが、チーム・ルビコンだ。2010年のハイチ地震の直後、余震で危険な地域で活動するため、退役軍人が支援活動を実施したことをきっかけに誕生した、NPOである。現在、ロサンゼルスに本部を置き、「グレーシャツ」と呼ばれる、ボランティア12万人を組織して活動を続けている。チーム・ルビコンの協力により、短期間のうちに74万人分の食糧を届けることができたという。

---

[113]　https://www.freshebt.com/state/california/food-stamps-eligibility-income-limits/#im-homeless、
　　2020年8月22日アクセス

4）危機に直面する NPO とボランタリーな力の発揮

　失業者の急増に示される雇用不安の拡大。そして、収入を絶たれた人々を襲う、家賃や食費の捻出の困難さ。新型コロナウイルスの感染が急速に拡大していくなかで、こうした状況に陥った人々は、政府や自治体、そしてNPO に支援を求めていった。

　しかし、ニーズが増大する反面、活動に必要な資金やボランティアを含めた労力は不足している。全米のフードバンクが直面した、この課題は、NPO全体に当てはまるのだろうか。

　この仮説を立証しなければ、政府や自治体を動かし、NPO の支援を必要とする人々への政策を進めさせていくことは困難だ。さらに、NPO 自身の運営を支え、活動を広げていくための政府資金や、企業や個人からの寄付を求めることもできないだろう。

　調査研究による、NPO の活動や経営の実態、NPO が支援する人々の状況などの把握。コロナ禍において、アメリカのみならず各国の NPO 関係者は、そのための調査研究に取り組んできた。コンサルティング会社のダルバーグが 6 月 5 日に発表した「グローバルなフィランソロピー界に対する Covid-19の影響」[114] をはじめ、世界的な規模の調査も複数報告されている。

　アメリカには、調査研究を専門にしている NPO も少なくない。また、特定の地域や業種による NPO の協議会などが設立され、それぞれの地域や業種の NPO の活動に関連した調査や研究も随時実施されてきた。これらの調査結果も踏まえ、NPO が置かれた状況とともに、直面した課題にどのように取り組んでいるのかみていこう。

アメリカの NPO の 4 割が消滅するという衝撃予測

　ニューヨークにある NPO、Candid 。といっても、この名を聞いたことがある人はほとんどいないだろう。2019 年 2 月に、助成財団の調査研究機関である助成財団センター（FC）と NPO の評価機関のガイドスターが合併してできた組織である。

---

[114] https://dalberg.com/wp-content/uploads/2020/07/Dalberg-COVID-19-Foundation-Impacts-Stream-lined-Report-July-2020.pdf、2020 年 8 月 22 日アクセス

コロナ禍の終息が見通せないなかで、「この先、どれだけの NPO が消え
てしまうのだろう」という不安をいだくスタッフが Candid の内部からでて
きた。このため考えられたのが、NPO の活動継続の可能性に関する調査だ。
Candid は、20 のシナリオに基づき、31 万 5698 の NPO の経営見通しを分析。
その結果をまとめた報告書[115]を 7 月 15 日に発表した。最悪のシナリオでは、
対象となった NPO の 38% にあたる 11 万 9517 団体が消滅する可能性がある
ことが明らかになった。
　20 のシナリオのうち、最もありえるケースをみると、消滅する NPO の
割合は 11%。もちろん、コロナ禍がなくても一定の割合で活動を停止する
NPO はでてくる。その割合は、4% と推定されている。換言すれば、コロナ
禍によって消え去る NPO は、11% – 4%=7% ということになる。
　7% という数字では、ピンとこないかもしれない。調査の対象となった
NPO は、31 万余りなので、実数でいえば 2 万 2000 ほどになる。やはり膨大
な数だ。特に、福祉系や教育系、芸術文化団体などに影響が大きい。一方、
食料支援や災害援助などの団体は、消滅の可能性が比較的少ない。
　なお、消滅の割合の高低は、コロナ禍が続く期間や寄付、政府の補助金、
事業収入の減少の割合などによって変化する。38% という数字は、全て最
悪のシナリオの場合である。また、対象となっている NPO は、助成財団を
除く、寄付控除の資格をもつ、いわゆる 501c3 団体（公益慈善団体）だ。
　Candid のシナリオのひとつに、NPO の寄付収入の減少幅をどの程度見込
むかという点がある。寄付の実態や先行き見通しに関する調査も、複数行わ
れている。調査会社のギャラップが 4 月 14 日から 28 日にかけて実施、5 月
14 日に発表した世論調査[116]は、そのひとつである。
　ギャラップは、今世紀に入ってから毎年、NPO や宗教団体に寄付やボラ
ンティア活動を行ったかについて、尋ねている。これまで寄付については
80% 程度がイエスと回答してきたが、今回は 73% に減少。ボランティア活
動についても、2012 年以来 60% を超えていたが、58% へと低下している。
　ただし、ギャラップの調査は、寄付者やボランティア活動への参加につい
て調べただけである。これに対して、寄付額の減少を調査した結果も報告さ

[115] https://blog.candid.org/post/how-many-nonprofits-will-shut-their-doors/、2020 年 8 月 22 日アク
　　　セス
[116] https://news.gallup.com/poll/310880/percentage-americans-donating-charity-new-low.aspx、2020
　　　年 8 月 22 日アクセス

れている。ファンドレイジング専門家協会（AFP）の「ファンドレイジング効果検証プロジェクト」が 2020 年第 1 四半期の寄付状況を調査したものだ。それによると、1 月と 2 月は堅調だったものの、3 月には前年同月比で 11% のマイナス、第 1 四半期全体でも 6% 減になった。この傾向が続くと、NPO 全体の寄付収入は 1 年間に 250 億ドルの減少になる見込みだ [117]。

　コロナ禍における失業者や失業率のなかには、NPO の職員も含まれる。その実態調査も行われている。ジョンズ・ホプキンス大学の市民社会研究センター（CCSS）が 6 月 20 日に発表した「2020 年 NPO 雇用報告」[118] は、3 月から 5 月までの間に、NPO の就労者のうち 164 万 3128 人が失職したと推定している。分野別にみると、医療が 57 万 4530 人と最も多く、次いで社会的な支援活動（25 万 9007 人）、芸術文化（20 万 5964 人）などとなっている。

　アメリカの NPO と助成財団や企業などの連合体である、独立セクター（IS）が 6 月 15 日発表した「新型コロナウイルスの大中規模の NPO への影響」[119] と題する調査によると、NPO への影響は、資金や人材に止まっていない。サービス活動などの削減に追い込まれている NPO が、71% にのぼったのである。ニーズの増大に対して、活動の減少という危機的な状況に至っていることがわかる。なお、「中規模」とは、500 から 5000 人の職員を雇用している NPO をさす。

危機突破に向けた IT を駆使したボランタリーな活動

　これまでみてきたように、コロナ禍に直面した NPO の多くは、厳しい状況に追い込まれていった。しかし、フィーディング・アメリカとチーム・ルビコンの連携にみられるように、従来の枠組みにとらわれず、課題を突破するための模索を続けている事例も少なくない。危機的な状況は、新たな発想と運動を生みだすチャンスでもある。コロナ禍において、このチャンスが現実のものに変わっていった姿を探ってみよう。

　新型コロナウイルスの感染の急速な拡大は、医療崩壊ともいえる事態を各国で引き起こしていった。アメリカも例外ではない。ニューヨーク州のアン

---

[117] https://www.philanthropy.com/article/Giving-Plunges-6-in-First/249034、2020 年 8 月 22 日アクセス

[118] http://ccss.jhu.edu/wp-content/uploads/downloads/2020/06/2020-Nonprofit-Employment-Report_FINAL_6.2020.pdf、2020 年 8 月 22 日アクセス

[119] https://independentsector.org/resource/covid19-survey/、2020 年 8 月 22 日アクセス

ドリュー・クオモ知事が人工呼吸器のような医療機器の確保の必要性に加え、看護師や医師にニューヨークでの支援を呼びかけたのは、この事態を象徴していた。

ニューヨーク州ほどではないにしても、全米の医療機関の多くは、3月から4月にかけて危機的な状況に陥っていた。最大の理由は、キャップ、ゴーグル、マスク、ガウン、手袋、シューカバーなどの個人用防護具（PPE）の備蓄が不十分だったため、現場の医療関係者に行き渡らず、院内感染を発生させたことだ。

「医療機関に PPE を寄付しよう！」

こういう声が全米に広がった。しかし、どこの医療機関に、どの PPE を、どれだけの数を届ければいいのか。緊急時の支援においてしばしば散見される、ニーズ把握とマッチングの困難さをどう乗り越えるかが問われたのである。この課題にチャレンジしたのが、#GetUsPPE だ。

#GetUsPPE がスタートしたのは、3月16日。ふたりの医療関係者がツイッターに、#GetMePPE という # をつけた呼びかけを開始。医療機関における PPE の不足と国防生産法に基づく PPE の製造の必要性を訴えようとしたのである。この頃、署名活動をネット上で行う Change.org に PPE 不足を訴える署名が行われていた。

そして3月20日、これらの関係者は、PPE 不足が解消されていない状況を踏まえ、PPE を寄付で募り、医療機関に提供するオンラインでの活動を開始することに合意した。署名活動から実際の支援活動への移行である。この過程で、# は、Me（私）から Us（私たち）へと変わり、#GetUsPPE になる。

#GetUsPPE の PPE 寄付活動は、寄付希望者と PPE を必要とする医療機関のニーズをインターネット上でマッチングさせることだ。手法的には新しいものではないが、PPE の性質上、高い安全性や衛生面での対応が求められる。これらの課題をクリアし、8月24日までに、全米の医療機関に送られた PPE は 218万5210点 にのぼる。なお、同日時点で、不足している PPE は、1万3000点余りだ[120]。

短期間に大きな成果をだせた背景に、#GetUsPPE の協働指向の強さがあると思われる。ボランタリーな活動は、自己の「思い」に集中しがちだ。しかし、スタート当初、ふたつの運動を合流させただけではなく、その後も、

---

[120] https://getusppe.org/、2020年8月24日アクセス

同様な目的を掲げる団体と連携を図っていった。ITに関しては、連邦情報支援管理協会（AFFIRM）というNPOの協力が大きかったという。さらに、4月30日には、同様の活動をしている団体やヒューレット・パッカードなどの企業、全米知事会などと連携して、CIVID-19（新型コロナウイルス感染症）を意味するC19連合を結成、活動の幅を海外へも広げている。

　コロナ禍をきっかけに生まれたボランタリーな活動のもうひとつの例として、COVID追跡プロジェクト（CTP）がある。雑誌、アトランティックの記者らによって3月に始められ、ボランティアにより運営されている、アメリカの新型コロナウイルス関連の情報サイトだ。4月15日からは、反人種差別研究センター（CAR）と連携して、COVID人種データ追跡（CRDT）も開始した。

　アメリカの新型コロナウイルス関連の情報サイトとして日本でも知られているのは、ジョンズ・ホプキンス大学が運営しているものがある。だが、CTPのデータは、検査数に対する陽性者の割合などに止まらない。医療体制でいえば、ベッド数やICU、さらには人工呼吸器の使用率まで記載されているのだ。

　これらのデータは、各州の政府などが発表したものを集計、掲載しているだけではない。情報開示状況や感染状況、医療供給体制などから、州ごとの感染対策の評価も行うことで、開示が不十分な州などに「圧力」をかけ、開示を進めていくことを狙っているのだ。CRDTについても、コロナ禍における人種問題を理解するうえで、重要な役割をはたしている。

5) 助成財団や企業によるNPOへの支援

　アメリカでNPOの財源というと、真っ先に浮かんでくるのは、ひとりひとりの市民による寄付だろう。しかし、個人からの寄付は、一般的に少額だ。NPOの活動には、ある程度まとまった資金が必要になる。個人寄付でまとまった額を集めるのは容易ではない。こうした現実を踏まえ、多くのNPOは、助成財団にアプローチすることになる。

　ギビングUSA財団などが毎年実施、発表している調査報告書「ギビング

USA」の 2019 年度版 [121] によると、2018 年度に NPO へ提供された寄付の総額は、4277 億ドル。個人寄付が最も多く、全体の 68% を占めているものの、助成財団からの寄付、すなわち助成金は、寄付全体の 18% にあたる 759 億ドルにものぼる。1 ドル =105 円で換算すると、7 兆 9695 億円にもなる。これは、東京都の 2020 年度一般会計歳出総額の 7 兆 3540 億円を上回る、膨大な額だ。

　もちろん、アメリカには、日本よりはるかに多くの NPO が存在する。また、助成金をえるには、申請が必要で、書類作成能力が小さな NPO にとっては、不利といえる。助成金の額は、数千ドルから数万ドルが多く、政府の資金に比べると見劣りしないわけではない。

　とはいえ、助成財団は、先駆的な活動や社会変革を進める活動を積極的に支援、育成してきた実績がある。新型コロナウイルスの感染拡大により、多くの NPO の経営状況は急速に悪化した。この事態に、アメリカの助成財団は、どのように対応したのだろうか。

運営助成やキャパビル支援、特別基金などの広がり

　助成財団の助成金は、資金の使途によりいくつかに分類されている。特定の活動に限定した活動助成、不特定多数の活動や組織の運営費全般に使用できる運営助成、組織の活動や運営能力を強化するためのキャパシティ・ビルディング（以下、キャパビル）、建物などの不動産の購入資金に充当されるキャピタル・キャンペーンなどである。とはいえ、大半は活動助成といわれている。

　活動助成について、具体的なイメージを提示してみよう。例えば、地域の高齢者 50 人に毎週 2 回、会食方式で食事を提供する活動を行うには、食事に必要な食材や会場のコスト、調理や配食などの人件費などが必要になる。これらを負担するのが活動助成だ。アメリカの助成財団の多くは、日本と異なり、これらの活動を行う上で必要となる事務所や職員の経費、いわゆる間接費の一部も按分で認めている。その結果、実施団体による「持ち出し」を抑制できる。

　新型コロナウイルスの感染が広がり、会食プログラムの多くは、実施できなくなった。そのための助成金を受けていた NPO は、未使用分を返済しな

---

[121] https://givingusa.org/、2020 年 8 月 24 日アクセス

けなければならない。しかし、NPO の過失ではなく、コロナ禍という「不可抗力」の事態によって生じた問題だ。これを助成金の授受における契約に基づき、返済させることが妥当なのか、という議論が生じても不思議ではない。

　ここで提起されたのが、「行動提起：コロナ禍におけるフィランソロピー界の誓約」だ。3 月中旬からフォード財団などを中心に議論され、19 日に 30 余りの助成財団の賛同を受け、発表された。助成財団が自ら提起した行動とは、助成財団が支援する NPO の経営が維持され、活動に集中できるようにするため、助成における制約を一時的に緩和することだ。

　具体的には、すでに提供されている助成金の使途制約を撤廃し、活動助成の運営助成への切り替え、助成金の支払いの前倒し、イベントのキャンセルなどについて資金の払い戻しを求めないこと、新たな助成金を可能な限り運営助成にすること、助成金の使途の報告期限の延長など、8 項目からなっていた。助成財団評議会（CF）によると、8 月 24 日までに 779 の助成財団が「誓約」に加わっている[122]。

　助成財団は、NPO の活動に資金を提供するだけではない。前述したキャパビルやキャピタル・キャンペーンなど、幅広い役割を担っている。新型コロナウイルスの感染拡大にともない、多くの NPO は、従来と異なる活動や運営の方法を採用することが求められてきた。これを実現するには、NPO のキャパビルを強化しなければならない。

　こうした意識を反映したのだろう。ニューヨークのコミュニティ・トラスト（NYCT）、ロビン・フッド（RH）、ニューヨーク UJA 同盟（UJAFNY）の 3 つの助成団体は 6 月 15 日、コロナ禍の影響を受けた NPO 支援のため、キャパビルの資金として総額 50 万ドルを中間支援組織に提供することを発表した。

　資金を受ける中間支援組織は、理念効果（CE）、地域資源交換（CRE）、弁護士連盟（LA）、NPO 財政基金（NFF）、オペレーションズ・インク（OI）、サポートセンター（SC）の 6 団体である。これらの団体は、キャパビルを進めようとする NPO のニーズに応じて、財務計画の立案、法律相談、ファンドレイジング、人事管理、組織の再編成、職員や理事のリーダーシップの育成など多岐にわたりサポートを提供する。

---

[122] https://www.cof.org/news/call-action-philanthropys-commitment-during-covid-19、2020 年 8 月 24 日アクセス

NPO の資金需要のさらなる高まりを受け、6 月に入ると、債券を発行して助成金に充当する動きが助成財団の間で広がってきた。最も大規模な債権発行を検討したのはフォード財団で、その額、10 億ドル。この他、ケロッグ財団が 3 億ドル、メロン財団が 2 億ドル、マッカーサー財団が 1 億 2500 万ドルなど、大手の財団による債券発行を通じた助成活動の拡大の動きが相次いだ。

　なお、助成財団は、個人や家族が設立した民間財団、特定の地域の活動を支援することを目的にしたコミュニティ財団、企業が設置した企業財団に大別される。この他、ユナイテッド・ウエーなどの共同募金団体も NPO への助成活動を主眼にしている。インディアナ大学フィランソロピー教育研究所（LFSP）の調査によると、全米のコミュニティ財団とユナイテッドウェイは、コロナ禍で 10 億ドルの募金を集め、6 月 30 日までに 5 億 8900 万ドルを助成した [123]。

現金以外に多様な支援を行うアメリカ企業

　アメリカでは、寄付全体に占める企業の割合は、それほど大きなものではない。前述の「2019 年度版ギビング USA」によれば、企業による NPO への寄付は、寄付総額の 5% にあたる 201 億ドルに止まっている。とはいえ、これは、現金を中心にしたもので、企業が行う様々な支援のすべてが含まれているわけではない。

　ボストン大学の NPO や企業の社会的責任（CSR）に関する研究機関、企業市民センター（CCC）は 3 月、「企業市民のコロナウイルス対策」[124] というサイトを開設した。このサイトをみると、コロナ禍において、アメリカの企業が NPO に提供した支援の多様さを感じることができる。以下、その一端をみてみよう。

　最も一般的と考えられる支援方法に、現金の供与がある。供与の方法という観点からみると、企業が直接渡す形と企業が設置した助成財団を通じて提供する形にわけられる。前者の代表格として自動車メーカーのゼネラルモーターズ（GM）をあげることができる。GM は、国内の NPO と中国などで支援活動を行った NGO に、総額 260 万ドルを提供した。後者の例としては保

---

[123] https://philanthropy.iupui.edu/research/covid/foundations.html、2020 年 8 月 24 日アクセス

[124] https://ccc.bc.edu/content/ccc/blog-home/2020/03/corporate-citizenship-responses-to-COVID-19.html#grants、2020 年 8 月 24 日アクセス

険会社のオールステートなどがある。表 7-1 は、企業による 100 万ドル以上
の現金支援の一部を示したものだ。

表 7-1　コロナ禍における企業による NPO への寄付

企業名	金額	備考
American Electric Power	300万ドル	自社の営業地域の NPO、約 80 団体に寄付
Anheuser-Busch	500万ドル	赤十字への寄付
Bank of America	1000万ドル	地域開発金融機関（CDFI）の運営支援
Blue Cross & Blue Shield	400万ドル	財団を通じてルイジアナ州の 95 団体に寄付
Charles Schwab	100万ドル	フードバンクなどへの財政支援
Citizens Bank	500万ドル	NPO とスモールビジネスへの支援
Deloitte	200万ドル	ユナイテッドウェイなどへの支援
Dow	300万ドル	コロナ禍に取り組む NPO に寄付
Humana	5000万ドル	エッセンシャルワーカーや食料問題への支援
Lowe's	2500万ドル	本社の周辺地域の NPO に 150 万ドル。大半は現物
Motorola Solutions	900万ドル	コロナ禍の被害者支援の NPO への寄付
Nasdaq	500万ドル	食料支援団体や WHO などへの寄付
New Balance	200万ドル	財団を通じて、コロナ禍対応の NPO を支援
NIKE	1000万ドル	コロナ禍に取り組む NPO に寄付
Union Bank	300万ドル	ロサンゼルスの福祉系 NPO などへの支援
U.S. Bank	3000万ドル	コロナ禍に取り組む福祉系 NPO などを支援
Twitter	100万ドル	コロナ禍報道のジャーナリスト支援活動
WhatsUpp	100万ドル	ファクトチェックの NPO に寄付

（出典）各種の資料から筆者が作成

　企業は、製品やサービスを社会に提供する組織だ。NPO を通じて、それ
らの一部を社会のために役立てることもある。現物寄付が、これにあたる。
コロナ禍における最も典型的な現物寄付は、個人用防護具（PPE）だろう。
保険や金融などの事業を行うアメリカ国際グループ（AIG）は、アメリカ国
内だけでなく、世界中に PPE を配布した。食品会社のキャンベルスープが
フードバンクに行った寄付の多くも、商品などの現物だ。

　寄付ではないが、CSR の観点からみれば、コロナ禍における従業員に対
する支援も見過ごしてはならないだろう。現金給付や有休の病欠手当の支
給などが、これにあたる。前者の例でいえば、電話会社の AT&T が給与の
20% 相当をボーナスとして提供したことなどがあげられる。後者では、長

距離電車を運行するアムトラックが通常の有給休暇に加えて、最大 21 日間の病欠手当を有給で付与することを発表、注目を集めた。

　さらに、企業は、コロナ禍において、児童・生徒への教育、スモールビジネス、消費者など、さまざまな個人や組織への支援も行っている。教育支援としては、石油会社の CITGO がタブレット PC150 台をテキサス州ヒューストンの学校区に寄付、低所得家庭の児童のオンライン学習に活用された。スモールビジネス向けの支援としては、電力会社の AEP が政府の支援策への申請を援助。AEP は、消費者向けに、電力料金の支払いを猶予したことでも知られている。

(6) 政策要求活動の意義と課題

　NPO の政策要求活動というと、奇妙に思われる人がいるかもしれない。

　なぜなら、日本の NPO 法の第 2 条 2 項 2 号は、以下の 2 点が示すように、NPO 法人の政治活動を制約しているからだ。第一に、「政治上の主義を推進し、支持し、又はこれに反対することを主たる目的とするものでないこと」。もうひとつは、「特定の公職の候補者若しくは公職にある者又は政党を推薦し、支持し、又はこれらに反対することを目的とするものでないこと」である。

　認定 NPO 法人については、さらに厳しい規定がある。NPO 法第 45 条 1 項 4 号は、以下の行為を禁止している。まず、「政治上の主義を推進し、支持し、又はこれに反対すること」。そして、「特定の公職の候補者若しくは公職にある者又は政党を推薦し、支持し、又はこれらに反対すること」である。

　このように、一般の NPO 法人であれば、「目的とするもの」でなければ結果として特定の公職の候補者の推薦などとみなされてしまう「活動を行う」ことまでは否定されていない。しかし、認定 NPO 法人については、「目的」としているかどうかにかかわらず、それにつながるような「活動を一切行わない」こととされている。

　では、アメリカは、どうなのだろうか。寄付控除の資格をもつ NPO、いわゆる 501c3 団体は、特定の公職の候補者の推薦などは認められていない。だが、政府や議会、議員への働きかけについては、一定の枠内で行うことが

できる。一定の枠内とは、内国歳入庁が「歳出テスト」と呼ぶものだ。その概略は、表 7-2 に示したように、NPO の年間の歳出額に応じて、ロビー活動に充当できる金額や割合が決められる。

表 7-2　アメリカの NPO に関するロビー活動の規制

NPOの年間歳出額	非課税で実施できるロビー活動費の上限
50 万㌦未満	年間歳出の 20%
50 万〜 100 万㌦未満	10 万㌦プラス年間歳出の 50 万ドルを超える額の 15%
100 万〜 1500 万㌦未満	17 万 5000㌦プラス年間歳出の 100 万㌦を超える額の 10%
1500 万〜 1700 万㌦未満	22 万 5000㌦プラス年間歳出の 1500 万㌦を超える額の 5%
1700 万㌦以上	100 万㌦

（出典）Internal Revenue Services の資料から筆者が作成

　ここでロビー活動という語彙について説明しておこう。ロビー活動には、直接と間接の 2 種類がある。直接ロビーとは、特定の法律の制定や修正、廃止などを政府や議員などの政策立案者に求める行為をいう。「福祉の充実」や「環境保護」など、特定の法律の枠を超えた特定の社会課題などについての要求は、教育啓発活動とみなされ、規制の対象外だ。
　一方、有権者を通じて政策立案者に影響を与えようとする行為は、間接ロビーと呼ばれ、501c3 団体に制約は課せられていない。なお、歳出テストの枠を超えて直接ロビー活動を行う団体は、寄付控除が認められていない 501c4 団体を設立することが多い。
　以上のような枠組みのもとで、アメリカの NPO は、さまざまな政策要求活動を実施している。では、コロナ禍において、どのような内容に対して、どのように行われたのだろうか。

経済対策法の不備を補うための活動
　前述のように、連邦議会は 3 月、急速に悪化する新型コロナウイルスの感染拡大による社会経済活動への影響に対応するため、3 つの主要な法案を成立させた。「コロナウイルス予防対策追加歳出法（予防対策法）」と「家族第一コロナ対策法（家族第一法）」、「コロナウイルス支援救済経済保障法（CARES 法）」だ。
　予防対策法は、その名の通り、新型コロナウイルスの感染拡大を予防する

ことを主眼としていた。このため、
医療機関で不足していた個人用防護
具（PPE）の確保に向けた措置のよ
うに、医療系のNPOには寄与した
ものの、NPO全般への影響は限定
的といえた。

　家族第一法は、コロナ禍の影響を
受けた人々に対する幅広い支援策が
盛り込まれていた。PCR検査の無料

写真 7-2　アメリカのNPOの税制優遇措置を監督
する内国歳入庁。写真：筆者撮影

化、失業者に対する20億ドルの支援策、10億ドルにのぼる食糧支援、低所
得者向けの医療補助制度であるメディケイドに対する連邦政府予算の増額、
追加的栄養支援プログラム（SNAP）受給における就労要件の中止、などが
それだ。これらの多くは、NPOの利用者にとっては有意義な措置といえた。
しかし、NPOへの救済を目的にした対策は、ほとんどみられない。

　これらふたつの法律と異なり、CARES法には、NPOへの支援を目的とす
る条項も含まれていた。従業員500人未満の小規模事業者や500人から1万
人までの中規模事業者に対する特別融資の対象にNPOが含まれたことは、
そのひとつだ。また、NPOへの寄付を促進するための税制優遇措置の拡大、
NPOの職員への失業保険給付措置なども、NPOの運営状況の改善に寄与す
ると思われた。

　こうしたNPO向けの対策が盛り込まれた背景には、NPOが連携して議会
に働きかけたことが影響していると思われる。例えば、3月20日、独立セ
クター（IS）など50余りのNPOは、NPO向けに600億ドルの支援策を制定
することを求めた連名による書簡[125]を議会指導者に送付した。なお、同様
の書簡[126]は、CARES法の問題点の指摘と改善を求めるため、7月13日に議
会指導者に送付されている。

　しかし、短期間に成立したことの影響もあってか、内容が不十分であった
り、問題になったものもある。CARES法に盛り込まれた、NPOへの寄付促
進策は、標準控除を行う場合でも、NPOへの寄付を300ドルまで別枠で申

---

[125] https://independentsector.org/wp-content/uploads/2020/03/nonprofit-community-covid19-stimu-
lus-3-20.pdf、2020年8月24日アクセス

[126] https://www.councilofnonprofits.org/sites/default/files/documents/nonprofit-community-let-
ter-7-13-2020.pdf、2020年8月24日アクセス

請できる措置だ。法案の審議中も、慈善寄付連合（CGC）が中心になり、連邦議員に導入を求めて、NPO 関係者らによる嘆願書の送付活動などが続けられてきた。

アメリカではこれまで、短期間の例外を除けば、標準控除者に対して、NPO 向けに限定した控除枠を設けてこなかった。一方、2019 年に減税雇用法が成立、標準控除額が単身者で 6500 ドル、夫婦で 1 万 2000 ドルだったものが倍増。それぞれ 1 万 3000 ドルと、2 万 4000 ドルへと引き上げられた。その結果、項目別控除者の割合は、31.1% から 13.7% へと大幅に低下したとみられる[127]。

CARES 法に標準控除者に対する NPO 向けの寄付枠が盛り込まれたことに対して、NPO 関係者は歓迎の意思を表明しつつも、300 ドルでは効果がないと指摘。そのため議会に提出されることになったのが、パンデミック対応一律寄付法（UGPRA）だ。上院に 6 月 22 日、下院に 24 日、ともに超党派の議員によって提出された法案は、単身者の上限を 4000 ドル、夫婦の場合は 8000 ドルへと引き上げることなどを求めている。

しかし、8 月に入り、議会が休会に入ったこともあり、パンデミック対応一律寄付法に関する審議は 8 月 25 日現在まで、行われていない。これに対して、NPO の働きかけが功を奏した事例もある。CARES 法で導入された、給与保護プログラム（PPP）は、そのひとつだ。

CARES 法で配分された 3490 億ドルの融資先が 2 週間ほどで決まってしまったことを受け、議会は、中小の事業体の経営悪化を懸念。4 月 24 日、給与保護事業健康医療強化法（PPPHCE）が制定された。PPP に関しては、3200 億ドルの予算を新たに導入。また、融資の期間も 24 週間に延長された。

PPP は、コロナ禍で経営状態が悪化した NPO にとっても救済措置として機能した。ミシガン州にあるグランドバレー州立大学のジョンソン・センターが 7 月 21 日に発表した資料[128] によると、融資を受けた事業体は 490 万にのぼり、このうちの 3.7% にあたる 18 万 1680 件は、NPO からの申請だった。これらの融資により維持された NPO の雇用は、410 万人分に相当するという。

---

[127] https://taxfoundation.org/standard-deduction-itemized-deductions-current-law-2019/、2020 年 8 月 24 日アクセス

[128] https://johnsoncenter.org/in-the-time-of-coronavirus-how-many-eligible-nonprofits-benefited-from-the-paycheck-protection-program/、2020 年 8 月 22 日アクセス

徐々に拡大させていった NPO への支援策

　NPO が議会に制定を求めている法案は、他にもある。5 月 12 日に下院に提出、15 日に通過した、包括医療経済回復緊急対処法（HEROS 法）や 7 月 27 日に上院に提出された保健・経済援助・責任保護・学校法（HEALS 法）などが、それだ。

　総額 3 兆ドルにのぼる HEROS 法は、ひとり 1200 ドルの個人給付金の追加給付や家賃が払えない人々への支払い猶予などの資金を要求。提出から 3 日で成立したことに示されるように、下院の多数を占める民主党が主導した法案である。一方、HEALS 法の規模は 1 兆ドルで、上院で多数派の共和党議員が推進してきたコロナ対策の 8 つの法案を統合したものだ。このふたつの法案の動きをみても、NPO が民主、共和両党に影響力をもっていることが理解できる。

　NPO が要請を行う対象は、議会だけではない。コロナ禍では、大きな財政力をもつ行政機関へも働きかけが行われている。独立セクター（IS）や全米 NPO 評議会（NCN）は、連邦準備銀行（FRB）のコロナ対策のメインストリート融資プログラム（MSLP）から NPO が除外されていたことに対して抗議、対象に入れさせることに成功した。

　MSLP は当初、従業員 1 万 5000 人、歳入 50 億ドル未満の事業者を対象に、総額 6000 億ドルの融資を提供するプログラムとしてスタートした。従業員 1 万 5000 人、歳入 50 億ドル未満の事業者とあるように、元々、企業を主眼にしたプログラムで、NPO は申請資格が認められていなかった。

　これを問題視した NPO からの声を受け、FRB は 6 月 15 日、NPO を対象とした枠のプログラムとして、NPO 新規融資枠と NPO 延長融資枠というふたつの融資制度の導入を発表した。対象となるのは、501c3 団体で、最低 5 年間の事業実績があることが求められる。また、従業員を最低 50 人雇っていなければならない。

　融資を受けられる期間は、営利企業と同様、5 年間。新規融資枠の融資額は、最低 25 万ドル、最大 3500 万ドル。一方、延長融資枠は、それぞれ 1000 万ドルと 3 億ドルになっている。融資を受けた場合、初年度の利子と元本の返済に関して 2 年間の猶予が適用される。なお、融資の業務は、一般の銀行を通じて行われる。

　従業員 50 人以上というと、日本の NPO 法人の規模から考えると、かなり大規模だが、アメリカでは、それほど大きな組織とみなされない。この制度

導入に当たり、連邦準備銀行は、NPO を何百万人もの人々を雇い、社会的に必要なサービスを提供している「必須のセクター」だと述べており、NPO への社会的認知の高さを示唆しているといえよう。

　とはいえ、小規模の NPO にとっては、50 人が高いハードルであることには違いがない。このため、再び NPO から批判が噴出。FRB は 7 月 17 日になって改正案[129]を公表した。融資を受ける基準のひとつである従業員数は、50 人から 10 人へと引き下げられたのである。融資期間は 5 年で、以前と変わらない。しかし、融資の最低額は、新規融資枠では 25 万ドルから、延長融資枠でも 1000 万ドルとなり、借りやすくなったといえよう。

おわりに

　アメリカ国内で最初の新型コロナウイルスが CDC により確認されたのは、1 月 21 日。それ以前からの空港での「水際対策」を中心にした、感染防止に向けたトランプ政権の初動対応には、迅速さが感じられる。しかし、大きな落とし穴があった。検査の実施が遅れたことである。

　感染状況を示した CDC の「合衆国歴史的データ」[130]によれば、1 月、2 月とも、新規検査の実施数の欄には、ゼロが並ぶ。最初に数字が出てくるのは 2 月 28 日。全米 50 州のうち、2 州で 42 件の検査が行われ、そのうち 18 件で陽性が確認されたとなっている。その後、1 日当たりの検査数は急増、3 月 15 日には 1 万件を突破した。しかし、この日に陽性が確認されたのは、6790 人。感染が広範囲に広がってしまったことを示す数字といえよう。

　この間、NPO は、手をこまねいていたわけではない。医療関係者をはじめとしたエッセンシャルワーカーを中心に、感染への脅威から職場では個人用防護具（PPE）をはじめとした安全衛生の確保のための措置を経営者に求める動きが拡大した。この動きを担ったのは、労働組合であり、低賃金労働者やギグワーカーの権利を擁護している NPO などが支援に加わった[131]。

---

[129] https://www.bostonfed.org/supervision-and-regulation/supervision/special-facilities/main-street-lending-program/main-street-lending-program-overview.aspx、2020 年 8 月 24 日アクセス

[130] https://covidtracking.com/data/national、2020 年 8 月 30 日アクセス

[131] こうした感染初期における労働組合や NPO の動きについては、拙文「立ち上がるアメリカの労働運動」（月刊労働組合 2020 年 4 月号）を参照されたい。

しかし、全米がロックダウンされる事態になると、失業者や家賃の支払い、食料の確保などの問題が急浮上した。家賃の不払い運動やフードバンクによる食料提供などが進んだものの、NPO だけで手に負える事態ではなくなった。ここで広がりをみせたのは、政策要求である。

　政策要求は、政府や議会という巨大な相手に向かい合うことになる。当然、一朝一夕に実現できるわけではない。すべてが成功裏に終わることもない。コロナ禍におけるアメリカの NPO の経験は、それを示している。

　とはいえ、小さな動きに着目し、その意義と課題を幅広い関係者に説明し、支持を集めながら要求の実現をめざしていく。そうした地道な活動の積み重ねが、大きな支援策となってきたことも事実なのではないだろうか。

終　章　コロナ禍のNPO：存在価値と残された課題

柏　木　　　宏

　新型コロナウイルスの感染拡大に対して、NPOがどのような役割を演じたのか、また課題に直面したのか。これらを記録しておくべきではないか、と思うようになったのは、4月下旬。直接のきっかけは、4月12日に始めたフェイスブック・グループ「新型コロナウイルスとNPO」に寄せられた数々の声や資料に目を通していったことだ。

　大学院でNPOのマネジメントについて教鞭をとっている者のひとりとして、日本のNPOの状況について、ある程度理解しているという自負があった。しかし、フェイスブック・グループに寄せられた声や資料をみていくと、想像以上に幅の広い活動が展開されている一方、経営上の問題が深刻になっていく状況も感じられた。さらに、ファンドレイジングや調査研究、政策提言などの分野において、これまでと比較にならないほど活発な動きがでてきた。

　もちろん、新聞や雑誌、テレビなどのメディアに掲載されたNPOによる新型コロナウイルスへの取り組みも参考になる点が多々あった。しかし、マスメディアの情報は偏りが大きい。

　例えば、労働問題ではPOSSE、児童生徒への学習支援ではカタリバ、子ども食堂との関係では全国こども食堂支援センター・むすびえ、ホームレス支援では抱撲（ほうぼく）など、少数の「全国区」の団体ばかりが取り上げられるケースが多い。

　地方紙では、地元の団体の活動が紹介される。とはいえ、「地方区」の独自で意義ある活動も全国的な関心を集めることはほとんどない。さらに、サービス活動に比べると、メディアで取り上げられる政策提言活動の割合は、かなり低い印象を受ける。

本書は、こうした問題も踏まえ、「全国区」だけでなく、「地方区」の動きにも目を向けていった。巻末資料の「時系列でみる新型コロナウイルスの感染拡大状況と政府の政策、NPO の動き」の「日本国内の社会の動きと NPO の対応」で、本文で触れられていない「地方区」の動きも含めたのは、そのためでもある。さらに、政策提言に関して、単独の章として取り上げたのは、NPO の役割がサービス活動に限定されてはならない、という意識があったことも影響している。

　また、全体像をとらえるだけではなく、個別具体的な現場からの動きも伝えなければならないと考えていた。生活困窮者や芸術文化の問題について、それぞれ独自の章として「現場」からの発信を試みたのは、そのためだ。

　このような意図をもって編集していった本書。その終章として、第 1 章から 7 章までに盛り込まれたデータや事例を通じて、コロナ禍において NPO がはたしてきた役割や実現した成果を整理していく。一方、本来ならなされるべきであったにもかかわらず対応されなかった事柄や不十分な成果しかえられなかったものもある。これらについて検討し、今後の NPO の発展に向けた議論の一材料として提示したい。

1）アメリカとの比較を通じた検討の意義

　アメリカ疾病予防管理センター（CDC）は 1 月 17 日、新型コロナウイルスの感染防止に向けた予備的措置として、ニューヨーク、ロサンゼルス、サンフランシスコの 3 つの国際空港で検疫を開始した。ちょうどこの日、ロサンゼルスを経由してサンフランシスコを訪問した私は、特別な違和感もなく、入国することができた。3 空港での検疫が、中国の武漢からの帰国者ないしは入国者に限定されていたためかもしれない。

　サンフランシスコにおける 10 日間の滞在中、何度かチャイナタウンを訪れる機会があった。このエスニックタウンは、昼夜を問わず観光客とみられる人々の姿で埋め尽くされていた。しかし、それから 1 カ月。「チャイナタウンがゴーストタウンになっている」というメールを知人から受け取った。新型コロナウイルスによる風評被害である。

両国政府の対応の類似性

　私が帰国したのは、1月28日。知人から「明日だったら大変だったね。武漢から邦人を乗せた飛行機が戻ってくるから」といわれた。そのためか、羽田空港も電車も特に変わりはない。いつもの日常が続いていた。しかし、それから1カ月。全国一斉の臨時休校が発表され、新型コロナウイルス感染の広がりが生活に直結する状況に至った。

　これにより人々の危機感が一気に高まったかというと、そうではない。外出を控える人がでる反面、「大げさだ」と一笑に付す人も少なくなかった。私が大きな危機感を抱いたのは、アメリカの感染状況を追っていたからだ。3月3日に100人を超えた累計感染者数は、19日には1万人を突破、そして26日には8万2404人と、瞬く間に世界最悪の事態に陥ったのである。

　アメリカの非常事態宣言から1カ月ほど後、日本も緊急事態宣言の発出に至った。アメリカは4月3日、感染者が1日で4万人を突破したものの、その後、徐々に減少、社会経済活動の再開を優先する姿勢を打ち出した。だが、6月に入ると、感染者は再び増加。緊急事態宣言が解除された日本も、Go To トラベルの前倒しに象徴される経済優先の政策により、アメリカほどではないが、同様の道を辿っているようにみえる。

　もちろん、両国の対応に違いもある。WHOへの対応は、そのひとつだ。トランプ大統領は4月14日、中国寄りの運営で新型コロナウイルスへの対処を誤り、感染拡大を招いた責任を取らせるためとして、WHOへの資金拠出の停止を表明。さらに、5月18日、30日間の期限を設け、WHOに「本質的な改善」がみられなければ、脱退すると通告。そして、国連は7月7日、2021年7月6日にアメリカがWHOから脱退する旨を公表するに至った。日本は、こうしたWHO批判は行っていない。

日米のNPOに共通の意識と連携の欠如

　遅かれ早かれ日本も、アメリカと同様な事態に直面するのではないか。3月から4月にかけて、私が抱いたこの不安は、完全に的中したわけではない。

　日米の間には、「強固な同盟関係」が存在しているといわれている。しかし、それは政治や経済、そして軍事などの面においてでしかない。NPOをはじめとした市民レベルの交流や連携は、「同盟関係」とは程遠い。しかし、NPO法の骨子は、日米のNPO関係者を通じて、アメリカの非営利法人制度

をモデルにする形でできあがった。このことに示されるように、日米の情報交換をはじめとした市民交流の意義は小さくない。

　コロナ禍において、日米のNPOの間で積極的な市民交流があった跡はうかがえない。しかし、インターネットで発信されているさまざまな情報を収集、分析することで、アメリカでなにが起き、それにNPOがどのように対応していたのか知ることは可能だ。フェイスブック・グループ「新型コロナウイルスとNPO」において、筆者をはじめ、少なからぬ人々がアメリカの動きを紹介していた。

　アメリカでは、政府のコロナ対策におけるNPOへの対応の不十分さに対して、NPOは3月から、NPOへの対策を強く求めていった。日本のNPOも4月以降、政策の改善を求めて、政府や議会、自治体などに働きかけを進めた。獲得できた質や量に差はあるものの、NPOとして同じような意識をもって取り組んでいったことがうかがえる。

　とはいえ、この共通した問題意識が、両国のNPOの間で連携した行動につながっていかなかったことも事実である。共通の意識の存在を確認し、それをどう今後の連携につなげていくのか。コロナ禍における日米のNPOの関係のあり方という観点からみれば、この課題が残ったといえよう。

　また、日米のNPOの間に、獲得できた質や量に差がでたのはなぜか考えておきたい。NPOセクターの規模の相違に加え、NPOがもつ政府や議会、自治体などへのロビー活動や政策提言の経験とノウハウ、これらの活動を支える専門性の高い人材やアドボカシーにも充当できる助成財団からの資金提供が存在するかどうかという点もあるだろう。のみならず、政策提言のベースとなる調査研究に必要なデータを政府などが開示しているかの違いも大きい。

　例えば、第7章の6）で紹介した連邦準備銀行（FRB）のコロナ対策のメインストリー融資プログラム（MSLP）は、融資を受けた事業体や融資額について情報が公開されている。それにより、NPO向けを含めた融資の実績や課題も把握することができ、それに基づき制度改善を求めることも可能だ。こうした点の詳細を論じるスペースはないが、今後の日本のNPOの政策提言力の向上については、政策提言活動への法的規制や活用可能な資金のあり方などのNPOに直結する内容だけでなく、情報公開制度などの面も含め、考えていく必要がある。

　日米の差の背景には、NPOに関する制度上の問題も影響しているのでは

ないか。第4章で述べたように、日本の認定NPO法人には「政治上の主義を推進し、支持し、又はこれに反対すること」が認められていない。こうした制約があると、NPOによる政策提言活動は抑制されていく可能性がある。アメリカの「歳出テスト」のような基準の導入も含め、政治活動に取り組みやすい環境整備が求められよう。

2）コロナ禍で示されたNPOの存在価値

　今日の社会全体からみると、NPOは、行政、企業とともに、3つの主要なセクターのひとつを構成している。3つに分類されるのは、それぞれに特徴があるからだ。

　例えば、資金面でいえば、寄付や助成金、政府資金など多様な財源によって成り立っているNPOに対して、行政は税金、企業は商品やサービスの販売の対価が財源の中心を占める。人的な面でいえば、NPOにはボランティアという人々が存在する。行政や企業は、有給で雇った人により運営される。このため、ボランティアはいない。

　こうした表面的な相違に加え、NPOは、ともに「公共」を担う行政と比較した場合、活動の領域の限定性や先駆性などの特徴をもつ。これに対して、行政の事業は、教育や福祉、環境など、人々の生活の多様な部分に及ぶ。法律に基づいて行動するため、新しい課題や少数者のニーズには対応しにくい。

「限定された領域」で「先駆性」を発揮した活動

　コロナ禍にあって、NPOは、こうした特徴を積極的に発揮したといえる。活動領域の限定という意味では、NPOは、「隙間産業」といわれるように、大手がやっていないことに取り組むところに、存在価値がある。第1章で取り上げたファクトチェック・イニシアチブ（FIJ）の活動は、最もわかりやすい事例だろう。

　FIJの活動の限定性は、メディアやSNSの情報の真偽を確認するという点にある。このような活動は、一部のメディアによる限定的な取り組みを除けば、企業や行政では未開拓の領域だと思われる。すなわち、優れて「隙間産業」的な活動なのだ。

第2章で紹介したカタリバによるオンライン講座は、全国一斉の臨時休校が始まった当時に開始したことに象徴されるように、NPOのフットワークの軽さを十分に生かした、「先駆性」を示す活動といえる。

　また、第3章でみた「がんばろうKOBE　こどものおうちごはん応援プロジェクト」は、規模の小さな活動で、だれでもできそうな活動だ。だが、だれでもできそうであれば、だれかがやる、だから自分はやらない、となりがちだ。あえてそれをやり始めた、という点にNPOの「先駆性」をみることができる。

「連携」を通じて発揮された力

　日本のNPOの大半は、小さな組織である。内閣府の「平成29年度特定非営利活動法人に関する実態調査」[132]によると、NPO法人に限定してみれば、年間の収益が100万円未満の団体が全体の2割を超えている。一方、1億円を超える団体は、10%にも満たない。

　このように述べると、「NPOの力は金じゃない、人だ、ボランティアだ」という声が聞こえてきそうだ。しかし、ボランティアがひとりもいないNPO法人も少なくない。その割合は、2割を超す。これに対して、100人以上のボランティアによって支えられているNPO法人は、全体の3分の1強。多いとみるか、少ないとみるか、判断は難しいが、多くのNPOは、ボランティアの労力に大きく依存している、というわけではなさそうだ。

　「金も人もない。では、どうしたらいいのか」

　小さな蟻も、集まれば、象をも倒す。

　同じことが、NPOにもいえるのかもしれない。ひとつひとつは小さな組織であっても、「連携」して活動すれば、大きな成果をあげることもできる、ということだ。

　コロナ禍において成果をあげたNPOの多くは、この「連携」をキーワードにしていた。

　ファクトチェックを行うFIJも、専門の研究者やメディア関係者との「連携」によって成り立っているようにみえる。「がんばろうKOBE　こどものおうちごはん応援プロジェクト」も、子どもが通う学校や地元のレストラン

---

[132] https://www.npo-homepage.go.jp/uploads/h29_houjin_houkoku.pdf、2020年8月31日アクセス

の協力がなければ成立しない。いずれも、「連携」がカギなのだ。

　しんぐるまざあず・ふぉーらむや全国こども食堂支援センター・むすびえは、各地のシングルマザーへの支援組織や子ども食堂が「連携」してできたNPO ということもできる。「連携」により、ビジビリティを高めるとともに、数により「政治力」を強め、政策提言などにも力を発揮していったといえよう。

　「連携」という場合、NPO と企業・行政をイメージしがちだ。しかし、NPO のなかにも多くの活動分野が存在する。したがって、NPO 内の複数の活動分野の団体間の「連携」が生まれる可能性も出てくる。この可能性を現実化した活動のひとつに、NPO 法人クロスフィールズが 6 月 6 日と 7 日にオンラインで開催した、「ソーシャルセクター緊急雇用マッチング・イベント」[133] がある。

　子どもや生活困窮者を支援する NPO は、コロナ禍でニーズが拡大、人手不足に陥った。一方、海外で活動する NGO は、渡航が制限され、手余りの状態だ。このため考えられたのが、企業の「従業員シェア」に似たコンセプトの NPO 向けの人材のマッチングである。求人側からは、ホームレス問題で知られる Homedoor やむすびえなど 11 団体。参加者は、のべ約 150 人にのぼったという。

「異業種」との「連携」による効果

　1998 年の NPO 法の成立に当たっては、経済界や労働界、メディアなど幅広い層が支援の手を差し伸べた。とはいえ、立法化の中心になったのは、長年、市民運動あるいは市民活動に関わってきた人々とその団体である。

　当事者主体の立法化という面では、意義があっただろう。また、立法化の運動の過程で、行政や企業とのパートナーシップの議論が進んだこともたしかである。しかし、個別具体的な「連携」がどこまで広がっていたのかといえば、顕著な事例は限られてくる。

　コロナ禍にあっては、状況が大きく変化したようにみえる。ファンドレイジング、とりわけクラウドファンディングにおいて、それは明確に表れたといっていいのではないだろうか。第 4 章で紹介した、パブリックリソース財団（PRF）が、ヤフー株式会社と「ふるさとチョイス」を運営する株式会社

---

[133] https://socialsector-matcing1.peatix.com/、2020 年 8 月 31 日アクセス

トラストなどとスタートさせた「コロナ給付金寄付プロジェクト」は、その典型的な例だ。

同じく第4章で紹介した事例に、日本で最初にクラウドファンディング事業を始めたといわれる READYFOR の「新型コロナウイルス感染症：拡大防止活動基金」がある。この基金には、NPOへの助成活動の先駆的な存在として知られる、トヨタ財団などが参加。日本のクラウドファンディング史上最大の5億円を超える募金を集めることに成功した。

第1章から7章までに取り上げてこなかった事例のなかにも、「異業種」との「連携」で成果を示した活動がある。4月にスタートした＃おたがいハマ[134]は、そのひとつだ。横浜の市民や企業、大学、行政が連携し、共創、参加型の取り組みを広げていこうとするウェブサイトである。

「新型コロナに向き合うたすけあいプラットフォーム」とあるように、横浜市内外のコロナウイルス関連情報を発信。働き方、暮らし方の変化に対応するための活動などに加え、オンライントークイベントなどを開催してきた。

具体例をあげると、4月末には当時不足していた個人用防護具（PPE）の寄付募集を実施。また、当初から「テイクアウト＆デリバリーマップ」と称して市内各地の飲食店のテイクアウトやデリバリーに関する情報を各区別で検索できるサイトを設けるなど、地元のビジネスの支援にも貢献してきた。

先に示した FIJ やクロスフィールズのマッチング・イベントも、「異業種」の活動という側面ももつ。NPO法成立当時と比べると、時代の変化を感じさせる「連携」の広がりといえよう。

3)「ポストコロナ」の時代に残された NPO の課題

ジョンズ・ホプキンス大学によると8月30日、新型コロナウイルスの感染者は、世界全体で2500万人を突破した[135]。ワクチン開発の進展が伝えられるものの、いつ収束するか見通すことができない状況が続いている。

---

[134] https://otagaihama.localgood.yokohama/、2020年8月31日アクセス
[135] https://mainichi.jp/articles/20200831/ddm/007/040/088000c、2020年8月31日アクセス

　この状況下で、「ポストコロナ」ということばを用いるのは、適切ではないかもしれない。新型コロナウイルスの存在が確認されてから、感染者の確認、全国一斉の臨時休校から非常事態宣言へと続く、一連の「コロナ対策」が実施されてきた。その間に NPO が直面した問題と今後の NPO が考えるべき課題について検討していくという意味に限定して、「ポスト」という語彙を使用する。

危機管理意識の不十分さが招いた問題

　今回の新型コロナウイルスの世界的な蔓延状態に関して、「誰も予想できなかった事態」ということばがしばしば聞かれる。しかし、はたしてそうなのだろうか。

　NHK は 2017 年 1 月 14 日、「NHK スペシャル」で「ウイルス "大感染時代" ～忍び寄るパンデミック～」というタイトルの番組を放映した。テレビのなかの架空の世界だけではない。

　「感染症のパンデミックは必ず起きる」と、天然痘の撲滅に貢献した疫学者のラリー・ブリリアントは、14 年も前に予想していた。その数年後、WHO は 2009 年 6 月 11 日（ジュネーブ時間）、4 月にメキシコとアメリカで確認された、新型インフルエンザ（H1N1）の世界的な拡散に対して、21 世紀に入って初めてパンデミックを宣言。ブリリアントの予想は、的中したのである。

　1994 年にロサンゼルス周辺を襲った、ノースリッジ地震。そして、翌年の阪神・淡路大震災。これらの大きな地震の後、自宅や職場の家具や設備を固定する取り組みが進められた。いわゆる非構造物の耐震化のためだ。

　しかし、2009 年のパンデミック宣言後、感染症に対する取り組みは、あまり進んだように思えない。医療用の N95 マスクをはじめとした個人用防護具（PPE）の不足に象徴されるように、日本でもアメリカでも、感染症対策は、国の予算においてプライオリティが置かれたとはいいがたい。

　では、NPO はどうか。大地震をはじめとした物理的な自然災害に対しては、非構造物の耐震化に加え、防災マニュアルが整備され、事業継続計画（BCP）の必要性が指摘されるようになってきた。

　新型コロナウイルスの感染拡大が進むなかで、認定 NPO 法人全国災害ボランティア支援団体ネットワーク（JVORD）は 5 月 11 日、「新型コロナウイルス 避難生活お役立ちサポートブック」（第 1 版）を発行。6 月 30 日には、

「コロナ禍でもすぐできる！大雨＆台風への備え2020年版」を公開した。

　このように、コロナ禍における自然災害への対応が進んでいたかにみえた。しかし、令和2年7月豪雨で大きな被害を受けた熊本県にボランティアが支援に向かおうとした際、「待った」がかかった。県外からのボランティアが感染を被災地の人々に広めるのではないか、との懸念からだ。ボランティアを取りまとめるNPOの危機管理意識が不十分だった結果といわざるをえない。

共通の利害関係をもつ状況への対応

　前述したように、コロナ禍でNPOと企業・行政との「連携」が進んだ。「連携」した活動は、両者が共通の利害関係をもつ状況がうまれることを意味する。利害関係をもつ当事者間の一方の言動が問題視された場合、もう一方は、どのように対応すべきなのか。コロナ禍におけるNPOと企業の「連携」で、これに類似した問題が発生した。

　中国のByteDance社が開発運営しているモバイル向けショートビデオプラットフォーム、TikTok（ティックトック）が日米の政治の場で議論されるようになった。きっかけは、トランプ大統領が、何ら証拠も示さないまま、利用者の情報が中国政府にわたっていると主張し始めたことだ。その後、自民党の議員グループが、個人情報が中国側に漏洩する恐れがあるとして、TikTokを念頭に中国企業のアプリの利用を制限するよう政府に提言する方針を固めた。

　この問題は、日本のNPOにとっても無縁ではない。日本財団は4月28日、TikTokと新型コロナウイルス緊急支援事業で連携したと発表。5月21日には日本NPOセンターが、TikTok「新型コロナウイルス緊急支援助成プログラム」を開始し、7000万円を全国のNPOに寄付する、と表明したのである。TikTokマネーが日本のNPOに入り込んでいるのだ。

　トランプは8月6日、アメリカ企業に対して、ByteDance社などとの取引を45日以内にやめるように命令。一方、TikTokは同月24日、トランプが出した取引禁止令について、カリフォルニア州の連邦裁判所で法的措置を開始した。

　日本のNPOが両者の争いに割って入る必要はないだろう。しかし、一方の当事者であるTikTokから多額の資金を受け、それを多くのNPOに助成する以上、何らかの説明が必要ではないのだろうか。しかし、日本財団も日本

NPOセンターも沈黙したままだ。

　同様のことは、Go Toトラベルについてもいえる。新型コロナウイルスの感染が収束してから開始するとされていた事業だが、感染が再び悪化してきた7月22日に前倒しして実施されることになったのである。第3章で紹介したように、観光の振興に関わっているNPOは少なくない。感染拡大の恐れのある事業に対して、なんら発言しないことは無責任といわざるをえないだろう。

　「沈黙は金、雄弁は銀」ということばがある。しかし、NPOとしては、雄弁である必要はないとしても、ステークホルダーに真摯に説明していく姿勢を欠いてしまえば、人々に支えられる活動が頓挫してしまうことを理解しなければならない。

コロナ禍で進む自由と権利の放棄への懸念

　「沈黙は金、雄弁は銀」の問題は、資金に関してだけではない。

　新型インフルエンザ等対策特別措置法、いわゆる特措法が国会に提出されたのは、3月9日。日本弁護士連合会の元会長などから懸念の声がだされたものの、3月14日に成立した。

　「緊急事態」が発出されれば、対象地域で住民の外出や集会を制限できることに加え、病床を確保するための土地収用なども可能になるなど、大幅な私権の制限が取られる可能性は否定できない。にもかかわらず、NPOからの問題提起は皆無といえた。

　NPOの「沈黙」は、さらに続いた。全国一斉の臨時休校、そして緊急事態宣言に対しても、その後の対応を求める動きは、広く行われた。しかし、休校措置や宣言の発出自体については、問題視する声はほとんど聞かれなかった。

　新型コロナウイルスの感染拡大にともなう「自粛」や「自粛警察」の言動についても、NPOからの発信はあまりみられない。「自粛」は、自発的であるはずにもかかわらず、「自粛警察」をはじめとした各方面からの有形無形の圧力がかかる。この同調圧力を見過ごしていいのか、という意見がNPOからほとんどでてこなかった。

　こうしたなかで、9月1日、仙台のNPO法人World Open Heartが「コロナ差別ホットライン」を開設、感染者やその家族への支援活動を進めていくことを表明した。また、三重県にある公益社団法人反差別・人権研究所みえ

は、コロナ禍に関連し、1月からインターネット上の差別実態の調査を実施してきた。さらに、医療従事者や感染者への差別の問題への啓発も進めている。こうした活動の重要性は指摘するまでもないが、「自粛」や「自粛警察」自体を問題視し、取り組む活動はほとんどみられない。

アメリカやヨーロッパの一部の国では、ロックダウンやマスクの着用義務化に反対する集会やデモが頻繁に行われている。新型コロナウイルスの感染の危険性を意識していない暴挙だ、ということもできる。しかし、個人の行動の制約を政府が一方的に行うことを認めるのか、という異議申し立てという意味合いも含んでいる。

同様のことは、ワクチンについてもいえる。感染拡大の抑止や人命の救助のために、ワクチンは必要だ。しかし、治験におけるボランティアへの健康被害や認可への政治介入、先進国による独占などの問題について、NPOは、意見を表明すべきではないのか。さらに、ワクチン接種順位を政府が決めていることを問題視する声がでてこないことに違和感を感じる。

政府の決定に従順にしたがうことが「日本モデル」として持ち上げられたのであれば、それは、個人としての自立の弱さの反映でもあるのではないか。NPOは、個を重視する存在であれば、この事態を看過すべきではない。

求められる世界的な課題対応のための政策転換

コロナ禍で生じた様々な問題、それが医療現場における個人用防護服（PPE）の不足であれ、シングルマザーの生活困窮であれ、低所得者家庭の児童が食事を十分とれない状況であれ、コロナ禍とともに、突然発生したわけではない。コロナ禍は、これらの問題を爆発的に拡大し、ビジビリティを一気に高めたのである。

であるならば、問題への対応は、対症療法的であってよいのか、という疑問がでてくる。問題の背景に迫り、根本から治癒していく必要性がある、ということだ。

例えば、自民党の議員の一部は8月27日、貧困家庭の児童への宅食を進めるための議員連盟を結成した。宅食の促進が悪いわけではない。しかし、政治は、食事が十分とれない家庭の経済状況を変えること、すなわちコロナ禍で表出した格差や不安定就労にともなう問題の改善にこそ、注力すべきだ。

問題の背景に迫り、根本から治癒していく必要性とは、新自由主義やグロ

ーバル化が引き起こす問題を検証し、解決に向けた立法措置を含めた対策を
とることを意味する。

　政策転換が求められるのは、これだけではない。前述の同調圧力に疑義を
提示することは、コロナ禍で進んだ接触アプリの利用が無批判的に進んでい
く現状に対して、監視社会化への懸念を示すとともに、国家と国民の関係を
どのようにしていくのかという議論にもつながる。

　また、国際関係においても、政策転換が必要になっている。イージス・ア
ショア配備停止とともに急浮上した、「敵基地攻撃能力」の議論は、「仮想
敵」と新型コロナウイルスや温暖化をはじめとした人々の健康と生活を脅か
す「現実の脅威」のどちらにウエイトを置いた政策を進めるのかを問うこと
にもつながっている。

　いみじくも、コロナ禍の日本では、令和2年7月豪雨をはじめとした、災
害が多発している。アメリカでは、8月下旬、ハリケーン「ローラ」などが
テキサス州とルイジアナ州を中心に、甚大な被害を及ぼした。これらの自然
災害は、温暖化の影響が大きいことは指摘するまでもないだろう。

　新型コロナウイルスは感染症、豪雨やハリケーンは自然災害。同列視する
ことに違和感をもつ人もいるだろう。しかし、新型コロナウイルスをはじめ
とした、近年続出している危険なウイルスの発生は、人間と野生生物の接触
がもたらした結果という指摘もある。そして、これらの問題を解決するため
と称して、「仮想敵」に目が向けられ、十分な資源が投入されていない現実
が存在していることに気がつかなければならない。

　地球の資源には、限りがある。限りなく使いつくそうとするのではなく、
公正な分配の方法を考え、実施していくこと。自然の破壊ではなく、自然
の持続性を保つこと。コロナ禍においても戦争の惨禍がやまない状況にあっ
て、人と人、国と国が共存していく道を探ること。コロナ禍を経験している
NPOは、これらのことを意識して、人々への支援と政策を変えていくため
の活動に取り組んでいくべきなのではないだろうか。

【巻末資料】 時系列でみる新型コロナウイルスの感染拡大状況と 政府の政策、NPO の動き

日　付	世界 （アメリカを除く）	アメリカの感染状況と 政府・NPOの対応	日本の感染状況と政府・ 自治体の対応	日本国内の社会の動き とNPOの対応
2019 年				
12月31日	武漢市のウェブサイトの「ウイルス性肺炎」の発生報告、世界保健機関（WHO）が確認	アメリカ疾病予防管理センター（CDC）、「ウイルス性肺炎」の発生確認		
2020 年				
1月1日	WHO、「ウイルス性肺炎」の情報提供を中国政府に要請 中国政府、武漢の海鮮市場閉鎖	CDC、連邦保健福祉省（HHS）に「ウイルス性肺炎」の発生を報告		
1月3日	中国政府、「原因不明のウイルス性肺炎」の情報、WHO に提供			
1月6日			武漢での原因不明のウイルス性肺炎、厚生労働省（厚労省）が注意喚起	
1月9日	中国政府、「原因不明のウイルス性肺炎」を新型コロナウイルス（以下、新型コロナ）と断定			
1月11日	中国政府、新型コロナの遺伝子配列の情報をWHO に提供			
1月13日	タイで、中国以外で初の感染者確認			
1月16日			武漢からの帰国者、日本初の感染者として厚労省が発表	
1月17日		ニューヨークなど3空港での検疫、CDC が開始		
1月19日	WHO、限定的な「ヒトヒト感染」確認			
1月21日		CDC、米国初の感染者確認		朝日新聞、箱根の「駄菓子店」が中国人の入店を禁止する中国語の貼り紙を掲示したことを報道
1月23日	武漢、ロックダウン			
1月24日	欧州初の感染、フランスで3例確認。いずれも武漢からの帰国者	全米アレルギー感染症研究所のファウシ所長、米国での感染拡大のリスクは小さいと発言	大阪府、「新型コロナウイルス対策本部」設置	BuzzFeed Japan、新型コロナに関する誤情報がネットに拡散していると警告
1月25日		トランプ、中国の感染対策と透明性に謝辞をツイート		

日 付	世界 （アメリカを除く）	アメリカの感染状況と 政府・NPOの対応	日本の感染状況と政府・ 自治体の対応	日本国内の社会の動き とNPOの対応
1月26日				名古屋華助中心、「武漢 加油募金」を開始
1月27日	WHO、東南アジア諸国 に海外からの感染流入に 注意喚起		大分市、武漢にマスク3 万枚寄贈	
1月28日	中国を27日に訪問した WHO代表団、中国指導者と 会談、感染対策を聞き取り		指定感染症、閣議決定 厚労省、新型コロナの電 話相談窓口開設	
1月29日	アラブ首長国連邦、中東 初の感染者確認		武漢からのチャーター機の 第1便、羽田到着 東京都、電話相談窓口開設	
1月30日	WHO、「国際的な緊急事 態」を宣言		政府、「新型コロナウイ ルス感染症対策本部」を 設置 東京都で感染症の症例の 報告	
1月31日	WHO、アフリカ諸国に 対して、感染者の早期発 見に向けた準備態勢の重 要性指摘 イタリア、非常事態宣言	過去14日間に中国に滞 在歴のある外国人の入国 一時差し止めを2月2日 から開始することを決定	政府、中国湖北省に滞在 歴のある外国人の入国拒 否決定 新型コロナによる感染症 「指定感染症」に	NGOの協働プロジェク ト、ARROWS、中国に支 援物資輸送 ニューヨーク・タイムズ 紙、日本で「#中国人は 日本に来るな」のツイー ト拡散を報道
2月3日	WHO、戦略的準備対策 計画（SPRP）決定		感染者が確認されたクル ーズ船、横浜港に入港	ファクトチェック・イニシ アチブ、「新型コロナウイ ルス特設サイト」を開設 在日中国人による医療系 NPO、仁心会、武漢など への募金活動開始
2月6日		カリフォルニア州の検視 の結果、全米初の感染死 ふたり確認（初の死者と の発表は4月21日）	厚労省、電話相談窓口を フリーダイヤル化	東方新報、中国共産党機 関紙『環球時報』が日本 に感謝を伝えようと述べ た記事を紹介
2月7日			東京都、「帰国者・接触 者電話相談センター」を 設置	ジャパン・プラットフォ ーム、中国などへの緊急 支援プログラム決定
2月10日			兵庫県、広東・海南両省 にマスク100万枚寄贈	
2月11日	WHO、新型コロナを Covid-19と命名 WHO、12日までGlobal Research and Innovation Forum開催、ワクチン開 発戦略など決定			
2月13日	世界の1日の感染者、初 めて1万人突破	WHO、シリコンバレー でIT企業30社の関係者 と会談、インフォデミッ ク対策に協力要請 ロサンゼルスとニューヨ ークで、NPOや地元の 政治家など、アジア系へ のヘイトクライムを非難 する記者会見開催	総額153億円の経済対策 発表 国内初の死者、神奈川県 に住む80代女性	中華人民共和国駐日本国 大使館、ウェブサイトに 日本からの義援金などへ の謝辞とリスト公表

日 付	世界 (アメリカを除く)	アメリカの感染状況と 政府・NPOの対応	日本の感染状況と政府・ 自治体の対応	日本国内の社会の動き とNPOの対応
2月14日	エジプト、アフリカ最初の感染者確認			
2月15日			大阪のライブハウスでコンサート。後に感染確認	
2月16日	WHO 中国共同ミッション活動開始			
2月17日				香川県の小学校に中国人を差別する内容のはがきが届き、警察が捜査へ
2月19日			ダイヤモンドプリンセス、陰性の乗客の下船開始	
2月20日				日本 NPO センター、新型コロナウイルス対応方針決定（28 日に修正）
2月21日		CDC、パンデミックに至る可能性大と発言		
2月22日				日本災害医学会、医療関係者への不当な批判に対する声明発表
2月23日	イタリア北部、ロックダウン開始			
2月24日	WHO 中国共同ミッション、中国で記者会見		国の専門家会議、「今後1〜2週間が瀬戸際」と見解	
2月25日			政府、感染拡大に備え「基本方針」決定 厚労省、「クラスター対策班」設置	
2月26日		ペンス副大統領を本部長とする新型コロナ対策本部発足 トランプ、感染に対して「完全な準備ができている」と発言	東京都、新型コロナに関する労働相談の専用ダイヤルの設置を発表。27日から開始	
2月27日	WHO、個人用防護具（PPE）の適切な使用法のガイダンス発表	ワシントン州の高齢者介護施設で新型コロナ感染が疑われる入居者を確認。翌日、陽性確認。集団感染が拡大、3月18日までに死者23人	首相、全国のすべての小中高、特別支援学校に臨時休校要請の考え表明。3月2日から実施 東京都、都立スポーツ施設における個人使用、3月15日まで中止発表	
2月28日	WHO 中国共同ミッション、報告書発表	看護師組合、カリフォルニア州の看護師へのアンケート調査の中間報告発表。病院の感染対策の不十分性指摘	北海道、独自の「緊急事態宣言」 東京都、英語・中国語・韓国語での相談やFaxによる相談の受付開始 大阪市、新型コロナ対策本部を設置	

日 付	世界 （アメリカを除く）	アメリカの感染状況と 政府・NPOの対応	日本の感染状況と政府・ 自治体の対応	日本国内の社会の動き とNPOの対応
2月29日	WHO、隔離において考慮すべき事項発表	サンフランシスコのチャイナタウンでアジア系へのヘイトクライムに抗議する集会とデモ開催		POSSE、3月1日と4日に外国人向け新型コロナ労働相談ホットライン開催を発表
3月1日		ニューヨーク市の教職員組合、市長に公立学校の閉鎖を要求。15日から閉鎖へ		
3月2日		ニューヨークの俳優組合、劇場の安全確保を求める声明発表	専門家会議、「症状軽い若い世代が感染広げているおそれ」指摘	カタリバ、子どもに学びと居場所を提供する「カタリバオンライン」開始
3月3日	WHO、PPEの不足に備え40%の増産を各国の政府や企業に要請	感染者、100人突破		NPO会計税務専門家ネットワーク、内閣府と国税庁に「新型コロナウイルスの影響に伴う事業報告書等の提出期限の延長」の要望書提出
3月4日		コロナ予防対策追加歳出法、連邦下院に提出	クルーズ船含む国内感染者、1000人突破	横浜中華街の少なくとも6店舗に「中国人はゴミだ！細菌だ！」などと誹謗中傷する手紙届く 赤い羽根、「臨時休校中の子どもと家族を支えよう 緊急支援活動助成事業」の募集開始
3月5日			中国の習近平主席、訪日延期発表 内閣府、「新型コロナ感染拡大に係るNPO法Q&A」開設 東京都、事業活動に影響を受けた中小企業者および組合向けの緊急融資制度創設	茨城NPOセンター・コモンズ、「新型コロナウイルスの感染拡大への対応などに関する茨城県内の市民活動団体の意見」報告書発表 連合、「新型コロナウイルスに関する緊急集中労働相談」開催
3月6日	国際連合人権高等弁務官事務所、ゼノフォビアやスティグマ的な事象への取り組みを各国に要請 WHO、Global Research Roadmap発行	コロナ予防対策追加歳出法成立	PCR検査、公的医療保険適用開始 東京都、都内企業のテレワーク環境整備を支援する助成金の募集を開始	しんぐるまざあず・ふぉーらむの母子家庭の状況に関する調査結果、共同通信が配信 ひょうご働く人の相談室など、「新型コロナ雇用労働ホットライン」を兵庫県で開催
3月7日	世界の感染者、10万人突破			
3月8日				日本科学者会議京都支部幹事会と京都社会保障推進協議会、新型インフルエンザ等対策特別措置法への反対声明発表

日 付	世界 （アメリカを除く）	アメリカの感染状況と 政府・NPOの対応	日本の感染状況と政府・ 自治体の対応	日本国内の社会の動き とNPOの対応
3月9日	WHO と世界銀行が設立した Global Preparedness Monitoring Board、WHO の活動支援などに 80 億ドルの緊急資金が必要と指摘		専門家会議、「3 条件」の重なり回避要請 さいたま市、市内の保育園・幼稚園へのマスク配布で朝鮮幼稚園除外。批判を受け、後日、撤回 政府、新型インフルエンザ等対策特別措置法（新型コロナ特措法）、国会に提出	元日弁連会長ら、東京で記者会見し、新型インフルエンザ等対策特別措置法の「緊急事態宣言」に反対を表明
3月10日	WHO、国連児童基金（UNICEF）、国際赤十字など、学校と児童の安全確保のためのガイダンス発表	農務省、休校中の児童への食事提供に柔軟に対処する方針発表	臨時休校にともなう問題への対応を含む、総額 2 兆円の経済対策発表 新型インフルエンザ対策特措法改正案を閣議決定	フローレンス、「一斉休校に関する緊急全国アンケート」調査結果公開
3月11日	WHO、パンデミック宣言	ヨーロッパからの入国規制開始 家族第一コロナ対策法案、連邦下院に提出 National Council of Non-profits (NCN) などの NPO40 団体、「なぜコロナ禍救済経済刺激策に NPO を含めるべきなのか」と題する書簡を連邦議会に送付		日本労働弁護団、新型コロナに関する労働問題についての緊急声明を発表
3月12日		ファウチ所長、PCR 検査の脆弱性による医療体制が機能できていないと議会で証言 連邦議会や最高裁判所、無期限閉鎖へ		茨城 NPO センター・コモンズ、「市民活動団体のための新型コロナウイルス対応お役立ちサイト」開設
3月13日	WHO、欧州が感染の中心になったと発表 WHO や国連財団など、Covid-19 連帯対策基金を発足。募金額、10 日間で 7000 万ドル	全米に非常事態宣言発令 The Nonprofit Times (NPT)、コロナ禍で NPO の大規模イベントの中止が相次ぐと報道 フードバンクの連合体、Feeding America (FA)、265 万ドルを拠出してコロナ対策基金を設立	新型インフルエンザ等対策特別措置法成立	日本 NPO センター、第 1 回 COVID-19 対策共有会議開催 コリア NGO センター、外国人への差別・排外の拡大への警戒を呼び掛ける声明文発表
3月14日		テキサス州のディスカウントショップで、アジア系の父親と子どもふたりをナイフで切りつけるヘイトクライム発生		
3月16日	WHO、Covid -19 Partners Platform 開始	トランプ、10 人以上の集会や不要不急の旅行などの自粛のガイドライン発表。景気後退も示唆	東京都、中小企業の従業員向けに実質無利子の融資発表	ひょうご働く人の相談室など、6 日のホットラインの結果を受け、兵庫県労働局などに要望書提出
3月17日	国連難民高等弁務官事務所（UNHCR）などとともに、WHO、難民キャンプの対策ガイダンス発表	トランプ、国防生産法発動を表明 アメリカとカナダ、国境閉鎖表明		あっとすくーる、臨時休校期間特別対策授業開始

日　付	世界 （アメリカを除く）	アメリカの感染状況と 政府・NPOの対応	日本の感染状況と政府・ 自治体の対応	日本国内の社会の動き とNPOの対応
3月18日	WHO、パンデミック下の精神衛生や心理、社会的な考慮に関するガイダンス発表	CDC、入院患者の5人にひとりが20～44歳だとして、年齢にかかわらず危険性があると指摘 家族第一コロナ対策法成立 トランプ、記者会見で「中国ウイルス」を繰り返す理由を問われ、「中国で発生した」と回答		
3月19日	世界の1日の死者、初めて1000人突破	Stop AAPI Hate Reporting Center開設 フォード財団など、助成財団の行動提起発表 全米の感染者、1万人突破	専門家会議、感染拡大地域の外出自粛要請	
3月20日	WHO Health Alert、WhatsAppで情報提供開始	50余りのNPO、600億ドルのNPO支援策の制定を議会指導者に要請 PPEを寄付で募り医療機関に提供するオンライン活動、#GetUsPPE開始 財務省、納税申告期限の90日延長表明 アメリカとメキシコ、国境閉鎖表明		
3月21日	WHO、各国の検査能力不足に対して戦略を勧告			
3月23日	WHO、ワクチン開発最低でも1年と声明	NPT、NPOの多くが活動継続のためウェビナーを採用し始めたと報道		全国フードバンク推進協議会、臨時休校にともない、加盟フードバンクに緊急的な支援の検討要請
3月24日	IOCと日本政府、東京オリンピック1年延長決定 世界の1日の死者、初めて2000人突破	連邦危機管理局（FEMA）、検査キットの取得に国防生産法発動を表明		
3月25日	世界の1日の感染者、初めて5万人突破	連邦下院に、アジア系へのヘイトクライムを非難する決議案908号提出	東京都、不要不急の外出自粛要請 小池都知事、記者会見で「ノー三密」を要請	
3月26日	G20、新型コロナ緊急首脳テレビ会議開催。5兆ドルの投入表明 世界の1日の死者、初めて3000人突破	全米の感染者8万2404人と世界最悪に	政府、特措法に基づく、対策本部設置 東京都、大阪府など、特措法に基づく「新型コロナ感染症対策本部」設置	赤十字、感染者差別への啓発資料「新型コロナの3つの顔を知ろう！」作成
3月27日		トランプ、総額2兆ドルのコロナウイルス支援救済経済保障法（CARES法）に署名 トランプ、国防生産法に基づき、GMに人工呼吸器の生産命令 カリフォルニア州下院議員30名、NPOへの支援求め、知事に書簡送付	1日の感染者、全国で初めて100人突破	

日 付	世界 (アメリカを除く)	アメリカの感染状況と 政府・NPO の対応	日本の感染状況と政府・ 自治体の対応	日本国内の社会の動き と NPO の対応
3月30日	世界の1日の死者、初めて 4000 人突破			
3月31日	ユネスコなど、世界 185 カ国で学校閉鎖、15 億 4000 万人もの生徒や学生に影響との推計発表	医薬品大手ジョンソン・エンド・ジョンソン、新ワクチンを 2021 年早期に完成と発表		
4月1日	世界の1日の死者 20 万人、1 日の死者も初めて 1000 人突破	全米の感染者 20 万人、1 日の死者も初めて 1000 人突破	政府、全世界からの入国者 2 週間の待機要請 「アベノマスク」配布発表	チャットグループ「新型コロナの NPO への被害支援対策会議」開設
4月2日	WHO、未症状者からの感染を報告 世界の1日の死者、初めて 6000 人突破			
4月3日		CDC、マスク着用を推奨		日本財団、コロナ禍で緊急対策発表 READYFOR、「新型コロナ感染症：拡大防止活動基金」設立
4月4日	世界の感染者、100 万人突破	トランプ、ニューヨーク市に衛生兵 1000 人派遣表明		
4月6日	WHO、マスク使用のアドバイス発表			FB グループ、「コロナ問題の中、NPO・NGO はどう活動すべきか情報を共有するグループ」開始
4月7日	世界保健デー、看護師らを賞賛 世界の1日の死者、7000 人台待たず、一気に 8000 人突破		7 都府県に緊急事態宣言 GDP の 20％にのぼる緊急事態対応の大型経済対策を閣議決定	日本医療労働組合連合会、人員体制や設備・衛生資材の不足などの「新型コロナ」と向き合う医療現場の訴えを記者会見で発表
4月8日	武漢のロックダウン解除		国内死者 100 人、感染者 5000 人突破	大阪ボランティア協会、「新型コロナウイルスの影響下での市民活動に関するメッセージ」発表
4月9日	「原因不明のウイルス性肺炎」確認から 100 日 世界の死者、10 万人突破	内国歳入庁（IRS）、NPO の納税申告期限を 4 月 15 日から 7 月 15 日に延期すると発表 ニューヨーク州の税務当局、州内の NPO の納税申告期限を 5 月 15 日から 11 月 15 日に延期すると発表		日本 NPO センターなど、NPO 議員連盟に「新型コロナウイルスの影響による NPO 及び多様な市民活動の存続危機に対する支援に関する要望書」提出
4月10日		トランプ、経済再開に向けた検討委員会設置を発表	東京都、「感染拡大防止協力金」を創設	
4月11日	WHO、ワクチンの候補リスト（草稿）発表	死者数 1 万 9700 人を超え、世界最悪に	首相、都府県の企業に「出勤者 7 割減」を要請	
4月12日				FB グループ「新型コロナウイルスと NPO」開始

日　付	世界 （アメリカを除く）	アメリカの感染状況と 政府・NPOの対応	日本の感染状況と政府・ 自治体の対応	日本国内の社会の動き とNPOの対応
4月13日	WHO、世界中の科学者や財団、企業によるワクチン開発加速に向けた声明発表	California Association of Nonprofits（CAN）、州政府に、コロナ禍で事業実施が不十分なNPOにも契約に基づく資金の提供などを求め、声明発表		ミニシアター・エイド基金スタート ミクシィ創業者・会長、社会貢献プロジェクト「みてね基金」設立発表
4月15日	WHO、ラマダン期間中の社会活動や宗教儀式に関するガイダンスを作成 世界の感染者、200万人突破	ミシガン、ケンタッキーなどの州で、ロックダウンへの抗議活動 NCN、「新型コロナウイルス感染とNPOに関する情報サイト」開設 American Medical Association（AMA）、トランプのWHOへの資金拠出停止への批判声明発表	東京都、休校中の小学生向けの地上波のテレビ番組「TOKYOおはようスクール」開始 東京都、感染症対策と都民生活や経済を支える緊急対策（第4弾）および令和2年度4月補正予算（案）発表	
4月16日	WHO、ロックダウンなどにおけるガイダンス発表	トランプ、経済再開へのガイドラインを州政府に提示 労働力人口の約14%、失業保険申請	緊急事態宣言、全国に拡大 すべての国民対象に一律10万円を給付へ 神戸市、医療関係者に感謝の意思を示すライトアップ開始	あしなが育成会、全国6500人の奨学生に一律15万円、総額10億円の緊急支援の実施決定
4月17日				大阪ボランティア協会など関西の15のNPO支援センター、大阪府知事に「新型コロナウイルスの影響によるNPO及び多様な市民活動の存続危機に対する支援に関する要望書」提出
4月18日	WHOとGlobal Citizen、医療従事者への支援目的のコンサート "One World: Together at Home" 開催。募金額、1279万ドル		国内感染者、1万人突破	
4月20日	国連総会、新型コロナに対するワクチンや医療機器などの確保の国際協力に関する決議を採択			移住連など、新型コロナ感染拡大防止に向けた緊急共同要請を総理大臣らに提出
4月21日	イギリス、オックスフォード大学が開発した新型コロナ向けワクチンの臨床試験が、23日に始まると発表		内閣府、「新型コロナ感染拡大に関わるNPO法Q&A」を更新	赤十字、「ウイルスの次にやってくるもの」という啓発動画をYouTube上に公開
4月22日		独立セクター（IS）、NPOへの財政支援を連邦議員嘆願するよう、NPO関係者に呼び掛け	東京都、都内中小飲食業者が新たにテイクアウトを始めるための助成金制度発表	都内のNPO関係者ら、「東京都緊急事態措置等・感染拡大防止協力金」の対象にNPO法人などの追加を求める要望書を都に提出

日 付	世界 （アメリカを除く）	アメリカの感染状況と 政府・NPO の対応	日本の感染状況と政府・ 自治体の対応	日本国内の社会の動き と NPO の対応
4 月 23 日				全国こども食堂支援センター・むすびえ、全国調査の結果、9 割の食堂が休止し、うち約半数が弁当や食材の配布・宅配に切り替えていると報告
4 月 24 日	世界の死者、20 万人突破 各国の政府、研究機関、企業、ワクチンの開発や世界全体への公平な分配などで合意したと WHO が発表	ジョージア州、経済の一部再開 給与保護事業健康医療強化法成立 IS、NPO に限定した 600 億ドルの支援策を要請する声明を発表 全米の死者、5 万人突破	全国の小中学校 高校の 9 割が休校：文科省調査 東京都、芸術文化活動支援事業「アートにエールを！東京プロジェクト」第一弾の実施を発表	日本 NPO センターなど、NPO 支援組織社会連帯（CIS）設立 大阪のホームレス問題関係の 22 団体、25 日まで、釜ヶ崎で緊急相談会実施
4 月 25 日			1 都 3 県、5 月 6 日まで「いのちを守る STAY HOME 週間」を開始	
4 月 27 日	世界の感染者、300 万人突破	タイソン社、工場の操業停止による食肉不足警告		日本財団、新しい地図とともに、Love Pocket Fund（愛のポケット基金）立ち上げ 全国こども食堂支援センターむすびえ、「むすびえ基金」立ち上げ 富士山測候所を活用する会、2020 年夏季の富士山測候所の利用中止を発表
4 月 28 日		全米の感染者、100 万人突破 トランプ、国防生産法に基づき、食肉加工工場の再開を命令する大統領令に署名		こども女性ネット東海、緊急事態宣言にともなう東海地域の政策に関する提言書を三重県知事に提出。同月 30 日に岐阜県、5 月 7 日に名古屋市と愛知県に提出
4 月 29 日		第 1 四半期の GDP、4.8％マイナス	全国知事会、緊急事態宣言延長を国へ提言	
4 月 30 日		複数の情報機関、新型コロナは人工的に作られたものではないと声明		
5 月 1 日	WHO と欧州投資銀行、コロナ禍と将来のパンデミックに備え、協力を確認	全米各地で家賃不払い運動実施	専門家会議、「新しい生活様式」提唱 加藤厚労大臣、医療従事者への差別や偏見を看過できないとし、啓発活動強化を表明	岡山の子どもや親子を支援する団体が行う「おかやま親子応援プロジェクト」が発足 横浜で新しいコミュニティ形成を担うプラットフォーム「#おたがいハマ」が運営を開始 LGBT 法連合会、新型コロナ感染症に関する緊急アンケート結果に基づく声明発表

日 付	世界 （アメリカを除く）	アメリカの感染状況と政府・NPOの対応	日本の感染状況と政府・自治体の対応	日本国内の社会の動きとNPOの対応
5月3日	世界の感染者、400万人突破		国内感染者、1万5500人突破	
5月4日	欧州委員会（EC）主催のCOVID-19 Global Response International Pledging Event、40カ国が参加		緊急事態宣言、5月末まで延長	
5月6日		トランプ政権、CDCの経済再開への17項目のガイダンスを棚上げ	大阪府知事、「大阪モデル」公表	
5月7日	国 連、Global Humanitarian Response Planを開始、63の途上国に67億ドルの支援	Meals on Wheel (MOW)、傘下の配食プログラムの8割でニーズが倍増したという報告書発表	1日の感染者、100人下回る 東京都、感染者への誹謗・中傷など、人権問題の相談実施。8日まで 東京都、感染拡大防止協力金にNPOなども対象に追加する旨、発表 京都市、「京都市文化芸術活動緊急奨励金」の募集開始。17日まで募集し、6月24日結果公表	Save Our Space が主催した記者会見、「それぞれの Save Our Life 〜命と仕事を守ろう〜」、コロナ禍で生活破壊に直面する20人以上が生の声を表明
5月8日		4月の全米の失業者2000万人増、失業率14.7%に		パブリックリソース財団・ヤフー株式会社・株式会社トラストが中心となり「コロナ給付金寄付プロジェクト」開始
5月11日	WHO、コロナ禍による治療の影響でHIV感染者の死者が増加と報告	15余りの州が社会経済活動再開へ 副大統領、2週間以内に介護施設の職員と入居者への検査を勧告		11、12日の両日、NPO関係者が「休眠預金等活用法の暫定措置に関する要望書」を内閣府などに提出
5月12日		包括医療経済回復緊急対処法、連邦下院に提出		
5月14日	WHO、コロナ対策にジェンダーの視点を盛り込むことを求める勧告文発表	全米の大手NPO、包括医療経済回復緊急対処法にNPO支援を盛り込むよう、議会に要請 連邦上院に、アジア系へのヘイトクライムを非難する決議案580号提出	緊急事態宣言39県で解除	タレントの紗栄子、自身が代表理事を務める一般社団法人 Think The DAY (TTD) を通じて、医療用防護マスク2万枚を医療従事者に寄贈
5月15日	世界の死者、30万人突破	CDC、レストランなどの職場の再開のガイドライン発表 トランプ、ワクチン開発促進の対策会議設置発表 連邦下院、3兆ドルの緊急対策法可決、上院送付	立憲民主党など野党5党、「コロナ困窮子ども支援法案」を衆院に提出	
5月18日	史上最大の130余りの国の共催で、WHOの総会にあたる世界保健総会開催。新型コロナの発生源や初期対応に関する調査決定	トランプ、WHOに対して、脱退を通告		ハンセン病療養所世界遺産登録推進協議会、感染者や関係者への誹謗中傷はあってはならないというメッセージをウェブサイトに掲載

日　付	世界 （アメリカを除く）	アメリカの感染状況と 政府・NPOの対応	日本の感染状況と政府・ 自治体の対応	日本国内の社会の動き とNPOの対応
5月19日		カナダ・メキシコとの国境閉鎖 30 日間延長発表	三重県、県内の NPO などを対象としたコロナ禍に関するアンケート結果を発表。92.2%が「影響がある」と回答	埼玉県内の NPO 有志、支援を求める要望書を県に提出
5月20日	世界の感染者、500 万人突破 世界の 1 日の感染者、初めて 10 万人突破		4 月の訪日外国人旅行者 99.9%減少：政府観光局	福島県の NPO、うつくしま NPO ネットワーク、NPO 向けに持続化給付金申請支援の開始発表
5月21日	WHO、UNHCR と難民保護に関する協定締結		緊急事態宣言、関西は解除、首都圏と北海道は継続	TikTok（ティックトック）と日本 NPO センター、「新型コロナ緊急支援助成プログラム」開始
5月22日	UNICEF と WHO、コロナ禍によりワクチン接種が滞り、8000 万人の児童にポリオなどのリスクが高まっていると警告	IS と NCN、返済免除融資の NPO 適用を連邦上下両院に書簡で要請	東京都、「ロードマップ」発表	コロナ禍での生活困窮者支援の「がんばろう栃木！コロナ支え合い基金」、県内 13NPO で設立
5月24日				To Home 実行委員会、千葉県八街市市内などで営業している 7 店舗が持ち帰り料理を共同で提供するドライブスルー方式の販売イベント開催
5月25日		黒人男性のジョージ・フロイド、ミネアポリスで警察官により暴行死	緊急事態宣言、首都圏と北海道も解除	あすのば、全国 2500 人の子どもに給付金を贈る緊急支援を発表
5月26日	WHO や EU、DV のリスクの高い人々を支援する #SafeHome キャンペーン開始	FA、退役軍人による災害ボランティア団体、チーム・ルビコンとの連携発表		
5月27日	WHO 財団設立	全米の死者、10 万人突破	川口市、感染拡大にともなう独自の経済対策として、国の持続化給付金の対象外の中小企業や NPO に一律 20 万円の支援金の支給を表明	岡山県と NPO、災害発生時の新型コロナの感染対策を協議 八王子視覚障害者福祉協会、アベノマスクを回収、必要なところに再配布するプロジェクト開始
5月29日		トランプ、WHO からの脱退表明		全国災害ボランティア支援団体ネットワーク、「新型コロナ避難生活お役立ちサポートブック第 2 版」を発行
5月30日	世界の感染者、600 万人突破			在日外国人向けの相談会、「#とくべつていがくきゅうふきん」、大阪で 31 日まで開催 コロナから始まる共助社会を目指す「ひょうご・みんなで支え合い基金」、オンラインでキックオフイベント開催 大分県地酒・焼酎文化創造会議、大分市の県産酒展示館で、蔵元らを招いた試飲、即売会開催

日　付	世界 (アメリカを除く)	アメリカの感染状況と 政府・NPOの対応	日本の感染状況と政府・ 自治体の対応	日本国内の社会の動き とNPOの対応
5月31日				登校拒否・不登校を考える全国ネットワーク、緊急のメッセージ動画「学校に行きにくい人たちへ」を公開
6月1日	WHO、コロナ禍が非感染系の病気の予防や治療に重大な影響を及ぼしているとする調査結果発表			関西の4団体、共同型の緊急活動支援金の分配基金「私と地域と世界のファンド：みんなおんなじ空の下」の募金開始 おかやまたけのこ会、断酒会をオンラインで実施
6月2日		エネルギー省、6月8日から経済再開の第1階段に入ることを表明	初の「東京アラート」発動 内閣府、貧困状況にある子どもへの支援活動をするNPOなどに上限300万円の支援金を交付する緊急支援事業の公募開始	困窮学生への国の現金支援策で留学生に「成績優秀者」要件が設けられたことについて、ベトナム人留学生が国会内の集会で一律の支援要求 LGBT法連合会、LGBTに関する課題を考える議員連盟に「新型コロナ感染症に係る要望書」提出
6月3日				宮城・ミャンマー友好協会、ミャンマー人私費留学生に食料と支援金3万円を贈る贈呈式開催
6月4日	イギリス主催のGlobal Vaccine Summit 開催		政府、発展途上国でのワクチンの普及に取り組む国際団体に3億ドルの拠出表明	ゆめ供プロジェクトin門真、門真なみはや高校の生徒28人から、ひとり暮らしの高齢者らへの手紙、受け取る。30日に高齢者から返信
6月5日		5月の失業率、4月の14.7％から13.3％に改善	東京都、夜の繁華街で感染注意喚起実施	横浜市の障害者就労支援団体アルカヌエバ、障害者が手作りした革製品の販売を2カ月ぶりに再開
6月6日	世界の死者、40万人突破			土湯温泉観光協会、22日まで「つちゆ黎明プロジェクト」の第1弾実施 クロスフィールズ、6、7の両日、業務の急増した団体と急減した団体や個人とを結びつける「緊急雇用マッチング」をオンラインで開催 高校生有志が結成した「学生ボランティアゆがふ」、6、7日の両日、困窮世帯の支援のため、余った食料の寄付を募るフードドライブをイオンモール沖縄ライカムで実施

日 付	世界 （アメリカを除く）	アメリカの感染状況と 政府・NPO の対応	日本の感染状況と政府・ 自治体の対応	日本国内の社会の動き と NPO の対応
6月7日	世界の感染者、700 万人 突破			森は海の恋人と室根町第 12 区自治会、気仙沼で 「森は海の恋人植樹祭」 実施 深谷市のミニシアター 「深谷シネマ」（市民シア ター・エフが維持管理）、 2 カ月ぶりに営業再開
6月8日				共同通信、NPO が 31 都 道府県に支援要望と配信
6月9日		IS、連邦上下両院の公聴 会に NPO への寄付控除 の拡大要請の書簡送付 FA、フードバンクと食材 寄付希望者とのマッチン グサイト、MealConnect の機能拡大を発表 トランプ政権、日本を含 む 5 カ国からの入国規制 の撤廃表明。また、国内 38 州の移動制限も解除	ソフトバンクグループ、 社員や医療従事者ら約 4 万人を対象に実施した感 染歴をみる抗体検査の結 果、陽性率は 0.43%	
6月10日			東京都、新型コロナ感染 症の拡大により顕在化し た社会的な課題の解決に 資するソーシャルビジネ スに対して助成金の交付 発表	自立生活サポートセンタ ーもやい、総務大臣にホ ームレス状態にいる人に 対する特別定額給付金の 支給に関する要望書を提 出
6月11日	中国、北京でクラスター 発生を確認	全米の感染者、200 万人 突破		日本 NPO センターなど、 超党派 NPO 議員連盟に 「新型コロナウイルスの 影響を受ける NPO の活 動支援に関する要望」提 出
6月12日			「ひとり親世帯臨時特別 給付金」盛り込んだ、第 2 次補正予算成立	三菱商事、国境なき医師 団などに計 10 億円を寄 付すると発表 一関市の動物愛護団体 「ちいさな命をまもり 隊」、自粛していた譲渡 会を再開
6月13日	WHO、北京のクラスタ ーについて中国政府から 報告を受けたと発表			ドットジェイピー、若者 と都政を繋ぐオンライン イベント「ソーシャルデ ィスタンス〜でも若者と 都政の距離は縮めたい 〜」開催
6月15日	世界の感染者、800 万人 突破	連邦準備銀行、融資対象 に NPO を含めると発表 IS、中規模の NPO の経営 難示す報告書発表 フォード財団など、NPO のキャパビルの資金 50 万ドルを中間支援組織に 提供すると発表		

日　付	世界 （アメリカを除く）	アメリカの感染状況と 政府・NPOの対応	日本の感染状況と政府・ 自治体の対応	日本国内の社会の動き とNPOの対応
6月16日			野党、国会の会期を12月28日まで延長を要求 千葉県、「中小企業再建支援金」の支給対象をNPOなどにも拡大すると発表	新潟ろうきん、新潟県フードバンク協議会の「子どもの未来応援プロジェクト」に300万円寄付
6月17日		アジア系団体、「反中レトリック報告書」発表。3～6月にアジア系へのヘイトクライムが1843件あり、そのうち502件は中国（人）向け	政府、野党の国会延長要求を拒否、国会閉会	「コロナ災害を乗り越える　いのちとくらしを守る　なんでも電話相談会」実行委員会、6日に実施した電話相談会の結果を公表
6月18日				トヨタ財団、社会課題の解決に取り組むNPOにトヨタ自動車の「問題解決」手法を伝える、「トヨタNPOカレッジ『カイケツ』」開講
6月19日	WHO、「パンデミックが加速、危険な新局面」と指摘 世界の1日の感染者、初めて15万人突破		新型コロナ接触確認アプリ（COCOA）利用開始	
6月20日		ジョンズ・ホプキンス大学、2020年NPO雇用報告を発表。NPOの失業者160万人と推計		青森県の三内丸山遺跡、コロナ禍で休止していたボランティアガイドを3カ月ぶりに再開
6月22日	世界の感染者、900万人突破	NPOへの寄付控除拡大を求める法案、連邦上院へ提出 トランプ、就労ビザの一部発給停止の大統領令に署名	総務省、ネットユーザーへの誤情報などのアンケート調査結果を発表	
6月24日		NPOへの寄付控除拡大を求める法案、連邦下院へ提出	政府、専門家会議を廃止。「新型コロナ感染症対策分科会」を改めて設置	
6月26日				自立生活サポートセンター・もやい、都知事選の立候補者に、住まい・居場所を失った人のための「オリンピック選手村」の活用についてのアンケート回答締め切り
6月27日				SwingRing：ふたご応援プロジェクト、中止となった多胎向け両親学級をオンラインで開催
6月28日	世界の感染者、1000万人突破			名古屋国際センター、生活に不安を抱える外国人に向けの相談会開催
6月29日	世界の死者、50万人突破			

日　付	世界 （アメリカを除く）	アメリカの感染状況と 政府・NPO の対応	日本の感染状況と政府・ 自治体の対応	日本国内の社会の動き と NPO の対応
6月30日			ワクチンの臨床試験、大阪府茨木市のバイオベンチャー企業が日本で最初に開始 認定 NPO 法人などが自ら行う感染症対策等支援活動の寄附金、指定寄附金の対象に	FUKKO DESIGN、「コロナ禍でもすぐできる！大雨＆台風への備え 2020 年版」公開
7月1日	世界の1日の感染者、初めて 20 万人突破			
7月2日				バイシクル エコロジー ジャパン、自転車通勤を応援するイベント「Bike to Work 2020」開催
7月3日			国内感染者、2カ月ぶり1日で 200 人突破	
7月6日			国内感染者、累計で2万人突破	西部ろうあ仲間サロン、口元が透明な「見えるマスク」200 枚を米子市教育委員会に寄贈 VPD を知って、子どもを守ろうの会、子どもの予防接種を延期した保護者が 33％との調査報告発表
7月7日	国連、2021 年7月6日にアメリカが WHO から脱退する旨、発表	連邦政府、ノババックス社ワクチン臨床実験に16 億ドル拠出 全米の感染者、300 万人突破		
7月11日				新開地まちづくりが運営する「神戸新開地・喜楽館」4カ月ぶりに昼席再開
7月13日	WHO、「多くの国が間違った方向に」と事態悪化を警告	全米の NPO、CARES 法の改善要求の書簡を連名で議会指導者に送付	東京都、ひとり親家庭の生活安定のため、児童扶養手当受給世帯を対象に食料品などの提供を発表	
7月14日			収入が減少した企業・個人事業主の賃料負担を軽減する「家賃支給給付金」の受付開始	三菱財団と中央共同募金会、「外国にルーツがある人々への支援活動を応援する助成事業」設立
7月15日		Candid、全米の NPO、最悪で4割が倒産と推計		
7月16日	世界の1日の感染者、初めて 25 万人突破			
7月17日		連邦準備銀行、NPO 向け融資の基準緩和を発表		藤沢市民活動推進機構、「NPO のためのウィズコロナ応援基金藤沢」設立
7月18日				情報社会生活研究所、兵庫県丹波市にテレワーク可能なコワーキング、レンタルスペース、ゲストハウス機能を備えた「iso乃家」を開設

日　付	世界 （アメリカを除く）	アメリカの感染状況と 政府・NPOの対応	日本の感染状況と政府・ 自治体の対応	日本国内の社会の動き とNPOの対応
7月19日	世界の死者、60万人突破			被災地NGO恊働センター、九州豪雨被災地のNPOと連携し被災者向けオンライン相談会開催
7月21日		Grand Valley State Univ. のJohonson Center、PPPと呼ばれる連邦政府の中小企業向け融資の受給者の4%がNPOだったと報告		「緊急避妊薬の薬局での入手を実現する市民プロジェクト」、医師の処方箋なしで緊急避妊薬を薬局で入手できるようにすることなどを求める要望書と署名を厚労大臣に提出 フードトラック運営会社「Mellow」、埼玉県戸田市で、キッチンカーで食事が必要な子育て世帯などに無償で提供する取り組みをスタート
7月22日	世界の感染者、1500万人突破	全米の感染者、400万人突破 飢餓問題に取り組む大手のNPO8団体、11月の総選挙への立候補者に飢餓問題への対応を聞く、「飢餓終焉への投票」運動開始 ファイザー社など、連邦政府と19億5000万ドルのワクチン供与契約の協議へ	Go To トラベル、東京都除外し、開始 4月11日の720人を超え、過去最大の795人が感染 東京都の感染者、累計で1万人突破	
7月23日	世界の1日の死者、初めて9000人突破			
7月24日		CARES法による住宅退去回避補助期間終了		
7月26日		保健・経済援助・責任保護・学校法（HEALS）、連邦上院に提出	国内感染者、累計で3万人突破	北海道根室市で唯一のこども食堂「じぃ～んこども食堂」、半年ぶりに再開
7月27日	WHO、「パンデミックは加速し続けている」	フロリダ州、ニューヨーク州を超え、累計感染者数全米最大に	東京都など、「新しい日常」に資する技術・製品開発への助成事業発表	
7月28日		FAの関係者、連邦下院の小委員会で、コロナ禍の影響を受けた人々への支援の成果と課題を証言	国内死亡者、累計で1000人突破	抱樸、3カ月にわたった、ホームレスの人々への支援付き住居提供の全国展開のためのクラウドファンディングで1億円余り集め、終了
7月29日			1日の感染者1264人と初めて1000人台突破 岩手県で初の感染者確認	連合三重や県労働者福祉協議会など、子どもや障害者支援のため、三重県に500万円を寄付

日 付	世界 （アメリカを除く）	アメリカの感染状況と 政府・NPOの対応	日本の感染状況と政府・ 自治体の対応	日本国内の社会の動き とNPOの対応
7月30日				東京医師会の会長、「コロナに夏休みはありません。一刻も早く国会を開いて国ができることを示して」と国会議員に要請
7月31日	WHO が開催した Emergency Committee on COVID-19、コロナ禍が長期にわたると表明	連邦下院、夏季休会入り	政府、2020 年版「子供・若者白書」を閣議決定。公的機関や専門家から支援には「メールで相談したい」との回答が最多と報告	
8月1日		全米の死者、15 万人突破		2 日まで、「＃オンライン青森夏まつり」開催 POSSE、テレワークに関する相談ホットライン開催
8月4日			国内感染者、累計で 4 万人突破 大阪府知事・市長、「イソジン」などのうがい薬が新型コロナ予防に効果と発言	ぎふ福祉サービス利用者センターぴーすけっと、岐阜県内の認知症グループホームの 8 割が、感染者や濃厚接触者が出た場合、深刻な人手不足になると懸念しているとする調査結果発表
8月5日	世界の死者、70 万人突破			大阪ボランティア協会、「with コロナ」のボランティア活動について ～お互いに気持ちよく活動するために大切にしたいこと～発表
8月6日			広島市、平和記念式典で、ハトを放つ行事を中止	
8月7日		連邦上院、夏季休会入り延期	厚労省、ワクチンの国内生産を後押しするため、6 つの製薬会社などに、900 億円余りを助成決定 1 日の感染者、最高の 1595 人	ビッグイシュー基金、コロナ困窮者の住宅確保支援事業「おうちプロジェクト」開始発表
8月8日		全米の感染者、500 万人突破 トランプ、失業保険への週 400 ドル追加給付など、4 つの大統領令に署名		
8月10日	世界の感染者、2000 万人突破			
8月11日			国内感染者、累計で 5 万人突破	
8月13日	WHO と UNICEF、コロナ禍以前に、手洗設備がない学校が世界全体で 43 ％にのぼると発表	連邦上院、夏季休会入り		

日 付	世界 （アメリカを除く）	アメリカの感染状況と 政府・NPOの対応	日本の感染状況と政府・ 自治体の対応	日本国内の社会の動き とNPOの対応
8月14日	世界の1日の死者、初めて1万人突破 世界の1日の感染者、初めて30万人突破			
8月16日		ニューヨーク・タイムス紙、コロナによる死亡者の40％余りの6万2000人が高齢者介護施設の入居者や職員と報道		
8月17日			第2四半期のGDP、年率換算で27.8％のマイナス 香川県、「NOコロナハラスメント」啓発キャンペーン開始	
8月18日	赤十字国際委員会、2月から7月までに世界40カ国以上で、医療従事者とその家族への差別行為が611件確認されたとする報告書発表	ニューヨーク市警、アジア系住民へのヘイトクライムに特化したタスクフォースを設置	厚労省、コロナ関連の解雇や雇い止めが4万5000人を超えたと発表	熊本・球磨復興プロジェクト組織委員会、7月豪雨による休・失業者らに1日5000円を支払って復興活動に参加してもらう事業開始
8月19日	国際NGOのAvaaz、4月に、ネット上に虚偽内容を含むコンテンツの閲覧が4億6000万回と報告			
8月20日			神戸市、地域貢献活動に参加した学生に1回1万円の支援金を支給する全国初の取り組み、「KOBE学生地域貢献スクラム」の実施を発表 対策分科会の尾身会長、「ピークに達したとみられる」と発言	
8月21日		CDC、感染拡大国からの帰国者への14日間の隔離勧告を撤廃	国内感染者、累計で6万人突破	天理大学が記者会見、クラスター感染確認後、教育実習やアルバイトで学生への差別があると指摘 共育の社、コロナ禍で約9割の教職員が「疲れてきている子」や「精神的に不安定な子」が増えているとみているとする調査結果発表
8月22日	世界の死者、80万人突破			日本NPOセンター、コロナ禍のNPOへの影響に関する2回目の調査結果公表 大曲花火倶楽部が中心になった「日本の花火『エール』プロジェクト」、28都県・66カ所で花火一斉に打ち上げ

日　付	世界 （アメリカを除く）	アメリカの感染状況と 政府・NPOの対応	日本の感染状況と政府・ 自治体の対応	日本国内の社会の動き とNPOの対応
8月24日				7月の豪雨被害者への支援と被害により仕事を失った人々の所得確保をめざす「副業でみんながつながる熊本・球磨復興プロジェクト」をNPOなどにより開始。9月18日まで
8月25日		MOW、次のコロナ対策法に高齢アメリカ人法（OAA）関連の予算に最低11億ドル組むことを求める声明を発表	荻生田文部科学相、新型コロナに感染した子どもや学校への差別防止に向け、児童生徒や教職員、保護者らに向けたメッセージを発表	
8月26日			静岡県、「静岡県新型コロナウイルスに係る『STOP! 誹謗中傷』アクション推進チーム」を立ち上げ	
8月27日			自民党有志による「こども宅食」の推進を目指す議員連盟発足 岡山県、「ダメ！コロナ差別」啓発キャンペーンを28日から開始することを決定 東京都の感染者、累計で2万人突破	山形新聞、県看護協会の調査で、県内全67病院の2割近くで看護職に対する誹謗中傷や差別的な扱いが確認されたと報道
8月28日		CDC、レムデシビルの使用を認可	政府、感染症対策本部開催後、検査体制の拡充、医療機関の経営安定支援、雇用調整助成金の延長などを含む、新たな取り組み方針決定 安倍首相、辞任表明	しんぐるまざあず・ふぉーらむ、シングルマザーのうち47.7％が収入が減ったとする調査結果発表
8月29日		全米の感染者、600万人突破		
8月30日	世界の感染者、2500万人突破 インド、1日の感染者7万8761人で、米国を抜き世界最悪に			
8月31日	EC、新型コロナ感染症ワクチンを平等に分配するための枠組み「COVAXファシリティー」への参加表明、4億ユーロ拠出へ		厚労省、COVAXへの参加意思を表明	コロナ禍の学生アルバイトの問題について、ブラックバイトユニオンの大学生とPOSSEの学生ボランティアが記者会見
9月1日		トランプ政権、COVAXへの不参加を表明 CDC、家賃の支払い猶予に関するメモ発表 Center on Disaster Philanthropy と Candid、2020年上期の世界全体のNPOへのコロナ禍関連の寄付、120億ドルと発表	徳島県教育長、コロナ感染者への差別・誹謗中傷防止へメッセージを県立学校や市町村教委に通知 鳥羽市、コロナ感染者への差別や誹謗中傷への注意喚起のための啓発クラフト絵本の配布開始	仙台のNPO、World Open Heart（WOH）、「コロナ差別ホットライン」を開設

日 付	世界 （アメリカを除く）	アメリカの感染状況と 政府・NPOの対応	日本の感染状況と政府・ 自治体の対応	日本国内の社会の動き とNPOの対応
9月3日			内閣府、持続化給付金の申請に際し、NPOが寄附金などを含めて算定できるようになる旨発表	
9月4日			国内感染者、累計で7万人突破	
9月5日	WHO、新型コロナのワクチン分配開始は2021年中頃の見通しと表明			
9月8日				日本看護協会、看護職員の新型コロナ感染症対応に関する実態調査開始（22日まで）
9月9日	世界の製薬会社など9社が新型コロナワクチン開発で"安全最優先"を宣言 世界の死者、90万人突破	トランプ、ウイルスの脅威を軽視した感染拡大当初の発言に対し「私は軽く見せたかった。パニックを起こしたくなかった」と弁明		
9月10日		全米のNPO、7月に送付したCARES法の改善要求の書簡を連名で議会指導者に再送		
9月14日	WHO、COVAXへの参加を呼びかけ		長門市、新型コロナの感染者や家族、医療従事者の人権を擁護する条例案を発表	
9月16日	UNICEFとWHO、世界51カ国で8億7200万人の子どもが登校できず、と報告 インド、感染者500万人突破		菅義偉、新首相に就任	
9月17日	世界の感染者、3000万人突破	CAN、州内1000余りのNPOの85%が政府の支援にもかからず、財政が悪化したとする報告書発表		
9月21日	WHO、世界人口の3分の2をカバーする156カ国がCOVAXに参加したと発表		国内死亡者、累計で1500人突破	全国市民オンブズマン連絡会議全国大会、「コロナ禍でこそ（行政を監視する）オンブズマン的視点から情報の透明性や支出の妥当性を検討する必要がある」との報告をまとめ、閉幕
9月22日		全米の死者、20万人突破		
9月23日			国内感染者、累計で8万人突破	国の持続化給付金と家賃支援給付金の対象から除外されたことに対して、性風俗事業者、国を提訴

日 付	世界 （アメリカを除く）	アメリカの感染状況と 政府・NPOの対応	日本の感染状況と政府・ 自治体の対応	日本国内の社会の動き とNPOの対応
9月25日		全米の感染者、700万人突破		
9月28日	世界の死者、100万人突破			日本環境教育フォーラム、コロナ禍の自然学校への影響調査（第2弾）結果発表
10月1日			Go to トラベル、東京発着も対象に Go to イーツ、全国で開始	
10月2日		トランプ、新型コロナへの感染、ツイッターで報告		
10月9日			休業手当が出されていない中小企業労働者への休業支援金・給付金、厚労省が申請受付開始	
10月10日				コロナ災害を乗り越えるいのちとくらしを守るなんでも電話相談会、実行委員会が全国で実施
10月11日	インドの感染者、700万人突破			
10月14日			国内感染者、累計で9万人突破	文化庁の「文化芸術活動の継続支援事業」の改善求め、#WeNeedCultureが緊急国会要請および記者会見
10月16日	世界の死者、110万人突破	全米の感染者、800万人突破		
10月19日	世界の感染者、4000万人突破			
10月20日			厚労省、コロナ関連の解雇や雇い止めが6万5000人を超えたと発表	
10月21日	スペインの感染者が100万人を突破するなど、ヨーロッパ各国で再拡大			
10月23日			政府、年末年始の休みを1月11日まで延ばすよう、企業に要請すると発表	
10月25日			東京都の感染者、累計で3万人突破	

【編著者紹介】

編著者

柏木　宏 (かしわぎ・ひろし)

法政大学大学院連帯社会インスティテュート運営委員長・教授。同志社大学卒業後、渡米。移民、労働、福祉などの NPO の理事やスタッフに従事。1982 年、カリフォルニアで日米の市民活動の交流や NPO の人材育成を進める NPO、日本太平洋資料ネットワーク（JPRN）設立。2003 年まで、理事長兼事務局長。2003 年から 16 年まで大阪市立大学大学院創造都市研究科（現・都市経営研究科）教授。2017 年から現職。編著書に、『災害ボランティアと NPO』（朝日新聞社）、『ボランティア活動を考える』（岩波書店）、『NPO マネジメントハンドブック』（明石書店）、『指定管理者制度と NPO』（明石書店）、『未来を切り拓く女性たちの NPO 活動』（明石書店）など多数。

執筆者

井上　美葉子 (いのうえ・みわこ)

ワークショップデザイナー、演劇制作者。2006 年、大阪市立大学大学院創造都市研究科修士課程修了。修了論文のテーマは、「NPO として見た演劇活動と助成金・補助金の仕組み」。大学卒業後、行政施設、一般企業などに勤めながら、演劇活動に参加。2004 年から演劇制作（運営管理、コーディネーター）を専門に活動開始。フリーランス制作として、小劇場演劇や公共文化イベントの制作を担当、やなぎみわ、あごうさとし、ウォーリー木下、外輪能隆などの演劇作品に関わる。2007 ～ 11 年には商業劇場サンケイホールブリーゼのリニューアルオープンに制作として携わる。2015 ～ 19 年、神戸学院大学グローバルコミュニケーション学部の非常勤講師。2015 年より京都国際舞台芸術祭事務局スタッフ。

古山　陽一 (ふるやま・よういち)

国際医療福祉大学成田看護学部助教。1979 年、福岡県生まれ。大阪市立大学大学院創造都市研究科修士課程修了。同大学医学部附属病院看護師（循環器内科病棟・CCU、消化器外科病棟）を経て、2016 年より現職。男性性のケアワーカーとして、男性のケア参画を支援する NPO を 2012 年に設立し、男女の役割平等化の実現を目的に、各地にて講演やワークショップなどを行っている。2018 年、第 4 回澤柳政太郎記念東北大学男女共同参画奨励賞受賞。

藤原　望 (ふじはら・のぞみ)

社会福祉法人世田谷区社会福祉協議会職員。大阪市立大学大学院創造都市研究科修士課程修了。同大学院在学中からマイノリティや生活困窮者支援に興味関心をもち、学生時代に救護施設に従事したことをきっかけとして、生活困窮者支援領域に関わる。NPO 法人で 3 年間、生活困窮者自立支援制度の相談支援員・主任相談支援員に従事。総合社会福祉研究所発行の『月刊　福祉のひろば』に生活困窮者支援に関する論考を寄稿しながら、現場と研究の実践を模索。

コロナ禍における日米の NPO
　　　　──増大するニーズと悪化する経営へのチャレンジ

2020 年 11 月 30 日　初版第 1 刷発行

　　　　　　　編著者　　柏　木　　　宏

　　　　　　　発行者　　大　江　道　雅

　　　　　　　発行所　　株 式 会 社 明 石 書 店

　　　　　　　〒 101-0021 東京都千代田区外神田 6-9-5
　　　　　　　　　　　　　電話　　03（5818）1171
　　　　　　　　　　　　　FAX　　03（5818）1174
　　　　　　　　　　　　　振替　　00100-7-24505
　　　　　　　　　　　　　http://www.akashi.co.jp
　　　　　　　装　丁　　明石書店デザイン室
　　　　　　　Ｄ Ｔ Ｐ　　レウム・ノビレ
　　　　　　　印　刷　　株式会社文化カラー印刷
　　　　　　　製　本　　協栄製本株式会社

（定価はカバーに表示してあります）　　　　　　ISBN978-4-7503-5114-8

日本ボランティア・NPO・市民活動年表

大阪ボランティア協会ボランタリズム研究所 [監修]
岡本榮一、石田易司、牧口明 [編著]

◎B5判／並製／760頁　◎9,200円

個人に支えられた明治の創生期から、組織的な活動に発展した現代まで、140年余りの日本の市民（ボランティア）・NPO活動に関する事項を網羅的に取り上げ、独自の14ジャンルに分類した総合的年表。その全体像と今後の市民社会の可能性を明らかにする。

《内容構成》

刊行にあたって

概観

① 社会福祉

② 医療・保健・衛生

③ 教育・健全育成

④ 文化

⑤ スポーツ・レクリエーション

⑥ 人権擁護

⑦ 男女共同参画・フェミニズム

⑧ まちづくり・災害復興支援

⑨ 国際協力・国際交流・多文化共生

⑩ 平和運動

⑪ 環境・自然保護

⑫ 消費者（保護）運動

⑬ 支援組織・支援行政

⑭ 企業の社会貢献

市民活動史年表作成のための資料

全国データ

SDGsと日本

誰も取り残されないための人間の安全保障指標

NPO法人「人間の安全保障」フォーラム 編
高須幸雄 編著

■B5判／並製／276頁 ◎3000円

国連の持続的開発目標〈SDGs〉指標を、国としてはほぼ達成しつつある日本。しかし、SDGsの理念「誰も取り残されない社会」が実現しているとは言いがたい。90あまりの指標から都道府県ごとの課題を可視化し、改善策を提言する。

● 内容構成 ●

第1部 日本の人間の安全保障指標
SDGs指標との比較と指標別ランキング／都道府県別指数／アンケート調査による主観的評価／都道府県別プロフィール

第2部 取り残されがちな個別グループの課題
子ども／女性／若者／高齢者／障害者／LGBT／災害被災者／外国人

第3部 結論と提言
日本の人間の安全保障の課題／誰も取り残されない社会を作るために

「3密」から「3疎」への社会戦略
ネットワーク分析で迫るリモートシフト
金光淳著
◎2200円

コミュニティの幸福論 助け合うことの社会学
桜井政成著
◎2200円

「働くこと」の哲学 ディーセント・ワークとは何か
稲垣久和著
◎2800円

生活困窮と金融排除 生活相談・貸付事業と家計改善の可能性
小関隆志編著
◎2700円

子ども支援とSDGs 現場からの実証分析と提言
五石敬路編著
◎2500円

居場所づくりにいま必要なこと
子ども・若者の生きづらさに寄りそう
柳下換、高橋寛人編著
◎2200円

Come On! 目を覚まそう！ 環境危機を迎えた「人新世」をどう生きるか？
ローマクラブ『成長の限界』から半世紀
エルンスト・フォン・ワイツゼッカーほか編著 林良嗣・野中ともよ監訳
◎3200円

ポスト・コロナの文明論 感染症の歴史と近未来の社会
浜本隆志著
◎1800円

〈価格は本体価格です〉

新版 グローバル・ガバナンスにおける開発と政治
文化・国家政治・グローバリゼーション
笹岡雄一著
◎3000円

国際開発と協働 NGOの役割とジェンダーの視点
みんぱく実践人類学シリーズ 8
鈴木紀、滝村卓司編著
◎5000円

社会を変えるリーダーになる 「超・利己主義」的社会参加のすすめ
田中尚輝著
◎1800円

ジェンダー白書9 アクティブシニアが日本を変える
ムーブ叢書
北九州市立男女共同参画センター・ムーブ編
◎1600円

まんがで学ぶ開発教育 世界と地球の困った現実 飢餓・貧困・環境破壊
日本国際飢餓対策機構編
みなみななみ まんが
◎1200円

越境するNGOネットワーク 紛争地域における人道支援・平和構築
金敬黙著
◎5400円

国際協力NGOのフロンティア 次世代の研究と実践のために
金敬黙、福武慎太郎、多田透、山田裕史編著
◎2600円

参加型開発による地域づくりの方法 PRA実践ハンドブック
ソメシュ・クマール著
田中治彦監訳
（特活）開発教育協会企画協力
◎3800円

参加型ワークショップ入門
ロバート・チェンバース著
野田直人監訳
◎2800円

国際協力と開発教育 「援助」の近未来を探る
田中治彦著
◎2000円

NGO発、「市民社会力」 新しい世界モデルへ
長坂寿久著
◎2800円

地方発国際NGOの挑戦 グローカルな市民社会に向けて
新潟国際ボランティアセンター編
多賀秀敏、福田忠弘編著
◎3000円

NPOと政治 アドボカシーと社会変革の新たな担い手のために
柏木宏著
◎2300円

スモールマート革命 持続可能な地域経済活性化への挑戦
マイケル・シューマン著
毛受敏浩監訳
◎2800円

貧困克服への挑戦 構想 グラミン日本 グラミン・アメリカの実践から学ぶ先進国型マイクロファイナンス
菅正広著
◎2400円

マイクロファイナンス事典
ベアトリス・アルメンダリズ、マルク・ラビー編
笠原清志監訳
立木勝訳
◎25000円

〈価格は本体価格です〉

未来を切り拓く 女性たちのNPO活動

日米の実践から考える

金谷千慧子、柏木宏　著

■A5判／並製／248頁　◎2400円

日米のNPO活動実践・教育研究および、女性の権利擁護運動に関わってきた二人の著者が、これまでのNPOを通じた女性の活動を振り返るとともに、今後、女性がNPOをどのように活用し新たな働き方を探っていくべきかについて、展望する。

● 内容構成 ●

第1章　地域での保育所づくりから国際的活動、そしてNPOとの出会い
第2章　バックラッシュに抗しつつ、期待したいN女の今後
第3章　ジェンダー平等をめざす日本のNPOの実像
第4章　アメリカの女性の権利擁護運動の歴史とNPO
第5章　トランプ政権下のNPOと女性
第6章　アメリカの女性の現状とNPOにおけるジェンダー問題
第7章　社会変革に向けてNPOに求められる政策力と経営力

NPOマネジメントハンドブック

組織と事業の戦略的発想と手法

柏木宏　著

■四六判／並製／246頁　◎2200円

NPO法成立以降増え続ける団体数。本書はNPO運営に必須の要素である非営利法人制度、税制優遇措置、特殊なマネジメント、ボランティアとの関係、理事会の役割、プログラムプランニング、リスクマネジメントなどわかりにくいポイントを明快に提示する。

● 内容構成 ●

第1章　NPO概論
第2章　NPOマネジメント概論
第3章　ボランティア・マネジメント
第4章　理事会のマネジメント
第5章　ファンドレイジング
第6章　プログラム・プランニングとNPOの予算
第7章　戦略計画
第8章　リスク・マネジメント

〈価格は本体価格です〉